LIÇÕES DE DIREITO CIVIL

GUSTAVO TEPEDINO

LIÇÕES DE DIREITO CIVIL

Belo Horizonte

FORUM
CONHECIMENTO

2025

FÓRUM
CONHECIMENTO

Luís Cláudio Rodrigues Ferreira
Presidente e Editor

Coordenação editorial: Leonardo Eustáquio Siqueira Araújo
Thaynara Faleiro Malta
Revisão: Patrícia Falcão
Capa, projeto gráfico e diagramação: Walter Santos

Rua Paulo Ribeiro Bastos, 211 – Jardim Atlântico – CEP 31710-430
Belo Horizonte – Minas Gerais – Tel.: (31) 99412.0131
www.editoraforum.com.br – editoraforum@editoraforum.com.br

Técnica. Empenho. Zelo. Esses foram alguns dos cuidados aplicados na edição desta obra. No entanto, podem ocorrer erros de impressão, digitação ou mesmo restar alguma dúvida conceitual. Caso se constate algo assim, solicitamos a gentileza de nos comunicar através do *e-mail* editorial@editoraforum.com.br para que possamos esclarecer, no que couber. A sua contribuição é muito importante para mantermos a excelência editorial. A Editora Fórum agradece a sua contribuição.

Dados Internacionais de Catalogação na Publicação (CIP) de acordo com ISBD

T3141 Tepedino, Gustavo

Lições de direito civil / Gustavo Tepedino. Belo Horizonte: Fórum, 2025.

376 p. 14,5x21,5cm
ISBN impresso 978-85-450-0827-9
ISBN digital 978-85-450-0823-1

1. Direito privado. 2. Editoriais. 3. Direito civil. I. Título.

CDD: 340.56
CDU: 347

Ficha catalográfica elaborada por Lissandra Ruas Lima – CRB/6 – 2851

Informação bibliográfica deste livro, conforme a NBR 6023:2018 da Associação Brasileira de Normas Técnicas (ABNT):

TEPEDINO, Gustavo. *Lições de direito civil*. Belo Horizonte: Fórum, 2025. 376 p. ISBN 978-85-450-0827-9.

Para minha mulher, Dani, que idealizou,
inspirou e incentivou esta publicação.

Agradeço à Professora Danielle Tavares Peçanha, que, com carinhosa dedicação, organizou e reviu a publicação destes editoriais.

Agradeço ainda à acadêmica de direito Rafaela Grumbach dos Santos, que elaborou, juntamente com a Professora Danielle Peçanha, o índice remissivo, e à Ingrid Balinski, minha ex-aluna de Graduação na UERJ, pela digitação dos editoriais.

SUMÁRIO

APRESENTAÇÃO
Gustavo Tepedino 13

1 QUE DIREITO CIVIL? 15
2 DO SUJEITO DE DIREITO À PESSOA HUMANA 19
3 O TÃO ESPERADO (E FUGAZ?) ENCONTRO DA DOUTRINA COM A JURISPRUDÊNCIA 23
4 POR UMA NOVA DOGMÁTICA 27
5 DEZ ANOS DE PROTEÇÃO DO CONSUMIDOR 31
6 O PAPEL DA UNIVERSIDADE NA TRANSFORMAÇÃO DO DIREITO 35
7 O NOVO CÓDIGO CIVIL: DURO GOLPE NA RECENTE EXPERIÊNCIA CONSTITUCIONAL BRASILEIRA 39
8 ACESSO ÀS JUSTIÇAS E O PAPEL DO JUDICIÁRIO 43
9 MUITO PIOR A EMENDA QUE O SONETO 47
10 DIREITO CIVIL E REFORMA SOCIAL 51
11 OS 15 ANOS DA CONSTITUIÇÃO E O DIREITO CIVIL 53
12 A CONSTITUCIONALIZAÇÃO DO NOVO CÓDIGO CIVIL 57
13 EXEMPLOS PARA O FUTURO 61
14 O BICENTENÁRIO DO CÓDIGO CIVIL FRANCÊS 65
15 O STF E A NOÇÃO DE DIREITO ADQUIRIDO 69
16 DESAFIOS NA SOCIEDADE DA TECNOLOGIA 73
17 O NOVO E O VELHO DIREITO CIVIL 77
18 DIREITO CIVIL E MÉTODO COMPARATIVO 81
19 CÓDIGO DE DEFESA DO CONSUMIDOR, CÓDIGO CIVIL E COMPLEXIDADE DO ORDENAMENTO 85
20 BASES TEÓRICAS PARA O NOVO DIREITO DE FAMÍLIA 89
21 O FUTURO DA RESPONSABILIDADE CIVIL 93
22 MIGUEL REALE E A RENOVAÇÃO DO DIREITO 97
23 O DIREITO CIVIL-CONSTITUCIONAL HOJE 99
24 PERSPECTIVAS DO DIREITO CIVIL CONTEMPORÂNEO 101

25 VELHOS E NOVOS MITOS NA TEORIA DA INTERPRETAÇÃO ... 105
26 NOVOS DIREITOS E RENOVAÇÃO DO DIREITO CIVIL ... 109
27 UNIDADE DO ORDENAMENTO E TEORIA DA INTERPRETAÇÃO ... 113
28 A ESTRANHA REVOLTA DOS FATOS CONTRA O INTÉRPRETE ... 117
29 MODELOS DO DIREITO CIVIL PARA A (TRANSPARÊNCIA DA) ADMINISTRAÇÃO PÚBLICA ... 121
30 A EFICÁCIA DOS DIREITOS FUNDAMENTAIS NO DIAPASÃO DO STF ... 125
31 O OCASO DA SUBSUNÇÃO ... 129
32 ITINERÁRIO PARA UM IMPRESCINDÍVEL DEBATE METODOLÓGICO ... 133
33 BEM DE FAMÍLIA E DIREITO À MORADIA NO SUPERIOR TRIBUNAL DE JUSTIÇA ... 137
34 PRESCRIÇÃO APLICÁVEL À RESPONSABILIDADE CONTRATUAL: CRÔNICA DE UMA ILEGALIDADE ANUNCIADA ... 139
35 PERIGOS DA DESCONSIDERAÇÃO IMPRUDENTE DA PERSONALIDADE JURÍDICA ... 143
36 A RENOVAÇÃO DA DOGMÁTICA E O FETICHE DO CÓDIGO CIVIL ... 147
37 VINHOS NOVOS PARA ODRES NOVOS: TRIBUTO A ANTONIO JUNQUEIRA DE AZEVEDO ... 149
38 NOVOS DESAFIOS DA ARBITRAGEM NO BRASIL ... 153
39 CIRCULAÇÃO DE DADOS PESSOAIS: NOVOS CONTORNOS DA PRIVACIDADE ... 155
40 EVOLUÇÃO TECNOLÓGICA, NOVOS BENS JURÍDICOS E O LIVRO DIGITAL ... 159
41 CARTA DE CURITIBA E OS NOVOS DESAFIOS DO DIREITO CIVIL ... 163
42 UNIÕES DE PESSOAS DO MESMO SEXO E TEORIA DA INTERPRETAÇÃO ... 165
43 TUTELA DA PERSONALIDADE APÓS A MORTE ... 169
44 PROBLEMAS DE DIREITO CIVIL-CONSTITUCIONAL ... 171
45 A INCONSTITUCIONALIDADE DO ART. 1790 DO CÓDIGO CIVIL ... 175
46 CONTRATOS EMPRESARIAIS E UNIDADE DO ORDENAMENTO ... 179
47 LÓGICA PROPRIETÁRIA E TUTELA DA PERSONALIDADE ... 183

48 COMUNIDADES FAMILIARES, SOLIDARIEDADE E PROTEÇÃO À PESSOA 187

49 MARCO CIVIL DA INTERNET E OS NOVOS PROBLEMAS DO DIREITO PRIVADO 191

50 UM NOVO INSTITUTO DE DIREITO CIVIL? 195

51 ATIVIDADE INTERPRETATIVA E O PAPEL DA DOUTRINA E DA JURISPRUDÊNCIA 197

52 CONTRATOS EMPRESARIAIS NA UNIDADE DO ORDENAMENTO 201

53 O SUPREMO TRIBUNAL FEDERAL E A VIRADA DE COPÉRNICO 205

54 DIÁLOGOS ENTRE FONTES NORMATIVAS NA COMPLEXIDADE DO ORDENAMENTO 209

55 NOVAS FAMÍLIAS ENTRE AUTONOMIA EXISTENCIAL E TUTELA DE VULNERABILIDADES 213

56 DIREITO CIVIL E PROTEÇÃO DAS VULNERABILIDADES 217

57 A RAZOABILIDADE E A SUA ADOÇÃO À MODA DO JEITÃO 221

58 CONTROVÉRSIAS ATUAIS DA TUTELA DA PERSONALIDADE: CRITÉRIOS PARA DOAÇÃO DE SANGUE 225

59 PRAZOS PRESCRICIONAIS E SEGURANÇA JURÍDICA 227

60 CRISE DA UNIVERSIDADE PÚBLICA E A SUPERAÇÃO DE IDIOSSINCRASIAS 231

61 REVOLUÇÃO TECNOLÓGICA E PROTEÇÃO DO AUTOR: O EMBLEMÁTICO CASO DA EXECUÇÃO PÚBLICA DE MÚSICAS NA INTERNET 235

62 STEFANO RODOTÀ E SUA OBRA IMORTAL 239

63 SOLIDARIEDADE E AUTONOMIA NA SUCESSÃO ENTRE CÔNJUGES E COMPANHEIROS 243

64 DIREITOS FUNDAMENTAIS E ACESSO AOS BENS: ENTRAM EM CENA OS *COMMONS* 247

65 A EVOLUÇÃO DOS DIREITOS REAIS E OS NOVOS ENUNCIADOS INTERPRETATIVOS 251

66 COLAÇÃO: EM BUSCA DE CRITÉRIOS SISTEMÁTICOS ENTRE O CC E O CPC 255

67 A EXECUÇÃO ESPECÍFICA DE CONTRATOS PRELIMINARES 261

68 A NOVA LEI DA MULTIPROPRIEDADE IMOBILIÁRIA 265

69 A MP DA LIBERDADE ECONÔMICA E O DIREITO CIVIL 271

70 A COLAÇÃO E O CRITÉRIO DE APURAÇÃO DO VALOR DAS LIBERALIDADES RECEBIDAS PELOS HERDEIROS NECESSÁRIOS 275

71 O ART. 931 DO CÓDIGO CIVIL E A ANTIJURIDICIDADE DO DANO INJUSTO....279

72 AUTONOMIA PRIVADA E CLÁUSULAS LIMITATIVAS DE RESPONSABILIDADE....283

73 O RECONHECIMENTO PELO STF DO DIREITO FUNDAMENTAL À PROTEÇÃO DE DADOS....287

74 ABUSO DO DIREITO POTESTATIVO....291

75 DESAFIOS DA LEI GERAL DE PROTEÇÃO DE DADOS (LGPD)....295

76 ADOÇÃO E PROTEÇÃO INTEGRAL NA FAMÍLIA: QUAL FAMÍLIA?....301

77 *PACTA CORVINA* EM VERSÃO DIGITAL?....305

78 TEXTO E CONTEXTO NA TEORIA DA INTERPRETAÇÃO....309

79 ESTAÇÕES DO DIREITO CIVIL....313

80 PROPRIEDADE: UM TERRÍVEL DIREITO?....317

81 AUTONOMIA PRIVADA (ENTRE A VONTADE INDIVIDUAL E COLETIVA) NA CONVIVÊNCIA CONDOMINIAL....321

82 VINTE ANOS DA CODIFICAÇÃO: A PERSISTENTE (E PERMANENTE) CONSTRUÇÃO INTERPRETATIVA DO CÓDIGO CIVIL NA LEGALIDADE CONSTITUCIONAL....325

83 O VALOR JURÍDICO DO AFETO E A CONTRATUALIZAÇÃO DO DIREITO DE FAMÍLIA....329

84 DANILO DONEDA, JURISTA EXEMPLAR, O AMIGO INESQUECÍVEL....333

85 A PREVISIBILIDADE DOS DANOS NA RESPONSABILIDADE CIVIL....337

86 PERSPECTIVAS PARA O FUTURO DO DIREITO CIVIL....341

87 A REFORMA DO CÓDIGO CIVIL....347

88 O RETORNO ÀS CATEGORIAS FUNDAMENTAIS DO DIREITO PRIVADO....351

89 O INQUIETANTE RETORNO DE DOUTRINAS MAXIMALISTAS....355

90 A LEI Nº 14.905/2024: MAIS UM CAPÍTULO NA CONTROVÉRSIA NA CONTAGEM DOS JUROS MORATÓRIOS....359

91 O TERMO INICIAL DA PRESCRIÇÃO....363

ÍNDICE ALFABÉTICO-REMISSIVO....367

APRESENTAÇÃO

Apresentação a *Lições de direito civil*

As revistas jurídicas têm vocação peculiar, distinta dos manuais e livros de teoria. Destinam-se a publicar ensaios, ideias, teses, que reflitam os debates mais recentes, antecipando-se aos textos de doutrina. Por esse motivo, a leitura de revistas jurídicas torna-se fundamental aos estudantes e aos profissionais do direito, contribuindo com assuntos, controvérsias ou aspectos muitas vezes não tratados (ou ainda não suficientemente tratados) pela literatura especializada. E, também por isso, as revistas somente se justificam se conseguirem cumprir bem essa missão inovadora e, de alguma forma, necessariamente sediciosa e disruptiva.

Ciente dessa vocação e firme em tal propósito, a *Revista Trimestral de Direito Civil* (*RTDC*) teve atuação determinante durante os seus 12 anos de existência (2000 – 2012). E missão análoga anima a *Revista Brasileira de Direito Civil* (*RBDCivil*), franqueada ao público eletronicamente em versão *on-line* desde 2014, e em versão impressa pelos tipos da Fórum desde 2017. Em tal perspectiva, os Editoriais de cada um dos volumes procuraram retratar temas instigantes e momentosos atinentes à metodologia e à teoria da interpretação, à constitucionalização da pessoa humana e das relações existenciais, à codificação civil, à crise de fontes normativas, à defesa do consumidor, à revolução tecnológica e aos problemas que agitam a doutrina, o legislador e a jurisprudência. Tais textos, redigidos em linguagem sintética e objetiva, encontram-se reunidos na presente obra.

Nessa esteira, como se pode constatar no sumário deste livro, os textos aqui contidos configuram as opiniões do autor com percurso temático que perpassam todos os domínios das relações privadas: desde a justificativa atual do próprio direito civil, em que a ênfase do sujeito de direito se desloca para a pessoa humana, até controvérsias interpretativas específicas, em que se enfatiza a necessidade urgente de retorno aos fundamentos do direito para a solução de novos e complexos problemas suscitados, em todas as áreas da economia, pela autonomia privada e pela intervenção legislativa e judicial.

A riqueza dos problemas analisados, sob a ótica metodológica do direito civil constitucional, demonstra a pujança e o vigor do direito civil na vida cotidiana e em especial na atividade do profissional do direito. Daí a necessidade de publicar a presente coletânea, como pequenas e didáticas *lições de direito civil*, para a reflexão do leitor acerca do percurso evolutivo e do futuro do direito civil; e para a compreensão do direito civil de modo sistemático mesmo diante de problemas específicos, a partir da preocupação do intérprete com a recondução da fragmentação temática e pluralidade normativa à unidade do ordenamento, respeitados os valores e princípios que, incorporados a cada regra de conduta, possam refletir solução coerente com a legalidade constitucional.

Petrópolis, abril de 2025

Gustavo Tepedino

1

QUE DIREITO CIVIL?[1]

O surgimento de uma nova Revista Jurídica suscita cautelosas indagações quanto à sua função, suas características e ambições. Não se justificaria, no tempo que passa, publicar um repositório de eruditos artigos jurídicos, por mais ilustres e cultos que fossem seus autores. O mercado editorial e a academia encontram-se saturados com edições que, distanciadas da agenda e da prática jurídicas atuais, não costumam resistir à conhecida "síndrome dos dois primeiros números", ou permanecem em estéril sobrevida.

A *Revista Trimestral de Direito Civil*, ao contrário, visa suprir lacuna editorial, inexistindo um espaço periódico de diálogo, para advogados, defensores, magistrados, membros do Ministério Público, estudiosos e estudantes de direito, em torno dos novos temas do direito civil contemporâneo. Constata-se, com efeito, uma realidade social e econômica sempre mais pluralista e multifacetada, na qual proliferam novas figuras do direito privado, fruto da criatividade dos operadores econômicos e jurídicos. Em tal contexto, emergem a cada dia renovadas questões, cada vez em maior intensidade, em relação às quais não se encontra suficiente apoio doutrinário e que só serão examinadas, nos manuais e livros jurídicos, muito tempo depois.

Há, pois, a necessidade da criação de uma revista que promova o debate e a circulação das novidades doutrinárias, jurisprudenciais e legislativas no âmbito do direito civil e de áreas afins, relativamente ao direito brasileiro e à experiência comparada. Pretende-se, assim, veicular temas atuais, dentro de uma perspectiva contemporânea, cada vez

[1] Editorial – *Revista Trimestral de Direito Civil – RTDC*, v. 1, jan./mar. 2000.

mais problemática e interdisciplinar, que não desconheça a abordagem histórica, social e cultural dos institutos jurídicos.

A tal circunstância, justificadora da *RTDC*, associa-se outra, assaz inquietante, relativa ao debate jurídico atual, particularmente no que concerne ao direito privado. Entre mitos e fantasias apocalípticas, próprias da chegada de um novo milênio, para a ciência jurídica resta a ameaça de iminente retrocesso. Que direito civil, afinal, estamos construindo?

Após um século marcado por genocídios, espoliação econômica, desigualdades e violação conspícua aos direitos humanos, consolidou-se, gradualmente, nas três décadas seguintes à Segunda Grande Guerra, o sentimento, absorvido nas cartas constitucionais da Europa continental e, no Brasil, na Constituição de 5 de outubro de 1988, de que a solidariedade social e a dignidade da pessoa humana devem emanar o conjunto de valores e princípios do ordenamento jurídico.

Parcela expressiva da magistratura, nesta direção, passou a se utilizar, mais e mais, nos dez anos sucessivos à Carta de 1988, dos princípios constitucionais em matéria de família, na proteção da criança e do adolescente, nos conflitos entre locadores e locatários, entre fornecedores e consumidores, na definição dos novos parâmetros para a responsabilidade civil e para a liquidação dos danos. O Superior Tribunal de Justiça teve atuação decisiva na elaboração deste direito vivo, em verdadeira desconstrução — sendo consentido utilizar tão eloquente vocábulo — da dogmática tradicional. A Academia, por sua vez, tem produzido número admirável de teses e publicações acentuando a perspectiva funcional, histórica, pluralista e relativizada do direito civil.

O alvissareiro cenário, todavia, não se afirma sem reações. Ventos da globalização, em movimento antitético, atingem a ordem jurídica, não tendo sido possível ainda prever todas as suas consequências. A uniformização das práticas comerciais reclama uma harmonização legislativa supranacional. O poderoso mercado exige que os países se enquadrem à nova ordem mundial, ostentando a otimização dos lucros como palavra de ordem. Proclama-se, com efeito, o fim das ideologias, o fim da solidariedade e da ética, entrevendo-se um mercado livre de barreiras alfandegárias e não alfandegárias, estas últimas representadas, no caso da atividade jurídica privada, pelas garantias constitucionais. Ao pluralismo cultural e às salvaguardas das situações existenciais pretende-se impor um redivivo individualismo, cada vez mais competitivo, aguçado pelos altos índices de desemprego. Até mesmo as cooperativas hoje vêm a ser constituídas para flexibilizar ou ilidir direitos trabalhistas, em favor de interesses patrimoniais. A fragmentação da família, a desagregação sindical, o consumismo desenfreado incentivado pela mídia, esses e outros alarmantes indicadores pressupõem um direito civil neutro, depurado das intervenções estatais, entregue à práxis neoliberal do mercado.

Não é por acaso que o velho Projeto do Código Civil, engendrado antes da Constituição e insensível às novas demandas sociais, há mais de 20 anos nos labirintos do Parlamento, esquecido, errado e errante, foi reinserido nas prioridades legislativas por aqueles que, nostálgicos de um velho regime, veem finalmente chegada a hora da restauração do conceitualismo e da mais completa separação entre o direito público e o direito privado.

Eis o pano de fundo do debate quanto ao futuro do direito civil. Qual direito civil seremos capazes de construir para as próximas décadas? A que valores devem servir as situações jurídicas subjetivas e as novas relações surgidas com a informática, a mídia eletrônica, a engenharia genética e a alta tecnologia? As respostas a estas e a tantas outras questões cabe-nos fornecer. Temos, para com elas, o máximo poder e a máxima responsabilidade. A palavra com o leitor, para debatermos juntos, nesta sede, a partir de agora.

Rio de Janeiro, março de 2000

Gustavo Tepedino

O lançamento da nova Revista não teria sido possível sem o denodo e a inteligência de um grupo de professores, operadores, mestrandos e doutorandos de todo o Brasil, irmanados pelas mesmas angústias dogmáticas e metodológicas, obstinadamente decididos a criar o novo fórum de debate e informação. Agradeço a todos na pessoa da Professora Maria Celina Bodin de Moraes, que ajudou a conceber e incentivou a ideia original, estendendo-se a palavra de agradecimento aos demais membros dos Conselhos Editorial, Executivo e Assessor, e aos queridos colaboradores, de todos os recantos do país e de diversas universidades europeias, que logo acolheram o projeto, enviando-nos precioso material para os primeiros números. Um agradecimento especial ao amigo O. Lima, empresário vencedor, talentoso e idealista, da Editora Renovar, distribuidora da nossa Revista, que mira sempre o futuro, ciente do papel insubstituível da editoria jurídica na sua construção.

G.T.

2

DO SUJEITO DE DIREITO À PESSOA HUMANA[1]

Ao apresentar a quarta edição de sua obra mais importante, sob o título *l'età della decodificazione-vent'anni dopo*, Natalino Irti reabre a polêmica, por ele instaurada no final dos anos setenta, acerca do papel do Código Civil nas relações de direito privado. Segundo ele, se a progressiva erosão do Código Civil representou a prevalência de um projeto social assistencialista, evidenciado nos chamados microssistemas, o momento presente assistiria à nova e radical transformação. As cartas constitucionais entram em crise, esgotando-se sua força propulsora. Caem por terra noções como soberania estatal e federalismo, ruindo, por conseguinte, os pilares de sustentação das relações entre cidadão e Estado. Os princípios contidos nas leis especiais e nas Constituições são substituídos por normas uniformes supranacionais, ditadas pelas leis de mercado, e destinadas a restaurar a autonomia privada.

Tal processo fora anunciado pelo mesmo Irti alguns anos atrás (*Codice Civile e Società Politica*, Bari, Laterza, 1995): "Ainda leis especiais, sim; mas desprovidas daquela força e reduzidas a simples medidas de emergência. Talvez estivesse florescendo, e se tornava pouco a pouco fortalecido, um diferente impulso gerador: os princípios comunitários, voltados a definir um espaço econômico sem fronteiras e, portanto, a transcender a particularidade dos indivíduos isolados nos anônimos mercados de massa".

A consequência para o direito civil seria a restauração do papel central do código, capaz de oferecer, com suas estruturas fixas,

[1] Editorial – *Revista Trimestral de Direito Civil – RTDC*, v. 2, abr./jun. 2000.

estabilidade e neutralidade ao mercado globalizado: "Singular destino do Código Civil: ter sempre 'alguma coisa' sobre si; a *Carta del Lavoro*, a Constituição da República, os Tratados europeus, e, todavia, sobreviver a todos eles; atravessar o tempo histórico, resguardando, nos momentos de queda ou fadiga dessa ou aquela potência, um inesperado *plusvalore politico*".

A análise, ainda que sedutora, mostra-se dúbia e perigosa, devendo ser lida com redobrada atenção. A força devastadora do mercado global não se pode submeter à cultura jurídica e às inúmeras conquistas da sociedade civil. E, malgrado as mudanças estruturais da economia mundial, as alterações do direito privado, submetido à legalidade constitucional de cada sociedade, não podem ser examinadas como mera contingência técnica, que se altera ao sabor das leis de mercado.

Entre controvérsias, aplausos e objeções, o direito civil assistiu ao deslocamento de seus princípios fundantes, do Código Civil para a Constituição, em difusa experiência contemporânea, da Europa Continental à América Latina. Tal realidade, vista por muitos com certo desdém, na tentativa de reduzi-la a fenômeno de técnica legislativa — ou mesmo à mera atecnia —, revela processo de profunda transformação social, em que a autonomia privada passa a ser remodelada por valores não patrimoniais, de cunho existencial, inseridos na própria noção de ordem pública.

Propriedade, empresa, família, relações contratuais tornam-se institutos funcionalizados à realização da dignidade da pessoa humana, fundamento da República, para a construção de uma sociedade livre, justa e solidária, objetivo central da Constituição brasileira de 1988. Isto significa que o indivíduo, elemento subjetivo basilar e neutro do direito civil codificado, deu lugar, no cenário das relações de direito privado, à pessoa humana, para cuja promoção se volta à ordem jurídica como um todo. A verdade é que as conquistas seculares do direito público, que produziu sucessivas gerações de direitos e garantias fundamentais do cidadão perante o Estado, tornar-se-iam inoperantes, para as transformações sociais pretendidas, não fosse a incidência da norma constitucional nas relações privadas.

O cenário das conquistas mais recentes da sociedade civil, extrapolando, pouco a pouco, as relações de direito público, instalou-se nas relações de consumo, nos contratos de massa, no exercício do direito de propriedade e do controle das empresas, no seio das entidades familiares e em todas as relações contratuais.

A pessoa humana, portanto — e não mais o sujeito de direito neutro, anônimo e titular de patrimônio —, qualificada na concreta relação jurídica em que se insere, de acordo com o valor social de sua atividade, e protegida pelo ordenamento segundo o grau de vulnerabilidade que apresenta, torna-se a categoria central do direito privado.

Sendo verdadeiras, como parecem, tais considerações, não se pode sobrepor à ordem constitucional a lógica do mercado. E muito menos imaginar que a opção por uma nova racionalização, mais compatível, estética e ideologicamente, com a pretendida autonomia privada globalizada, seja uma mera decisão técnica, em nome de uma melhor eficiência nas relações empresariais.

A dignidade da pessoa humana constitui cláusula geral, remodeladora das estruturas e da dogmática do direito civil brasileiro. Opera a funcionalização das situações jurídicas patrimoniais às existenciais, realizando assim processo de verdadeira inclusão social, com a ascensão à realidade normativa de interesses coletivos, direitos da personalidade e renovadas situações jurídicas existenciais, desprovidas de titularidades patrimoniais, independentemente destas ou mesmo em detrimento destas. Se o direito é uma realidade cultural, o que parece hoje fora de dúvida, é a pessoa humana, na experiência brasileira, quem se encontra no ápice do ordenamento, devendo a ela se submeter o legislador ordinário, o intérprete e o magistrado. Que não se pretenda, em nome de uma falsa modernidade, reduzir o direito civil à mera técnica negocial.

G.T.

O TÃO ESPERADO (E FUGAZ?) ENCONTRO DA DOUTRINA COM A JURISPRUDÊNCIA[1]

Nos dias 19 e 20 de outubro de 2000 realizou-se, na PUC-Rio, o IX Encontro Nacional do Conselho Nacional de Pesquisa e Pós-Graduação em Direito (CONPEDI). Reuniram-se as principais lideranças dos 36 programas de Pós-Graduação do Brasil, responsáveis pelas pesquisas mais avançadas em todos os campos das chamadas ciências jurídicas: No grupo de trabalho dedicado ao direito privado percebeu-se um impressionante crescimento das pesquisas na área do direito civil. Não já a agenda tradicional, em que vetustos institutos eram estudados à luz do direito romano, com intermináveis classificações que tanto fastio traziam aos estudantes. Ao contrário, viu-se o alvorecer de novos direitos, temas e interesses inseridos na ordem do dia.

Depois de tantos anos de estagnação, para a qual certamente terá contribuído, no caso brasileiro, o Estado autoritário (que acabou por estimular a formação de juristas dedicados a áreas politicamente menos comprometedoras), o panorama altera-se radicalmente: Entram em cena os direitos individuais sociais, inscritos na Constituição, com aplicação direta e imediata nas relações privadas. A dignidade da pessoa humana, fundamento da República, refaz a noção de ordem pública, condicionando todas as relações de direito privado. O proprietário, a contratante, o marido, e o testador, os grandes senhores do direito codificado, cedem lugar a personagens que almejam tutela jurídica na medida de sua vulnerabilidade, diante da concreta relação jurídica em

[1] Editorial – *Revista Trimestral de Direito Civil – RTDC*, v. 3, jul./set. 2000.

que se inserem, em homenagem a igualdade substancial: desfaz-se a equivocada profecia que desenhava, na constitucionalização do direito civil, o empobrecimento do direito privado ou a sua absorção por um direito constitucional superdimensionado.

O que mais importa, entretanto, no cenário atual, é o papel assumido pela jurisprudência no direito civil, liderada pela extraordinária produção do Superior Tribunal de Justiça. No passado, pontuais avanços trazidos pela magistratura, embora importantes, eram contrastados por uma jurisprudência geralmente conservadora no campo do direito privado.

A sempre festejada interpretação do art. 1.523, do Código Civil, e a importantíssima concessão de direitos aos concubinos, nos anos 1950 e 1960, não permitem que se considere de vanguarda a jurisprudência, no seu todo, sobretudo a partir dos anos 1970.

Desde 1988, todavia, as novas gerações de magistrados, associadas à inteligência e à sensibilidade de juízes mais antigos, particularmente os que compõem a Segunda Seção do Superior Tribunal de Justiça, dedicada ao Direito Privado, cuidaram de reler os institutos do direito civil segundo a ordem pública constitucional. Consolidaram-se também as Escolas Nacionais e Estaduais da Magistratura, aperfeiçoando a formação de quadros. Juízes e membros do Ministério Público, já agora mestrandos e doutorandos, no exercício do magistério, ganharam muitíssimo em qualidade técnica. A doutrina, por sua vez, percebeu a importância de tratar de assuntos práticos, que agitam os Tribunais, abandonando as excessivas abstrações e taxonomias, nem sempre úteis à sociedade.

O resultado aí está: os princípios e as cláusulas gerais ganham densidade normativa, graças à obra da doutrina e da jurisprudência. Os direitos da personalidade, assim como as novas hipóteses de responsabilidade civil, incluindo a ampla reparação por danos morais, encontram-se cada vez mais consagrados; a função social da propriedade adquire conteúdo bem definido, assim como se concretiza a boa-fé contratual e a proteção do consumidor, particularmente no que concerne aos contratos de adesão, aos planos de saúde, aos contratos bancários e aos financiamentos de bens e serviços essenciais. Tem-se, de outra parte, um renovado direito de família, baseado na igualdade do homem e da mulher e na tutela do melhor interesse da criança. A julgar pela jurisprudência do STJ dos últimos anos, estamos diante de rara confluência, da doutrina com a jurisprudência, para a construção do direito civil contemporâneo.

Nada disso, contudo, foi levado em conta no Projeto de Código Civil que, segundo se noticia, está sendo aprovado, contra tudo e contra todos. Nele está simplesmente ausente a experiência jurisprudencial longamente amadurecida nos últimos 12 anos. Em alentado parecer, que será publicado no v. 4 da *RTDC*, redigido por solicitação do Deputado Federal Gustavo Fruet, o Professor Luiz Edson Fachin e o advogado Carlos Eduardo Pianovski Ruzyk sustentam a inconstitucionalidade de todo o Projeto, por violar a tábua axiológica da Constituição, fazendo prevalecer uma "racionalidade patrimonialista e conceitualista, em detrimento do valor da pessoa". O Congresso Nacional e o Presidente da República cometerão grave erro se for aprovado e promulgado tal Projeto de Código Civil, que já nasce obsoleto; contrastante com a ordem pública constitucional, e destinado a interromper, lamentável e abruptamente, tão promissor encontro da nova doutrina com a nova jurisprudência.

G.T.

POR UMA NOVA DOGMÁTICA[1]

Completa-se o primeiro ano da *Revista Trimestral de Direito Civil*: a excepcional acolhida da *RTDC* nos diversos setores da comunidade jurídica revela a importância da nova publicação. Em nome dos Conselhos Editorial, Executivo e Assessor, agradecemos a tantos e tão ilustres colaboradores, que nos têm honrado com a remessa de riquíssimo material, cuja seleção se torna cada vez mais árdua, em face da sua excelente qualidade técnica.

A *RTDC* amadurece a cada número, graças ao trabalho essencialmente coletivo, pluralista e inovador de seus editores. Um balanço quantitativo parece inevitável e nos coloca em posição de destaque editorial racional: nos quatro volumes de 2000, publicamos cerca de 60 trabalhos científicos, nacionais e estrangeiros, entre artigos de doutrina, comentários, conferências, entrevistas, resenhas, ensaios e pareceres, além de inúmeros acórdãos, notícias, resumos de teses de dissertações, leis e projetos. Acompanha este quarto número um providencial índice do ano 2000, que ocorrerá no último volume de cada ano, para facilitar o leitor e agilizar as consultas.

O momento é, pois, de festa, mas também de grave reflexão crítica quanto às tendências do direito civil contemporâneo, especialmente frente à complexa realidade brasileira. Os editoriais anteriores voltaram-se para as técnicas legislativas e para o papel da jurisprudência. E quanto à doutrina do direito civil? Terá ela já se apercebido inteiramente de sua função?

[1] Editorial - *Revista Trimestral de Direito Civil - RTDC*, v. 4, out./dez. 2000.

O debate doutrinário acerca da incidência das normas constitucionais nas relações de direito civil, via realidade, pode ser analisado pelo menos sob dois diferentes aspectos: do ponto de vista da evolução histórica, a partir da mudança do papel desempenhado pelo Código Civil no sistema de fontes do direito privado; e do ponto de vista dogmático, verificando-se de que forma a incidência das normas constitucionais interfere nos institutos de direito civil e na teoria da interpretação.

Que as normas constitucionais, e particularmente o rol dos direitos e garantias individuais possuam direta eficácia nas relações de direito privado, parece pouco a pouco constituir um consenso para a melhor doutrina, animada sobretudo pelos debates doutrinários desenvolvidos na Alemanha, na Itália e em Portugal, nos últimos 30 anos, "é confortada, no caso português, pelo art. I, da Constituição de 1976, segundo o qual os preceitos constitucionais respeitantes aos direitos, liberdades e garantias são diretamente aplicáveis e vinculam as entidades públicas e privadas" e, no caso brasileiro, pelo art. 5° da Constituição de 1988, de cuja dicção se depreende que "as normas definidoras dos direitos e garantias fundamentais têm aplicação imediata". Intensidade e os limites de tal incidência e que ainda não se podem considerar objeto de consenso doutrinário, permanecendo nebuloso o exato sentido técnico emprestado a constitucionalização do direito civil. Evidentemente, não se pode reduzir a expressão a um mero deslocamento topográfico de garantias incidentes sobre as relações privadas, atribuídas à morosidade do legislador ordinário, contingências políticas passageiras ou à simples atecnia: seu significado é de bem maior monta.

A interposição de princípios constitucionais nas vicissitudes das situações jurídicas subjetivas está a significar uma alteração valorativa que modifica o próprio conceito de ordem pública, tendo na dignidade da pessoa humana o valor maior, posto no ápice do ordenamento. Se a proteção aos valores existenciais configura momento culminante da nova ordem pública instaurada pela Constituição, não poderá haver situação jurídica subjetiva que não esteja comprometida com a realização do programa constitucional.

Não se vislumbra, com isso, e é o que se quer ressaltar nesta sede, uma redução quantitativa dos espaços de autonomia privada. Propriedade, família, contrato, empresa, não migram para outros ramos do direito diante da presença de tal vinculação à opção valorativa constitucional.

Trata-se, ao revés, de uma transformação qualitativa de cada um dos institutos do direito civil. Iluminados pelo Texto Maior, sem que com isso se pretenda subtrair da autonomia privada seus poderes, titularidades e responsabilidades, na construção de uma sociedade (que o constituinte quis) justa e solidária.

O papel da doutrina, no âmbito do direito civil, adquire maior importância, empenhada não mais em dar forma racional a uma realidade que lhe é oferecida pela História, como o fez a Escola da Exegese, mas em construir as bases objetivas e funcionais para a realização de um direito civil que corresponda à tábua de valores prevista constitucionalmente.

A urgência da palavra doutrinária se reafirma com inquietante frequência. Veja-se por exemplo a discussão em torno da Lei Complementar n° 105/01, regulamentada pelo Decreto nº 3.724/01, que permite a quebra do sigilo das operações de instituições financeiras no decorrer de procedimento fiscalizatório instaurado por agente público com o intuito de coibir a sonegação fiscal.

O noticiário tem se circunscrito a falso maniqueísmo que contrapõe os fautores da moralidade e os sonegadores. Entretanto, para além da inconstitucionalidade representada pela exclusão do controle jurisdicional na intervenção, há aspecto essencial ainda inexplorado: a distinção entre a pessoa física e a pessoa jurídica, quando objeto de investigação e quebra do sigilo bancário.

A diversidade, ignorada pelo legislador, entre a privacidade como atributo inerente à dignidade da pessoa humana e a proteção de contas bancárias que, embora essenciais à atividade econômica, não se constituem em atributos da personalidade, mas em registro dos resultados econômicos, não pode ser desconsiderada. Em outras palavras, o sigilo bancário merece tutela, desde que condicionado ao atendimento do valor social da livre iniciativa, não já com base na cláusula geral de proteção à pessoa humana. Cuida-se de valores distintos que, por isso mesmo, devem ser objeto de prévio exame por parte do Ministério Público e de controle jurisdicional.

Tais considerações, que demonstram a amplitude do campo de atuação dos civilistas nos dias de hoje, recebem conforto e desafogo com as novas gerações que, com o fortalecimento da pesquisa de pós-graduação em Direito, têm renovado a editoria jurídica com dissertações, teses, investigações e propostas altamente significativas. Ao percorrer as diversas regiões do Brasil assiste-se ao verdadeiro renascer da doutrina do direito civil. Jovens pesquisadores têm conseguido, talvez pela primeira vez, afastar do direito civil os velhos esquemas conceitualistas, descompromissados com a realidade social, que tanto seduziram as gerações anteriores e que faziam do civilista "uma espécie em extinção" (na perspicaz observação de um Ministro do Supremo Tribunal Federal).

Talvez hoje não soe mais ousada a exortação de Oscar Wilde, a que aludi em aula inaugural do ano acadêmico de 1992, para salientar a responsabilidade da doutrina, no sentido de conciliar o direito civil com a vida: "*Our proverbs want rewriting. They were made in winter, and it is summer now*".

G.T.

DEZ ANOS DE PROTEÇÃO DO CONSUMIDOR[1]

Há pelo menos dois bons motivos para se comemorar, com superlativo entusiasmo, o transcurso dos 10 anos de vigência do Código de Defesa do Consumidor. O fato de ter sobrevivido a tão tormentoso nascimento já constitui, só por si, razão bastante para festa. Com o CDC sobreviveram, na verdade, a crença nos valores constitucionais e na sua vocação promocional. Vitória da cidadania e do enfoque das relações de consumo (e dos mecanismos de acesso à justiça) a partir do consumidor, engendrados não mais pelo lado (e para o lado) dos fornecedores. Os princípios constitucionais da solidariedade social (art. 3º 1, CF): do valor social da livre iniciativa (art. 1º, IV, CF), da dignidade da pessoa humana (art. 1º, II, CF) e da igualdade substancial (art. 3% II, CF) foram trazidos ao cotidiano das relações jurídicas privadas, ganhando densidade normativa e informando a nova teoria contratual.

Os princípios da boa-fé objetiva (expressão da solidariedade e do valor social da livre iniciativa), do equilíbrio das prestações e da vulnerabilidade da parte contratual mais fraca (projeções da isonomia substancial e da dignidade) constituem-se nos novos pilares da dogmática contratual, alterando o cenário anterior, em que a autonomia da vontade pontificava, limitada pelas remotas (e externas) referências à ordem pública e aos bons costumes.

A festa de aniversário do CDC celebra, antes de tudo, o reconhecimento, pela legislação civil, da alteração do conceito de ordem

1 Editorial – *Revista Trimestral de Direito Civil – RTDC*, v. 5, jan./mar. 2001.

pública, que assume um sentido emancipatório, pretendido pelo Texto Maior, voltado para a redução das desigualdades sociais e para a plena realização da pessoa humana.

Há ainda outra forte razão para comemorar: não seria exagero atribuir ao COC o mérito de convocar a doutrina e os três Poderes a assumirem suas responsabilidades na transformação social. A doutrina, responsável pela elaboração do CDC, tem sido ouvida com cada vez maior frequência para interpretar os novos institutos e as novas situações jurídicas suscitadas no âmbito das relações de consumo. No plano dos Poderes Legislativo e Executivo, foram criados 27 Procons nos estados e cerca de 600 nos municípios. Dezenas de atos regulamentares foram emanados, tendo sido os governos estaduais e municipais, bem como as assembleias legislativas e câmaras de vereadores, chamados à efetivação dos direitos do consumidor. Centenas de programas foram levados a efeito, assistindo-se a uma progressiva e generalizada conscientização acerca dos próprios direitos na aquisição de produtos e serviços.

Desde 1998 funciona o Fórum Nacional de Entidades Civis de Defesa do Consumidor, reunindo 24 entidades de 12 estados da Federação. Dentre as organizações não governamentais, notável tem sido a atividade do Brasilcon (Instituto Brasileiro de Política e Direito do Consumidor), não só provocando reflexão permanente sobre as relações de consumo como também agindo para garantir a tutela do consumidor.

Demonstração recente da mudança de atitude dos poderes públicos tem-se na divulgação, pela Secretaria de Direito Econômico do Ministério da Justiça, de um novo elenco de cláusulas consideradas abusivas — publicado neste número da *RTDC* — a revelar significativo avanço na proteção do consumidor.

O Judiciário, por sua vez, assumiu o mais espinhoso dos desafios. Viu-se diante da radical transformação nas regras de interpretação. A alteração na técnica legislativa, que se evidencia no CDC, repleto de cláusulas gerais e conceitos jurídicos indeterminados, exigiu profunda revisão no modo de decidir.

Muitos duvidaram da capacidade da magistratura para prestar uma tutela jurisdicional segura em face do esfacelamento da estrutura normativa regulamentar do Código Civil.

Estariam os juízes aptos a solucionar conflitos envolvendo os novos direitos, despidos de previsão legislativa completa e regulamentar? Estariam os magistrados preparados a dar resposta eficiente à tutela coletiva, insuscetível de enquadramento nos paradigmas do direito subjetivo individual e patrimonial? O CDC, sob este ângulo, instigou a magistratura a abandonar a cômoda posição de simples "boca da lei".

Os resultados do desafio não poderiam ser mais animadores. Longe de decisões arbitrárias ou excessivamente marcadas pelo subjetivismo dos seus prolatores (cada cabeça, uma sentença...), a magistratura tem conseguido dar concretude aos princípios constitucionais, às cláusulas gerais e aos conceitos jurídicos indeterminados, introduzidos pela Constituição e pela legislação especial.

No que tange às relações de consumo, as decisões se proliferam e têm sido objeto de permanente análise nos diversos números da *RTDC*. Destaca-se o excepcional trabalho do Superior Tribunal de Justiça, que tem tido a sensibilidade de incorporar, em seus acórdãos, as construções doutrinárias que inspiraram o COC e que o clarificam, com interpretações ousadas e criativas.

Cinco exemplos recentes merecem registro: A Terceira Turma do STJ, consolidando entendimento da Segunda Seção, considerou o plano de saúde corresponsável pelo erro médico cometido por profissional credenciado. Ainda, a Terceira Turma, seguindo entendimento firmado pela Primeira Seção, vedou aos supermercados utilizarem-se exclusivamente de código de barras para a identificação do preço e das demais informações essenciais à aquisição. A Quarta Turma, em duas decisões, determinou que empresas com filiais em diversos pontos do país devem entrar com ações judiciais no local da ocorrência do fato controverso, e não na cidade onde se localiza a sua matriz. Considerou, também, abusiva a cláusula de eleição de foro prejudicial ao consumidor, mesmo em se tratando de contratos bancários. A propósito de contratos bancários, entendeu a Quarta Turma que a multa pelo inadimplemento contratual não pode exceder a 2% do valor da obrigação firmada.

As perspectivas são, pois, favoráveis, embora se possa antever um longo percurso a ser percorrido, para a tutela do consumidor nos moldes pretendidos pelo constituinte, na economia cada vez mais complexa e globalizada. O mais importante parece ser a incorporação da tutela do consumidor no âmbito da dogmática do direito civil, evitando-se a formação de guetos legislativos dissociados da legalidade civil-constitucional.

A proteção do consumidor revela-se como aspecto da proteção da pessoa humana, decorrente das circunstâncias de vulnerabilidade que permeiam as relações de consumo. Esta, de resto, tem sido a tendência da Europa Continental, confirmada pela introdução da tutela do consumidor na Parte Geral do BGB, conforme noticiado no número

3 da *RTDC*. Os primeiros dez anos de vigência do CDC deixam saldo extremamente positivo: que a comunidade jurídica possa continuar à altura de suas responsabilidades e de sua missão.

G.T.

O PAPEL DA UNIVERSIDADE NA TRANSFORMAÇÃO DO DIREITO[1]

Em recente encontro científico, estudiosos do direito civil refletiram sobre o estado da pesquisa jurídica no Brasil e sobre o papel que deve desempenhar a Universidade na reconstrução da dogmática e da cultura jurídica, especialmente no que tange ao direito privado. Após dois dias de intensos debates, produziu-se a Carta do I Encontro dos Grupos Institucionais de Pesquisa em Direito Civil *Perfis* e *Diálogos* (UERJ-UFPR), ora incorporada ao presente Editorial, pela importância do seu conteúdo, que fala por si, conclamando todos os leitores a uma inadiável reflexão acerca das transformações da sociedade e do direito.

G.T.

Os grupos de pesquisa das Faculdades de Direito da UFPR e da UERJ, comprometidos com a construção de uma leitura crítica do direito civil contemporâneo, reuniram-se em Curitiba nos dias 2 e 3 de julho de 2001, com o propósito de refletir sobre a renovação de categorias jurídicas ainda predominantemente arraigadas a modos de pensar conceitualistas e, por vezes, inconciliáveis com a ordem constitucional em vigor. A necessidade de novas leituras, impulsionada por demandas sociais cada vez mais complexas, suscita ainda a reflexão acerca dos limites e das possibilidades de transformação do direito civil.

Trata-se de um esforço coletivo, marcado pelo compromisso da universidade com a democracia, e que se exprime na compreensão do descompasso entre

[1] Editorial – *Revista Trimestral de Direito Civil – RTDC*, v. 6, abr./jun. 2001.

o direito e os anseios da sociedade. Busca a formulação de propostas atentas à realização dos valores consagrados pela Constituição da República, no intuito de promover a transformação social que ali se propõe.

Para tanto, põe em cena que a teoria e prática do direito se revelam apartadas da nova realidade, apresentando uma fragmentação deslocada no tempo e no espaço, e superada pelos processos culturais e tecnológicos contemporâneos. Além disso, reconhece que os elementos de base do direito privado — propriedade, contrato e família —, na sua formulação tradicional, perderam seus referenciais e sua funcionalidade diante das profundas mudanças verificadas na sociedade.

Nessa linha, as relações privadas que envolvem a apropriação e a circulação de bens, assim como as relações jurídicas existenciais, particularmente as de família, continuam sendo tratadas sob a ótica individualista que orientou a codificação, não obstante tenha a Constituição funcionalizado a propriedade, disponibilizando novos instrumentos jurídicos para a sua consecução.

A proteção à dignidade da pessoa humana, desta forma, permanece preterida, sacrificando-se direitos fundamentais expressamente incorporados ao ordenamento por força de norma constitucional. Mantém-se, assim, a postura patrimonialista e hierarquizada da família do início do século XX, revelada no Código Civil, o que evidencia, enfim, a crise do sistema codificado. Impõe-se, por conseguinte, o debate sobre o próprio modo de legislar, que deverá atender a pelo menos dois postulados: a superação do modelo clássico, na direção do pluralismo; e a adoção de princípios e cláusulas gerais.

Do mesmo modo, há de se buscar a efetividade dos direitos fundamentais, notadamente com a alteração do modelo proprietário, a partir da sua funcionalização e do reconhecimento da diversidade do direito de propriedade em razão da pluralidade de objetos sobre os quais incide. Deve ainda se assegurar a observância dos interesses não proprietários e a preservação do patrimônio mínimo como formas de realização da dignidade humana.

Como consequência, altera-se o modelo de circulação de bens e de prestação de serviços, funcionalizando-se os contratos, os quais, sem perder sua natureza econômica, voltam-se, neste novo modelo, para a efetivação de uma justiça contratual informada pela igualdade substancial.

No âmbito das relações existenciais, a construção de um novo desenho familiar, voltado para a proteção da dignidade da pessoa humana, vislumbra na família contemporânea um instrumento privilegiado para o desenvolvimento da personalidade. Supera-se, desta forma, a visão individualista, abstrata, que não apenas impede a busca do sujeito concreto, com participação ativa na comunidade familiar, como inibe o respeito à alteridade e compromete o verdadeiro exercício do direito à liberdade. A ordem constitucional em vigor tornou superada a estrutura familiar codificada, trazendo a repersonalização das relações familiares e a revisão dos modelos de conjugalidade e parentesco, não tendo mais lugar os rígidos e tradicionais papéis de cada um dos membros do grupo.

Tais questões conduzem ao indispensável reexame do ensino jurídico, particularmente do direito privado, uma vez que, até o presente momento, o currículo universitário se manteve — em especial, no que se refere ao direito civil — insensível às transformações sociais ocorridas, perdendo assim a capacidade de atender às novas demandas do conhecimento.

A complexidade dos problemas apresentados exige, para além do ensino dogmático, a apreciação crítica dos instrumentos jurídicos e da realidade social, permitindo o desenvolvimento de técnicas de argumentação e critérios interpretativos adequados às situações concretamente manifestadas.

Não há mais possibilidade de se manter o estudo do direito civil centrado na codificação, na medida em que não se pode deixar de reconhecer o papel unificador do direito privado assumido pela Constituição. Por conseguinte, os métodos de ensino devem ser reformulados, os currículos precisam ser concebidos no âmbito da interdisciplinaridade, o sistema de avaliação deve ser revisto, com a cautela de preparar o aluno para uma vida profissional coerente com o direito contemporâneo. Tão imprescindível quanto repensar o direito civil, torna-se, neste passo, avaliar o perfil docente necessário para a execução destas tarefas.

Curitiba, 3 de julho de 2001

O NOVO CÓDIGO CIVIL: DURO GOLPE NA RECENTE EXPERIÊNCIA CONSTITUCIONAL BRASILEIRA[1]

Para o estudioso do direito civil, descomprometido com os afagos recíprocos e o escambo de vaidades, o momento não é de festa. O recém-aprovado Projeto de Código Civil, concebido anteriormente à Constituição de 1988, inspira-se em movimentos legislativos ultrapassados, que conheceram seu auge na Europa Continental dos anos posteriores à Segunda Guerra Mundial. As importantes elaborações doutrinárias então surgidas fundamentaram, na dogmática alemã, a reinterpretação do Código de 1896, além de inspirarem a revisão conceitual levada a cabo na Itália (a partir da recodificação de 1942) e em Portugal (com o seu Código Civil de 1966 e sucessivas reformas).

No caso brasileiro, contudo, por vicissitudes várias, preferiu-se não aprovar os diversos projetos de recodificação que, redigidos por nossos maiores civilistas, foram produzidos entre 1940 e 1970. Mantendo-se em vigor o Código Civil de 1916, por obra do legislador especial foram subtraídos inteiros setores do texto codificado. No direito de família, por exemplo, destacam-se o Estatuto da Mulher Casada, de 1962, e a Lei do Divórcio, de 1977. Por outro lado, a jurisprudência ofereceu subsídios riquíssimos à evolução do direito brasileiro, em todos os campos das relações jurídicas privadas. Trata-se de processo de reforma legislativa e jurisprudencial paulatina e incessante, que culminou com a Constituição de 5 de outubro de 1988. O Texto Constitucional empreendeu radical transformação no direito civil, elegendo a dignidade

[1] Editorial – *Revista Trimestral de Direito Civil – RTDC*, v. 7, jul./set. 2001.

da pessoa humana como valor central do ordenamento, ao qual funcionalizou as relações jurídicas patrimoniais. Suplantou, com isso, todas as formulações conceitualistas que idealizavam o direito civil como o estatuto das relações patrimoniais. Na esteira deste processo surgiram o Estatuto da Criança e do Adolescente, o Código de Defesa do Consumidor, as soluções jurisprudenciais em matéria de responsabilidade civil, contratos e propriedade.

Dali o desajuste maior do projeto: ele é retrógrado e demagógico. Não tanto por deixar de regular os novos direitos, as relações de consumo, as questões da bioética, da engenharia genética e da cibernética que estão na ordem do dia e que dizem respeito ao direito privado.

E não apenas por ter como paradigma os códigos civis do passado (da Alemanha, de 1896, da Itália, de 1942, de Portugal, de 1966), ao invés de buscar apoio em recentes e bem-sucedidas experiências (como, por exemplo, os Código Civis do Quebec e da Holanda, promulgados nos anos noventa).

O novo Código nascerá velho principalmente por não levar em conta a história constitucional brasileira e a corajosa experiência jurisprudencial, que protegem a personalidade humana mais do que a propriedade, o ser mais do que o ter, os valores existenciais mais do que os patrimoniais. E é demagógico porque, engenheiro de obras feitas, pretende consagrar direitos que, na verdade, estão tutelados em nossa cultura jurídica pelo menos desde o pacto político de outubro de 1988.

Ressalte-se ainda que, também do ponto de vista técnico, o Código já surge obsoleto.

Alguns exemplos: os direitos da personalidade foram regulados de maneira tímida e tipificadora, nos arts. 11 a 21, seguindo doutrina que teve os seus dias de glória nos anos 1960, desconhecedora da cláusula geral de proteção da pessoa humana que viria a ser corporificada na Lei Maior. Ainda na Parte Geral, o conceito de representação voluntária é identificado com o de mandato, repetindo a ultrapassada técnica do século XIX, incorporada ao Código de 1916. Em outro exemplo de herança equivocada, o art. 187 do novo diploma cuida do abuso de direito no âmbito do ato ilícito, na contramão da doutrina atual.

O art. 189 pretende corrigir um velho problema do Código de 1916, dispondo agora que a prescrição extingue a pretensão. O dispositivo seria inovador no começo do século XX: não nos dias de hoje, quando se sabe que a prescrição não necessariamente põe fim a uma pretensão (como no caso do credor que pode cobrar judicialmente a dívida prescrita e satisfazer a sua pretensão, se o devedor não arguir a prescrição).

No direito das obrigações a atecnia não minora. O art. 422 pretende fixar o princípio da boa-fé objetiva nas relações contratuais, valendo-se de formulação pífia que sequer cogita do dever de boa-fé na fase pós-contratual. Bastava copiar o Código do Consumidor, neste particular. Esse ponto é gravíssimo, uma vez que, na prática, os juízes vinham aplicando a boa-fé objetiva nas relações contratuais de maneira ampla, e serão tolhidos com a entrada em vigor do novo Código Civil. O art. 478 prevê a resolução contratual por onerosidade excessiva, aos moldes do Código italiano de 1942. A solução foi inovadora a seu tempo. Hoje é considerada subjetivista, vinculada a "acontecimentos extraordinários e imprevisíveis", além de atrelada à resolução do contrato, sem autorizar o magistrado à revisão contratual, como dispõe o Código de Defesa do Consumidor e a melhor doutrina do direito civil.

Os exemplos não têm fim. No direito de família a situação é crítica. Aqui, também, a questão central não são as omissões, o silêncio absoluto do projeto em face da agenda atual do direito de família (marcada pela pluralidade de modelos familiares e pelas novas técnicas da biotecnologia). O mal maior é a reprodução de uma dogmática matrimonialista, institucionalizada, que focaliza a família através da lente do casamento e dos seus diversos regimes patrimoniais. Também aqui a Constituição da República e o Superior Tribunal de Justiça encontram-se muito além do que prevê o projeto do novo Código. Tutelam a família como realidade plural e instrumentalizada à dignidade dos seus membros, sejam eles cônjuges, companheiros ou filhos sob guarda monoparental (cerca de 38 milhões de brasileiros, segundo dados divulgados pelo IBGE, vivem em famílias monoparentais, normalmente sob a chefia de mulheres, que representam quase 7 milhões de chefes de família, neste modelo ignorado pelo projeto).

Há muito mais; incontáveis são os exemplos que, nos 2.035 artigos do projeto, retratam o descompasso entre o texto aprovado e a realidade social. Do Presidente da República espera-se o gesto nobre, que o fará entrar para a História como um grande estadista: o veto integral ao projeto. Se isto não acontecer, ao Judiciário incumbirá a espinhosa tarefa de temperar o desastre, aplicando diretamente o Texto Constitucional, seus valores e princípios aos conflitos de direito civil, de modo a salvaguardar o tratamento evolutivo que tem caracterizado as relações jurídicas do Brasil contemporâneo.

G.T.

ACESSO ÀS JUSTIÇAS E O PAPEL DO JUDICIÁRIO[1]

A *RTDC* completa o seu segundo ano. É com justo orgulho que, graças ao esforço de um abnegado e talentoso grupo de professores e à confiança da Editora Padma, comemoramos a passagem para o terceiro ano de vida. Recebemos, a cada dia, material doutrinário, jurisprudencial e legislativo da mais alta qualidade, vindo do Brasil e do exterior. O resultado aí está, impresso em oito números consecutivos, a catalisar o debate e o intercâmbio de ideias em torno do direito privado. O reconhecimento na comunidade jurídica — manifestado nas numerosas referências bibliográficas, no crescimento constante das assinaturas anuais e na excelência dos autores que aqui publicam — muito nos honra e nos gratifica. O trabalho continua, nossa motivação se renova, intensificada pelo despertar do direito civil na vocação de jovens e talentosos autores, Brasil afora, responsáveis pela renovação que se processa nos quadros docentes e na metodologia do ensino do direito civil nas Faculdades de Direito.

A retomada pelo estudo do direito civil não aplaca, todavia, uma certa dose de angústia, nos espíritos dos profissionais do direito (e dos jurisdicionados), acerca da efetividade da Justiça. Delineia-se ainda hoje uma indesejável distância entre as previsões normativas, no campo do direito substantivo, e o resultado alcançado nos casos concretos.

Durante muito tempo imaginou-se que, com as reformas legislativas, estaria assegurada uma Justiça mais ágil, compatível com as novas demandas e interesses da sociedade. Constatou-se, contudo, a

[1] Editorial – *Revista Trimestral de Direito Civil – RTDC*, v. 8, out./dez. 2001.

insuficiência das instituições judiciais, nos moldes clássicos do devido processo legal e do respeito incondicional ao contraditório, para se assegurar uma tutela jurisdicional satisfatória.

A verdade é que não depende só dos profissionais do direito o bom desempenho da máquina judicial. Ainda que se reconheçam defeitos no funcionamento do Judiciário, há ao menos dois fatores exógenos a dificultarem a sua operacionalidade: em primeiro lugar, a complexidade do processo legislativo atual (marcado pela pluralidade de fontes normativas, nacionais e supranacionais, além da notória proliferação de medidas provisórias, de difícil controle social); em seguida, a redefinição do papel do Estado, que deixa de ser voz meramente passiva (*veiller de nuit*), nas várias configurações do pretendido Estado Liberal, e abdica do papel de provedor de serviços, típico dos *welfare states*. O final do século XX assistiu ao surgimento do Estado Regulador, cujo papel parece mais complexo e dinâmico do que as configurações estatais anteriores, cabendo-lhe agir de forma sistemática no controle da economia e do mercado.

No âmbito de tal realidade, verifica-se que o Judiciário já não pode mais pretender dar resposta única a todos os conflitos sociais: o acesso à Justiça é fórmula que se torna algo ambígua e polissêmica. Uma multidão de novos interesses está a suscitar o desenvolvimento de mecanismos peculiares para a composição dos conflitos, de acordo com as características subjetivas e objetivas das lides.

Eis o pano de fundo para o surgimento de dois fenômenos só aparentemente díspares: os juizados especiais e o juízo arbitral. O primeiro deles foi recentemente fortalecido pela implementação dos juizados especiais na Justiça Federal, nos termos da Lei n° 10.259, que regulamentou a Emenda Constitucional nº 20/99. Os juizados especiais podem dar resposta ágil a milhares de consumidores, pensionistas, cidadãos que buscam resposta jurisdicional para lesões extremamente graves, atinentes à sua dignidade e a valores existenciais cujo conteúdo econômico, todavia, não parece justificar a mobilização das estruturas e mecanismos tradicionais.

De outra parte, o Supremo Tribunal Federal, em sua composição plenária, após cinco anos de intensos debates, considerou constitucionais os mecanismos previstos na Lei nº 9.307/96, a chamada Lei da Arbitragem. Isto significa que a renúncia ao direito de recorrer à Justiça, com a opção pelo juízo arbitral, não viola as garantias constitucionais. Em termos práticos, torna-se possível e confiável a adoção da arbitragem, atendendo a grupos empresariais que, com o compromisso arbitral, pretendem especializar, baratear e acelerar a solução de suas disputas, marcadamente patrimoniais.

Esses dois mecanismos certamente sacrificam algumas garantias processuais próprias dos ritos convencionais, com seus amplos prazos e numerosos recursos. Mas garantem soluções compatíveis com a diversidade das partes em conflito e com a especificidade dos interesses em jogo. O Judiciário e os tribunais arbitrais, com ritos diferenciados, atenderão a públicos diferentes, portadores de interesses inteiramente distintos. A Justiça convencional, em última análise, há de ser reservada a quem precisa dela. Desafoga-se assim o Judiciário, de modo que, ampliando-se os acessos às Justiças (especial, convencional e privada) possam ser obtidas soluções melhores e mais adequadas aos interesses postulados. O caminho está aberto; Oxalá não burocratizem os mecanismos informais recentemente criados. Tampouco se deem ares oficiais (com carteirinha de árbitro e brasão da República) aos mecanismos privados do tribunal arbitral, cuja credibilidade decorre exclusivamente da reputação e da eficiência da Corte, não já das insígnias do Poder Público. Os mecanismos são complementares e harmônicos, pois tutelam acessos distintos às diferentes formas de Justiça, posto que em favor de uma mesma ideia de efetividade.

G.T.

MUITO PIOR A EMENDA QUE O SONETO[1]

Promulgado o novo Código Civil, toda a comunidade jurídica mergulhou na árdua tarefa da construção interpretativa de seus dispositivos. Um sem-número de conferências, simpósios e mesas-redondas têm sido organizados para o conhecimento e inteligência do novo texto.

E à parte os exageros de retórica, daqueles que se viram logo alçados à oportunidade histórica de inaugurar um novo tempo (reduzindo o direito ao modelo legislativo e concedendo-se uma espécie de autoanistia em relação ao desconhecimento do passado), a estação tem sido de trabalho profícuo e de um difuso interesse pelo direito privado. Grupos de estudo têm sido instaurados não só nas Universidades, mas também em escritórios de advocacia e departamentos jurídicos de empresas, sem falar na profusão de cursos oferecidos pelas escolas superiores das carreiras jurídicas e por cursos especializados.

Mesmo os mais inflexíveis críticos do Código de 2002, diante do fato consumado, perceberam que o momento presente é de reconstrução: eis a postura que se espera dos civilistas comprometidos com o direito contemporâneo. Com altivez e postura crítica — e jamais seduzidos por um novo ícone legislativo, tão caro aos bajuladores de plantão — cabe à doutrina delinear, com serenidade, diálogo e reflexão, a dogmática compatível com a nova lei, a despeito de seus inúmeros defeitos, de forma e conteúdo.

Sob o embalo do frenesi legislativo, todavia, publicou-se recentemente, em plena *vacatio legis* do novo Código, um anteprojeto de lei

[1] Editorial – *Revista Trimestral de Direito Civil – RTDC*, v. 10, abr./jun. 2002.

que altera nada menos que 188 dos seus artigos, revoga expressamente inúmeras normas que se supunham com ele compatíveis e anuncia sua entrada em vigor na própria data de sua publicação.

Só mesmo a cândida proteção da ignorância, que desconhece as consequências dos próprios atos, explicaria a promulgação, pelo Congresso Nacional, de semelhante lei. O exame de seus artigos revela o resultado de estapafúrdias sugestões, colhidas a toque de caixa, sem o necessário amadurecimento e sem preocupação com as alterações que a nova lei causaria nos institutos do direito privado. Se o novo Código Civil já se mostra indigesto, o anteprojeto é verdadeiramente canhestro, uma multidão de elementos sem conexidade axiológica, capaz de apavorar os estudiosos do direito civil. Não haveria aqui espaço para analisar as barbaridades propostas, bastando assinalar a extensão desmesurada das emendas pretendidas pelo próprio Relator do Código Civil, antes mesmo de sua entrada em vigor. Veja-se, a título de exemplo, a introdução dos chamados danos punitivos — cuja admissão em ordenamento da família romano-germânica alteraria todo o sistema de responsabilidade civil — e a proteção dos direitos do embrião — assumindo o legislador uma posição extremamente controvertida, além de derrotada nas discussões que antecederam o novo Código. O preceito, se aprovado, ameaçaria todas as técnicas de fertilização *in vitro* praticadas no país, que dependem de uma seleção de embriões autorizada pelas normas deontológicas. Ainda como exemplo, deve ser lembrada a expressa introdução de normas de responsabilidade civil nas relações de família, aguçando o fantasma da culpa e do medo na vida conjugal e conferindo feição patrimonialista a complexas situações, essencialmente existenciais.

A ameaça de alteração substancial e precoce do novo Código revela-se em si equivocada e causadora de generalizada insegurança nos meios jurídicos. Se não se levar a sério o anteprojeto, corre-se o risco da surpresa, acordando-se dia desses com um sistema radicalmente alterado — e sem *vacatio legis*. Mas levá-lo em consideração parece ainda mais grave — e paralisante, já que se põem em dúvida as soluções interpretativas que, com muito esforço, começam a ser elaboradas pelos civilistas.

Nem se pretenda comparar essa aberração com o Decreto nº 3.725, de 15 de janeiro de 1919, que alterou o jovem Código Civil de 1916. A experiência ali foi casuística, de correção de forma e redação, como se verifica nos pareceres de Epitácio Pessoa publicados em 1918.

Mantiveram-se em 1919 o espírito e a lógica de 1916, nada se alterando substancialmente do ponto de vista de seus institutos e valores cardinais, adotados pelo codificador.

O momento presente é grave. Nos termos do art. 2.044, o Código Civil entrará em vigor um ano após a sua publicação, ocorrida em 11 de janeiro de 2002. O Código evidentemente requer reformas, cuja legitimidade, todavia, dependeria de uma ampla e democrática discussão. Eventuais emendas destinadas a corrigir equívocos insuperáveis podem e devem ser admitidas. Neste caso emergencial, o legislador há de se ater a correções imprescindíveis. Só assim poderemos amadurecer e consolidar uma cultura jurídica compatível com o novo Código Civil, definindo com alguma estabilidade as soluções interpretativas que entrarão em vigor em janeiro de 2003.

G.T.

DIREITO CIVIL E REFORMA SOCIAL[1]

Três fatos aparentemente díspares mostram-se irreversivelmente coligados no panorama do direito civil brasileiro: a vitória nas urnas de um novo projeto político, liderado pelo Presidente Luís Inácio Lula da Silva; a entrada em vigor do Código Civil; e a entrevista inédita de Stefano Rodotà, publicada nesta edição da *RTDC*.

Em passado recente, os três eventos não guardariam qualquer ponto de contato. Hoje, contudo, chega a ser evidente como a agenda política de renovação envolve numerosos mecanismos do direito privado, na perspectiva de uma melhor qualidade de vida. O espaço público e as liberdades democráticas não são suficientes para satisfazer as demandas da cidadania. Quer-se mais. Segurança, educação, saúde, moradia associam-se a relações privadas democráticas, ao controle social da atividade econômica e das sociedades intermediárias — família e empresa —; e ao acesso isonômico aos bens da vida, adotando os instrumentos de regulação próprios do direito civil. Entra na ordem do dia, pois, o novo Código Civil, por sua pujança normativa na vida privada. Mais e mais se espera que, nas relações jurídicas de direito privado, possa a pessoa realizar-se em sua dignidade. Mais e mais se exige que uma sociedade solidária, sem fome, com teto, com terra, com educação possa expurgar, de seu meio, as desigualdades odiosas que o espaço privado estratificou ao longo dos séculos.

A importância do Código Civil para a concretização de um novo projeto político explica-se, em outras palavras, não só pela complexidade atual da gestão da *res publica*, mas também pelas novas aspirações

[1] Editorial – *Revista Trimestral de Direito Civil – RTDC*, v. 11, jul./set. 2002.

existenciais, postas em uma ordem de prioridades em que o cidadão consumidor transita entre a família, a empresa, a atividade contratual e a propriedade — sujeito de direito neutro deu lugar ao cidadão diferenciado, que requer meios de proteção especificamente vinculados à relação jurídica em que atua.

O Código Civil deverá cumprir relevante papel neste cenário de reformas, sob pena de inquietante reversão de expectativas na sociedade. E aos que, não injustificadamente céticos, duvidam da capacidade do velho projeto na consecução de tão ousada tarefa, cabe lembrar que o Código Civil certamente não se confundirá com a letra fria e gasta da lei, identificando-se, ao revés, como observado recentemente pelo professor Luiz Edson Fachin, membro do nosso Conselho Editorial, com o texto dinâmico que seremos capazes de elaborar, mercê de uma hermenêutica construtiva a ser levada a cabo na cálida concretude da atividade de interpretação, sempre à luz dos valores estabelecidos na Constituição da República.

Neste momento, portanto, de efervescente transformação na sociedade brasileira, eis que surge a palavra ética, convicta e convincente de Stefano Rodotà. O Professor de Roma, que atualmente representa a principal voz europeia na tutela dos dados pessoais, dedicou grande parte de sua vida, como estudioso e homem público, à reflexão sobre os meios de controles sociais nas relações interprivadas. A propriedade, a responsabilidade civil, os contratos e suas fontes normativas, a família, as novas tecnologias, a bioética, o biodireito e, finalmente, a privacidade e a tutela da personalidade, todos são temas de profunda investigação do professor Rodotá, visando redefinir as bases dogmáticas do direito privado. Sua obra demonstra que a verdadeira revolução social só será efetivamente alcançada quando assegurada for a completa proteção da pessoa humana tanto no espaço privado quanto no espaço público. Nesta entrevista extraordinária, concedida à *RTDC* em sua casa, em Roma, Rodotà fornece valioso e oportuno material de reflexão acerca dos novos rumos do direito civil contemporâneo. E demonstra que vale a pena acreditar numa sociedade melhor, ao sublinhar a dimensão superior em que deve atuar o civilista, comprometido definitivamente com a promoção da dignidade humana, através da garantia das liberdades fundamentais e das liberdades (ou escolhas) existenciais.

G.T.

OS 15 ANOS DA CONSTITUIÇÃO E O DIREITO CIVIL[1]

A teoria das fontes vive momento conturbado. A implantação de um novo Código Civil não é simples, sobretudo num quadro de pluralidade de fontes normativas, delineando-se um sistema jurídico baseado em princípios e regras nacionais e supranacionais, em cujo vértice se encontra a Constituição da República.

Em certa medida, pode-se dizer que a tarefa do intérprete se mostra menos árdua do que há 15 anos, quando da promulgação do Texto de 1988. Naquele momento, não é exagero afirmar que a maioria dos civilistas lia a Constituição como um diploma pertencente a outro ramo do conhecimento, algo que não lhe dizia diretamente respeito, a não ser pela incursão (para muitos indevida, diga-se de passagem) do Constituinte na seara do direito privado. Sob a pomposa expressão Carta Política podia-se identificar, com auxílio da semiótica, a ausência de força normativa dos princípios constitucionais.

Hoje o cenário é bem diferente. Não há civilista que negue abertamente a eficácia normativa da Constituição e sua serventia para, ao menos de modo indireto, auxiliar a interpretação construtiva da norma infraconstitucional. Subsiste, no entanto, com inquietante frequência, uma postura cultural bizarra, consistente na adaptação dos princípios constitucionais às regras codificadas — e não o contrário —; o que acaba por negar, malgrado o reconhecimento retórico, o papel normativo da Constituição. Tal comportamento metodológico parece intensificar-se com a promulgação do novo Código Civil, que afinal representaria,

[1] Editorial – *Revista Trimestral de Direito Civil – RTDC*, v. 14, abr./jun. 2003.

para os nostálgicos do Iluminismo, uma reconstrução de um sistema fechado e autossuficiente, uma nova síntese "constitucional" das relações de direito privado.

Pode-se, contudo, esconjurar esse espectro por intermédio da aplicação direta das normas constitucionais nas relações intersubjetivas, reunindo o sistema de fontes de acordo com a axiologia constitucional. Esta tomada de posição, liderada, de maneira até certo ponto surpreendente, na experiência brasileira pela doutrina do direito civil, e prontamente encampada pelo Judiciário — leia-se, com especial ênfase, o STJ —, que se anteciparam às formulações da teoria constitucional, encontra, todavia, resistências na doutrina e na magistratura de graus inferiores.

Quatro são as objeções mais frequentes à aplicação direta da Constituição nas relações de direito civil. A primeira delas refere-se à vocação da Constituição à organização dos poderes estatais, destinada fundamentalmente ao legislador e não à vinculação horizontal de particulares. A regulação da autonomia privada só poderia se dar por uma instância mais próxima da realidade dos negócios, no âmbito da legislação ordinária. Ao magistrado não seria dado realizar um salto sobre o legislador na definição das regras de conduta.

A segunda objeção sublinha a baixa densidade normativa dos princípios constitucionais, cuja aplicação direta às relações privadas propiciaria uma excessiva discricionariedade do magistrado na solução de concretos conflitos de interesse. A terceira crítica invoca a estabilidade milenar da estrutura dogmática do direito civil, que restaria abalada pela instabilidade do jogo político se as opções constitucionais não fossem mediadas pela atuação do legislador ordinário. Invoca-se até aquele jurista que, no final dos setecentos, pretendeu comprar um exemplar da Constituição francesa numa das belas livrarias do Boulevard Saint-Germain, em Paris, recebendo veemente negativa do livreiro: "Não, meu senhor, aqui só vendemos livros jurídicos, não periódicos".

O quarto argumento considera que o controle axiológico das relações de direito civil, para além dos limites bem claros do lícito e do ilícito, segundo as regras da legislação ordinária, significaria desmesurada ingerência nos espaços da vida privada. Reduziriam-se, autoritariamente, os espaços de liberdade dos particulares. Afinal, a liberdade é inerente ao homem, anterior ao ordenamento jurídico que, no máximo, poderá limitá-la, regulando os limites do ilícito.

Todas as quatro críticas, embora respeitáveis, relacionam-se com uma realidade inteiramente obsoleta, pressupondo o cenário característico da codificação do século XIX: delineava-se, então, uma clara dicotomia entre o direito público e o direito privado, este destinado à sublimação da autonomia da vontade. Os principais instrumentos teóricos de que se valia o direito civil eram herdados do direito romano. O contrato e a propriedade privada eram considerados, do ponto de vista dogmático, como categorias perenes, imutáveis, e, portanto, altamente estáveis. O mesmo não se poderia dizer do direito público, ancorado em constituições não rígidas e suscetíveis de reformas radicais no conturbado processo histórico de formação dos Estados nacionais.

Vive-se hoje, em contexto bem distinto, a indiscutível superposição do direito privado e do direito público, derivada de duas circunstâncias fundamentais. A primeira delas é o surgimento de inúmeras figuras insuscetíveis de classificação cômoda em qualquer dos dois ramos do direito. As novas tecnologias e a evolução das formas de utilização dos bens fazem surgir, a cada dia, categorias patrimoniais (espécies de propriedade, instrumentos de utilização do solo, contratos de massa etc.) e extrapatrimoniais (novas modalidades de danos, princípios da prevenção e precaução, a regulamentação da bioética etc.) que superam qualquer classificação baseada na vetusta dicotomia.

A segunda e mais importante circunstância, contudo, diz respeito à opção axiológica do Constituinte brasileiro. Ao eleger a dignidade humana como valor máximo do sistema normativo, o Constituinte exclui a existência de redutos particulares que, como expressão de liberdades fundamentais inatas, desconsiderem a realização plena da pessoa. Vale dizer, família, propriedade, empresa, sindicato, universidade, bem como quaisquer microcosmos contratuais devem permitir a realização existencial isonômica, segundo a ótica de solidariedade constitucional. Sendo assim, não configuram espaços insuscetíveis ao controle social, como queria o voluntarismo, justamente porque integram uma ordem constitucional que é a mesma tanto nas relações de direito público quanto nas de direito privado. Não se poderia admitir a democracia nas ruas e a intolerância na vida privada.

Daí o grande desafio do jurista de hoje, consistente na necessidade de harmonização de fontes normativas a partir dos valores e princípios constitucionais. O novo Código Civil deve contribuir para tal esforço hermenêutico — que em última análise significa a abertura do sistema —, não devendo o intérprete deixar-se levar por eventual sedução de nele imaginar um microclima de conceitos e liberdades patrimoniais descomprometidas com a legalidade constitucional.

G.T.

A CONSTITUCIONALIZAÇÃO DO NOVO CÓDIGO CIVIL[1]

Inúmeros eventos celebram os 15 anos do advento da Constituição de cinco de outubro. Dois deles se revestem de particular importância, do ponto de vista do direito civil. No primeiro, promovido pela Academia Brasileira de Direito Constitucional, mais de 2.500 entre profissionais e estudantes, reuniram-se no Teatro Guaíra, em Curitiba. O segundo, sob a iniciativa da Associação dos Magistrados Brasileiros, levou mais de 2.000 magistrados ao Centro de Convenções de Salvador. Ambos os congressos reservaram um painel especialmente dedicado às relações de direito privado.

Parece significativo que, superado o desprezo recíproco entre publicistas e privatistas, característico do final dos anos 1980, a reflexão agora congregue constitucionalistas e civilistas, sentados à mesma mesa, para enfrentar os problemas do direito contemporâneo. As indagações mais frequentes, nesses encontros, têm sido: (i) o novo Código Civil tornaria desnecessário o recurso direto do intérprete ao texto constitucional?; (ii) as sucessivas emendas constitucionais demonstrariam a instabilidade gerada pela utilização direta da Constituição nas relações jurídicas de direito privado?; (iii) o papel criador do juiz, em decorrência das cláusulas gerais disseminadas na legislação civil, ameaçaria o princípio da segurança jurídica?

A resposta afirmativa a tais questões revela uma incompreensão do chamado diálogo de fontes normativas, configurando o direito civil, de maneira distorcida, como um arsenal de instrumentos técnicos

[1] Editorial – *Revista Trimestral de Direito Civil – RTDC*, v. 15, jul./set. 2003.

e neutros à disposição das liberdades fundamentais, traduzidas na autonomia da vontade. Tal o substrato comum às três indagações: a utilização escancarada pelo Judiciário da Constituição teria sido justificada somente e enquanto o Código Civil esteve desatualizado; a Constituição seria destinada, precisamente, à organização política da sociedade, sujeita, portanto, a mutações incompatíveis com a estrutura estável e perene do direito civil; o Estado Juiz só poderia agir nos limites precisos da lei, a qual expressa a vontade coletiva na fixação de restrições à vontade individual.

Tal raciocínio, contudo, apresenta-se descontextualizado. Em primeiro lugar, em um sistema de Constituição rígida como o nosso, o processo legislativo para a reforma constitucional mostra-se bem mais complexo do que a alteração da legislação infraconstitucional, esta levada a cabo até mesmo por medidas provisórias. Além disso, o exame de toda a gama de emendas constitucionais em andamento demonstra que nenhuma delas diz respeito aos fundamentos e objetivos da República, ou à prioridade absoluta assegurada pela Constituição aos valores existenciais, sequer arranhando, portanto, os princípios fundamentais do ordenamento brasileiro.

O papel da magistratura, por outro lado, não é o de guardião da vontade privada, mas sim da ordem pública constitucional. A criação pelo juiz do dispositivo aplicável aos conflitos de interesse deve significar a expressão do controle social quanto à consecução dos princípios constitucionais, adquirindo a prestação jurisdicional uma dimensão abrangente e decisiva na afirmação do Estado Social. A atividade meramente repressora da magistratura cede lugar, assim, à sua função proativa na construção de uma sociedade solidária e igualitária, como pretendeu o constituinte de 1988.

As relações entre a Constituição e o direito civil não podem ser reduzidas, portanto, a um problema de técnica legislativa. E a chamada constitucionalização do direito civil não coincide, como pretendem alguns, com uma utilização fugaz de princípios constitucionais por parte da magistratura, enquanto faltavam soluções legislativas específicas.

Cabe à magistratura — agora ainda com maior vigor, tendo em conta a nova codificação — harmonizar as fontes normativas, a partir da compreensão desta imbricação irreversível entre a legislação infraconstitucional e a Constituição, a ser diretamente aplicada às situações disciplinadas pelo Código Civil. O papel do magistrado, diante do poder criador que lhe foi conferido pela técnica legislativa das cláusulas gerais e dos conceitos jurídicos indeterminados, não é o de estabelecer os limites que julgue razoáveis para uma intervenção externa do Estado-Juiz nos espaços de liberdade privada; é, ao contrário, o de identificar a função das situações jurídicas subjetivas, e os deveres delas decorrentes para os seus titulares, interpretando-as de acordo com a tábua constitucional de valores. O aspecto funcional das categorias jurídicas não equivale a uma restrição externa imposta pelo Estado, mas lhes é interno e imanente; o elemento funcional, informado, em última análise, pela Constituição da República, define a disciplina do caso concreto e altera estruturalmente todos os institutos de direito privado.

A tarefa do intérprete ganha, pois, nova legitimidade, instado a desvendar os deveres oriundos desse comprometimento interno e funcional dos institutos de direito civil na tutela de bens jurídicos socialmente relevantes. Que a presença do novo Código Civil sirva para consolidar — e jamais arrefecer — este trabalho hermenêutico de afirmação da Constituição, desenvolvido pela doutrina e jurisprudência nos últimos quinze anos.

G.T.

EXEMPLOS PARA O FUTURO[1]

Deixaram-nos em janeiro último os dois maiores civilistas brasileiros, os professores Caio Mário da Silva Pereira (9.3.1914 – 27.1.2004) e Silvio Rodrigues (1.3.1917 – 18.1.2004). Significativamente, foram os dois primeiros entrevistados da nossa *RTDC*, nos números 1 e 2, de 2000. E a escolha dos entrevistados queria justamente demonstrar a renovação do direito civil, percebida desde o início dos anos 1990, bem antes, portanto, do Código Civil de 2002.

A redescoberta do direito civil, que se intensificou desde então de maneira impressionante, deve muito a estes queridíssimos decanos. Construíram os alicerces da dogmática do direito civil brasileiro atual, instigaram com suas obras o interesse de todas as gerações de estudiosos que se dedicam ao ensino jurídico. O professor Caio Mário, que pontificou por tantos anos entre Minas Gerais e Rio de Janeiro, sistematizou de maneira formidável o direito civil, ao mesmo tempo que suscitava em seus leitores, mesmo nos mais jovens acadêmicos, o ímpeto invencível pelo estudo aprofundado dos temas por ele tratados. O professor Silvio Rodrigues, com sua didática insuperável, formou dezenas de turmas na Universidade de São Paulo, espraiando por todo o Brasil a afeição pelo direito civil. Aqueles seus livros de capa azul são ainda conduzidos com devoção por milhares de admiradores.

Caio Mário da Silva Pereira foi professor catedrático e emérito da Faculdade de Direito da Universidade Federal de Minas Gerais e da Universidade Federal do Rio de Janeiro, além de Doutor *Honoris Causa* da Universidade de Coimbra. Presidente do Conselho Federal da

[1] Editorial – *Revista Trimestral de Direito Civil – RTDC*, v. 16, out./dez. 2003.

Ordem dos Advogados do Brasil, no difícil período anterior à abertura democrática, nos anos 1970.

Foi Consultor-Geral da República, Membro da Academia Internacional de Direito Comparado, tendo lecionado e ministrado conferência em centenas de Universidades do Brasil e do Exterior, sempre citado, referenciado, aclamado. Humanista de estirpe, subscreveu em 1943 o *Manifesto dos Mineiros*, em pleno autoritarismo, exigindo o restabelecimento do regime constitucional. Suas obras, incluindo as *Instituições de direito civil*, em 7 volumes, atualizados em 2003, congregam profundidade e elegância com a preocupação pedagógica. Recentemente, publicou *Direito civil: alguns aspectos da sua evolução*.

Silvio Rodrigues foi professor catedrático e emérito da Faculdade de Direito da Universidade de São Paulo e professor *Honoris Causa* da Universidade de Paris II, ministrou cursos na Universidade Autônoma do México e na Faculdade de Direito da Universidade de St. Maurs, em Paris. Autor de numerosas obras, destacam-se o seu *Curso de Direito Civil*, em 7 volumes, e os seus consultadíssimos pareceres, reunidos nos diversos volumes do *Direito aplicado*. Em demonstração de vigor intelectual, publicou, em 2003, volume de *Comentários ao Código Civil, arts. 1.511-1.590* (v. 17), em coleção coordenada pelo professor Antônio Junqueira de Azevedo, pela Editora Saraiva. Também em 2003, publicou um livro de contos intitulado *Mulheres tristes*.

Ambos parecem ter se dado conta de sua responsabilidade para com o futuro. A recentíssima produção científica, a reedição de seus livros já cuidadosamente atualizados pelo Código Civil de 2002, as conferências inesquecíveis com que brindaram até outro dia plateias magnetizadas de estudantes e estudiosos, tais são os pontos de referência que os farão presentes ainda por muito tempo em nosso convívio acadêmico e profissional.

Nossos dois professores desenvolviam metodologia (pioneiramente) problematizante, associando a teoria e a prática, a pesquisa científica com os conflitos do cotidiano, que agitam os Tribunais. Foram grandes professores e grandes advogados. E o número de teses jurídicas sustentadas nos Tribunais e na Academia com base em seus ensinamentos. Certamente tais características aproximaram o direito civil da realidade cotidiana, na direção de um direito dito "vivo", construído a partir das demandas concretas da sociedade.

Com o passamento dos professores Silvio Rodrigues e Caio Mário chega a termo uma geração de grandes mestres do direito civil, que tinha neles seus expoentes maiores. O modelo que nos deixam de vida, de vitalidade acadêmica, de retidão de caráter, de amor à docência e de paixão contagiante pelo direito civil impregnam o espírito das novas gerações de professores. Há muito a ser construído. Os exemplos dos professores Caio Mário da Silva Pereira e Silvio Rodrigues os projetam para o futuro, servem de subsídio para a caminhada e oferecem substanciosa energia para todos os que amam o direito civil, que pretendam dedicar-se ao direito civil.

G.T

O BICENTENÁRIO DO CÓDIGO CIVIL FRANCÊS[1]

Comemora-se em todo o mundo o bicentenário do Código Napoleão. A enorme influência do diploma de 1804 mostra-se ainda hoje presente, seja no que tange às regras de conduta introduzidas em todos os campos do direito privado, seja no que concerne à técnica legislativa. O paradigma do *Code* apresenta-se como referência legislativa obrigatória, ora reproduzido acriticamente, ora objeto de ataque contundente, na tentativa de superá-lo. Para o bem ou para o mal, nenhum outro diploma legislativo contribuiu tanto para a circulação de modelos de direito privado quanto o Código Civil francês.

Nesses duzentos anos de vigência, adotaram os franceses a técnica de reforma progressiva do próprio corpo codificado. As leis especiais foram sendo inseridas paulatinamente no próprio Código, não por meio de leis extracodificadas. O sistema de inclusão das reformas legislativas, acrescendo e suprimindo artigos do *Code,* alterou-o profundamente, mas teve o condão de lhe preservar a estrutura e o sentimento popular de sua centralidade na vida privada, para além do desenvolvimento de técnicas interpretativas que o subverteriam axiologicamente, subordinando-o ao texto constitucional francês e aos preceitos europeus de tutela da pessoa humana incorporados ao sistema interno como *principes a valeur constitutionnel.*

Tal sentimento popular é cultivado e intensificado pelas autoridades francesas que, independentemente de programas partidários, se unem na realização de eventos, seminários e atividades que — como

[1] Editorial – *Revista Trimestral de Direito Civil – RTDC,* v. 17, jan./mar. 2004.

a previsão de congressos em diversas capitais da Europa continental, América Latina, África, Ásia e Canadá — ressaltam a importância científica e cultural do Código bicentenário. Nessa esteira, um dos eventos mais importantes realiza-se com todas as pompas na *Assemblée Nationale*, onde grupos de turistas, estudantes e pessoas comuns visitam diariamente a Exposição *200 ans de Code Civil*, destinada a pôr em destaque as circunstâncias históricas atinentes à promulgação do Código, bem como o impacto das regras nele contidas, no contexto de sua evolução social até os dias de hoje: discutem-se ali o direito de família, os contratos, a responsabilidade civil. Veem-se imagens de jornais de 1800 relatando a retirada de sem-terra revolucionários, em pleno Saint Germain de Prés, até o atualíssimo debate em torno da bioética e do biodireito, suscitado pelas últimas reformas do *Code*.

Desse extraordinário tributo à codificação francesa pode-se extrair uma valiosa lição para o observador brasileiro, consubstanciada no respeito às instituições democráticas. Vale dizer, nossas circunstâncias históricas, especialmente após 1964, associaram lamentavelmente aos Poderes constituídos alguns estigmas de privilégios e desperdícios de verbas públicas que, admitidos como forma de aliciamento político durante a ditadura, dificilmente se consegue debelar ou reduzir em nossa tênue experiência democrática. A consequência mais imediata é o desprestígio do Legislativo aos olhos das novas gerações, recrudescido pela completa sem-cerimônia com que o Executivo emite Medidas Provisórias, governando o destino de importantíssimos setores da vida econômica sem qualquer consulta ao Legislativo e sem avaliar a futura repercussão de tais medidas, muitas delas consideradas inconstitucionais quando submetidas ao judiciário. De tal esquizofrênica relação entre os Poderes resulta uma ausência de espírito democrático, confundindo-se com frequência a crítica a leis ou a autoridades públicas com o ataque às instituições em si mesmas consideradas. Tomando-se de empréstimo — não sem uma nota de consternação — a expressão tornada célebre por — Konrad Hesse em relação à efetividade constitucional, teme-se pela perda progressiva de uma. Vontade de Leis que acabe por pôr em risco o Estado Democrático de Direito.

O exemplo francês oferece, portanto, ocasião privilegiada para uma reflexão quanto à importância das instituições democráticas e dos Poderes da República, no momento em que no Brasil se assiste a tantas reformas legislativas. Assim como para os franceses, tal postura, longe de traduzir conformismo ou conservadorismo, deve caracterizar os pressupostos da evolução legislativa e jurisprudencial, permitindo que, fortalecida a Vontade da Constituição, das leis democráticas e da palavra jurisprudencial, seja possível alterá-las, criticá-las, discuti-las e conhecê-las amplamente, para a solidificação de nossa identidade cultural e dos valores sociais expressos na ordem pública constitucional.

G.T.

O STF E A NOÇÃO DE DIREITO ADQUIRIDO[1]

O Supremo Tribunal Federal, ao examinar a constitucionalidade da Emenda Constitucional nº 41, de 19 de dezembro de 2003, que estabeleceu o desconto de contribuição social sobre os proventos dos servidores federais inativos, reabre o aceso debate em torno da extensão da tutela do direito adquirido. Independentemente do resultado do julgamento entre votos divergentes e pedidos de vista, que invocam argumentos de alta indagação, volta à cena o tema que, por força de entendimento anteriormente consagrado naquela Corte, com o apoio de significativa parcela dos constitucionalistas brasileiros, acabou por configurar verdadeiro mito. Com efeito, construiu-se, ao longo das últimas décadas pensamento que sacraliza a noção de direito adquirido, considerando-o, ele próprio, cláusula pétrea superior axiologicamente a todas as outras e, como tal, insuscetível de alcance por emenda constitucional.

O equívoco deste entendimento acaba por impedir as reformas sociais, antepondo-se uma barreira refratária ao legislador e a todas as novas aspirações alvitradas pela sociedade, mesmo se projetadas pelo constituinte derivado. A discussão, que por longo período parecia adormecida em face da cristalização da tese majoritária, foi reaberta, de maneira corajosa e culta, pelo Ministro Joaquim Barbosa, no STF.

Em voto divulgado pela TV Justiça para todo o Brasil, ele sustenta a possibilidade de a emenda constitucional atingir um direito adquirido quando, na ponderação dos interesses alvitrados pelo constituinte derivado, estiver em jogo o princípio da igualdade. O Ministro Joaquim

[1] Editorial – *Revista Trimestral de Direito Civil – RTDC*, v. 18, abr./jun. 2004.

Barbosa desloca, assim, inteiramente, o foco do debate anterior. Afirma que a amplitude desmesurada da teoria das cláusulas pétreas revela-se "uma construção intelectual conservadora, para não dizer reacionária, antidemocrática, irrazoável, com uma propensão oportunista e utilitarista a fazer abstração de vários outros valores igualmente protegidos pelo nosso sistema constitucional". E remata: "No constitucionalismo moderno, somente através dos procedimentos de emenda constitucional e da jurisdição constitucional, fenômeno jurídico hoje quase universal, é que se consegue manter a sincronização entre constituição e realidade social, cuja evolução é contínua e se dá a ritmo avassalador. Ou seja, é insensato conceber que o constituinte originário possa criar aquilo que o professor Canotilho qualifica como uma 'constituição imorredoira e universal'".

Na esteira de tal entendimento encontra-se a recentíssima obra doutrinária do professor Carlos Alberto Tolomei, ainda no prelo da Editora Renovar. Segundo este autor, a Constituição brasileira não consagra, no rol das garantias constitucionais, os direitos adquiridos de forma absoluta, de modo a condenar qualquer tipo de retroatividade, mesmo a chamada retroatividade mínima, configurada pelo alcance, pela lei nova, aos efeitos futuros das situações jurídicas constituídos sob a égide da lei antiga. A rigor, o constituinte, por um lado, não traz princípio específico que prestigie a irretroatividade das leis. E, de outro, preceitua, no art. 5º, XXXVI, que a lei não atingirá direito adquirido, ao contrário de outros direitos que, por si só, são protegidos, como a propriedade (inciso XXII), ou a livre manifestação de pensamento (inciso IV). Vale dizer, embora a doutrina brasileira tenha exasperado a proteção ao direito adquirido, a dicção constitucional limita-se a torná-lo infenso ao alvedrio do legislador, nada indicando que o constituinte pretendia excluir da alçada do constituinte derivado eventual modificação de direitos consolidados sob a égide de legislação anterior.

Os dois juristas acima citados insistem em que a tutela do direito adquirido deve ser analisada à luz do princípio da proporcionalidade. Verifica-se, então, que mesmo um direito incluído no rol das garantias fundamentais não pode ser isolado do sistema, aplicando-o automaticamente à hipótese fática, a despeito de outros direitos fundamentais em questão.

Em matéria de direitos fundamentais, aliás, comprova-se a insuficiência e a completa superação da técnica da subsunção pura e simples, substituída pela concreção do princípio no caso concreto, sopesando os valores em conflito em favor da máxima eficácia social.

Em última análise, em que pese sua importância para o sistema, os direitos adquiridos não desfrutam de proteção absoluta, superior à tutela conferida pelo ordenamento a outros princípios constitucionais, como a solidariedade social e a igualdade substancial, evidentemente presentes na emenda constitucional em matéria de previdência social. Se assim não fosse, se uma cláusula pétrea fosse levada ao extremo da imponderabilidade, far-se-ia tabula rasa da estabilidade política que, com ela, pretendeu alcançar o legislador. Ou seja, se nem mesmo o constituinte derivado, como expressão da vontade popular, pudesse sopesar direitos adquiridos em favor de outros princípios igualmente importantes, e inseridos, também eles, no rol das garantias constitucionais, eventuais alterações políticas e sociais só se poderiam concretizar mediante movimento revolucionário, sendo impotentes as instituições democráticas, especialmente os Poderes constituídos, para levar a cabo as aspirações democráticas de transformações sociais.

Oxalá deste debate possa resultar a desmistificação do direito adquirido. Afinal, tal importantíssima categoria destina-se à proteção das relações patrimoniais e não deve, definitivamente, ser compreendida em si mesma, sem a necessária valoração de sua aptidão funcional, no caso concreto, à defesa das relações existenciais, dos princípios constitucionais e, especialmente, do valor-princípio da dignidade da pessoa humana.

G.T.

DESAFIOS NA SOCIEDADE DA TECNOLOGIA[1]

Significativo espaço editorial tem sido reservado nas principais revistas jurídicas da Europa continental, e em nossa *Revista Trimestral de Direito Civil*, às consequências das novas tecnologias para o direito civil. A revolução cibernética repercute tanto no que concerne a substituição gradual da técnica legislativa regulamentar pelas cláusulas gerais e conceitos jurídicos indeterminados quanto no que tange às teorias da interpretação, que invocam categorias exógenas e um sistema aberto de fontes normativas para a compreensão dos problemas surgidos.

Menos atenção, todavia, vem sendo dedicada a aspecto igualmente inquietante, consistente na incapacidade dos órgãos judicantes em decidir questões cada dia mais sofisticadas, que extrapolam o saber jurídico ordinário para enveredar em nuances técnicas, as quais dependem não apenas do recurso a matérias atinentes a outras áreas do conhecimento, mas pressupõem, ainda, o domínio de ramos especializados do direito interno ou comparado. Tal constatação não pretende, de modo algum, converter-se em crítica à magistratura que, de uma maneira geral, se mostra bem preparada, intensificando-se, inclusive, o ingresso de juízes na atividade docente e em programas de pós-graduação. A observação, ao revés, sublinha simplesmente o fato de que uma realidade sempre mais complexa tem sido levada ao Judiciário, dali decorrendo a necessidade não apenas de esclarecimentos isentos quanto aos fatos controvertidos, mas também quanto ao direito aplicável.

[1] Editorial – *Revista Trimestral de Direito Civil – RTDC*, v. 19, jul./set. 2004.

Ao lado da revolução tecnológica, o acelerado processo de internacionalização das relações econômicas desencadeia ulterior dificuldade na prestação jurisdicional. Mesmo nas arbitragens, em que há a eleição de julgadores especializados, os sintomas muitas vezes se repetem: mostra-se impossível ao tribunal conhecer todas as sutilezas técnicas, legislações, línguas, costumes e regras procedimentais as mais diversas aplicáveis no caso concreto.

Diante de tais circunstâncias, adquire especial importância o papel da perícia técnica como instrumento de auxílio aos magistrados e árbitros, mecanismo largamente utilizado no direito norte-americano por meio de *expert witness*, que produz a peça conhecida como *affidavit*, isto é, uma opinião confiável sobre o direito aplicável. Convocado para esclarecer aspectos jurídicos ou outras questões relativas ao litígio, o perito especializado deve se comportar com imparcialidade, submetido inclusive a juramento de dizer a verdade.

Não há novidade em convocar-se perícia técnica para o esclarecimento de pontos obscuros referentes a aspectos fáticos e não jurídicos. A peculiaridade desta figura do direito norte-americano encontra-se no fato de ser convocado a depor, como testemunha, não um economista ou engenheiro, mas um jurista, superando a presunção, cada vez menos verossímil, de que o juiz conhece todo o direito aplicável.

Deve ser observada a tendência de agregar, à pura manifestação das partes, outras ferramentas que possam auxiliar o julgador na formação do seu convencimento. Exemplo eloquente encontra-se na Lei da Ação Direta de Inconstitucionalidade e da Ação Declaratória de Constitucionalidade (Lei nº 9.868/99), segundo a qual em caso de necessidade de esclarecimento de matéria ou circunstância de fato ou de notória insuficiência das informações existentes nos autos, poderá o relator requisitar informações adicionais, designar perito ou comissão de peritos para que emita parecer sobre a questão, ou fixar data para, em audiência pública, ouvir depoimentos de pessoas com experiência e autoridade na matéria (arts. 9º, §1º, e 20, §1º). Como já se observou em julgamento no plenário do STF, a intervenção do *amicus curiae* calcada na dicção que aqui se transcreveu representa "uma expressão da sociedade aberta, dos intérpretes da Constituição".

Independentemente de regra processual específica, contudo, pode-se valer o juiz de opinião confiável de especialista, com o intuito de aprimorar o processo decisório. Assim, já reconheceu o Tribunal de Justiça do Rio de Janeiro a propósito de *affidavit* destinado a comprovação de direito estrangeiro, em acórdão da 11º Câmara Cível de 28 de janeiro de 2004, conduzido pelo eminente Des. José Carlos de Figueiredo (Ap. Civ. 19.221-03).

A crescente necessidade de pareceres do tipo *affidavit* para o deslinde de matérias controvertidas submetidas a disciplinas pouco conhecidas (direito estrangeiro, normas supranacionais ou altamente especializadas) mostra-se benfazeja para a melhor compreensão do direito aplicável na sociedade tecnológica e mundializada. Requer, contudo, uma tomada de consciência, por parte dos especialistas, acerca da responsabilidade ética de quem é convocado a redigir um destes pareceres (*affidavits*). Ao contrário do advogado, que legitimamente desenvolve a tese mais favorável ao seu cliente, o professor que opina deve ater-se à sua própria verdade científica, procurando esclarecer o julgador sem se deixar levar pela paixão que move o causídico. A relação entre a Universidade e a Sociedade adquire, aqui, novos contornos de complementaridade. A doutrina torna-se mais útil à comunidade, superando os estigmas da abstração e do dogmatismo. A Advocacia, por sua vez, ganha em conteúdo e credibilidade.

Tal relacionamento institucional, desde que fundado em comprometimento ético inquebrantável, fortalece o diálogo entre doutrina e jurisprudência, com extraordinário proveito institucional para a prestação jurisdicional.

G.T.

O NOVO E O VELHO DIREITO CIVIL[1]

Nos dias 1º a 3 de dezembro de 2004 realizou-se a III Jornada de Direito Civil, organizada, mais uma vez, pelo Conselho da Justiça Federal, em Brasília. Mais de 150 profissionais e professores de direito civil de todo o Brasil reuniram-se no Superior Tribunal de Justiça com o escopo de definir enunciados interpretativos para o Código Civil de 2002.

O encontro revelou-se uma privilegiada oportunidade para a percepção da pluralidade de pensamentos e tendências que retratam a diversidade cultural da sociedade brasileira. Advogados, magistrados, membros do Ministério Público, defensores públicos, professores e estudiosos expuseram seus pontos de vista e democraticamente discutiram posições quanto à melhor interpretação para as controvérsias e contradições suscitadas pela leitura do texto codificado. Os enunciados produzidos foram divulgados no *site* do Conselho da Justiça Federal e contribuem de maneira decisiva para o aperfeiçoamento dos modelos normativos codificados.

Para além de tal circunstância que, só por si, valeria a viagem a Brasília, outro aspecto, não menos relevante, aflorou nos trabalhos da III Jornada e nas conferências que a ladearam: o delineamento de duas correntes bastante definidas no panorama do direito civil brasileiro atual. De um lado situam-se os estudiosos que, embora filiados a matizes diversos, superaram efetivamente a herança dogmática do século XIX, convencidos de que as relações privadas não mais se circunscrevem em uma redoma teórica abstrata e neutra, mas, ao contrário, mostram-se

[1] Editorial – *Revista Trimestral de Direito Civil – RTDC*, v. 20, out./dez. 2004.

redefinidas axiologicamente pela ordem pública constitucional, cuja aplicação direta e imediata permite a constante abertura do sistema com a prevalência das relações existenciais sobre as patrimoniais.

De outro lado situam-se os nostálgicos da concepção do código civil como estatuto orgânico das relações patrimoniais; os fautores da ideia de que o verdadeiro direito civil é o codificado, dogmaticamente imutável no tempo e no espaço, fundado em concepções invulneráveis, do ponto de vista estrutural e funcional, ao influxo das normas constitucionais.

Para tal corrente, a dogmática do direito civil encontra-se sujeita tão somente a uma natural evolução histórica, delineada espontaneamente pela valoração subjetiva do intérprete, ao longo do tempo. Dois argumentos teóricos têm sido insistentemente oferecidos em apoio a tal pensamento. Em primeiro lugar, afirma-se que valor não tem força normativa, é expressão subjetiva e interna do intérprete, fugaz e mutante, portanto, sujeito à permanente evolução e, em consequência, incapaz de alterar o quadro de fontes normativas — circunscrito que é ao momento de aplicação do direito. Segundo tal raciocínio, poder-se-ia perfeitamente alcançar satisfatórios resultados evolutivos — em favor das relações existenciais e da dignidade da pessoa humana, por exemplo — no âmbito do próprio Código, sem necessidade de se recorrer à Constituição, bastando uma simples (desde que atenta) leitura evolutiva, atribuída ao intérprete, do texto codificado, no momento de sua aplicação.

Em segundo lugar, advoga-se que a relação entre Constituição e Código Civil é bilateral. Nesta esteira, seria hora de se resgatar tal bilateralidade na afirmação de uma espécie de civilização do direito constitucional, ressaltando-se, com isso, a enorme contribuição da dogmática do direito civil aos instrumentos de atuação do direito público.

Tal objeção seria corroborada tanto pela presença de novos institutos de controle e de gestão do direito administrativo, que se abeberam de categorias do direito civil, quanto por uma circunstância prática. O intérprete — afirma-se —, ao cogitar de qualquer um dos institutos de direito civil inseridos na Constituição, acaba por compreender os respectivos preceitos — isto é, função social do contrato e da propriedade, valor social da atividade econômica, igualdade das entidades familiares etc. —, a partir do conhecimento previamente haurido da dogmática codificada. Assim sendo, acabaria o intérprete por explicar os princípios constitucionais a partir da velha e boa dogmática extraída do Código Civil.

Tais argumentos servem a demonstrar uma má-compreensão da função hermenêutica dos valores normativos, conceito que não se confunde com a valoração subjetiva atribuída ao magistrado na solução do caso concreto. A tábua de valores do ordenamento revela opção política democraticamente construída e, por isso mesmo, apta a vincular imperativamente o intérprete. A este não é dado optar por valorações refratárias às opções políticas incorporadas ao sistema pelos princípios constitucionais.

O legislador, especialmente o constituinte, pondera previamente e define escolhas de toda a sociedade. Tais escolhas estabelecem prioridades e modelos normativos que circunscrevem o âmbito de liberdade individual na aplicação da norma. Se assim não fosse, o mercado e a práxis fariam tábua rasa de qualquer intervenção legislativa, permitindo a acomodação do sistema com fulcro numa valoração individual do juiz na solução das controvérsias.

Percebe-se, assim, a gravidade das objeções acima apresentadas, que acabam por neutralizar o impacto da axiologia constitucional no sistema jurídico, conferindo ao intérprete o poder de construir o direito vivo sem uma prévia e imperativa definição dos valores de atuação. O sistema há de ser aberto quanto ao influxo de modelos culturais mutantes, mas jamais flexível quanto aos valores de fundo da ordem pública constitucional.

Torna-se ocioso, ou apenas retórico, por conseguinte, falar-se em civilização do direito civil ou de bilateralidade das influências do sistema jurídico. A recíproca interferência dos elementos normativos revela-se evidente, caso se pretenda com isso significar a circulação de modelos, categorias e instrumentos de normatização. Se, ao contrário, pretender significar a prevalência da opção normativa do codificador ou do intérprete sobre as definições axiológicas constitucionais, traduz intolerável subversão da hierarquia do ordenamento. Não é dado ao legislador, e muito menos ao intérprete, adaptar o ditado constitucional ao seu alvedrio, conferindo significado pessoal às definições do constituinte, em favor de uma sua própria pré-compreensão do sistema. Em uma palavra, o Código Civil é o que a ordem pública constitucional permite que possa sê-lo. E a solução interpretativa do caso concreto só se afigura legítima se compatível com a legalidade constitucional.

Daí a imprescindibilidade da utilização direta e imediata das normas constitucionais nas relações jurídicas privadas, sobretudo quando proliferam cláusulas gerais e conceitos indeterminados, próprios da atual técnica legislativa. Do ponto de vista subjetivo, a norma constitucional fixa os limites de atuação valorativa do intérprete. Do ponto de vista objetivo, reformula os modelos normativos infraconstitucionais utilizados pelo intérprete, construindo-os segundo a axiológica constitucional. Somente esta compreensão é capaz de evitar um flagrante e perigoso déficit de democracia na atividade interpretativa.

G.T.

DIREITO CIVIL E MÉTODO COMPARATIVO[1]

Nos dias 23 a 27 de maio de 2005 realizou-se, no Rio de Janeiro e em São Paulo, o Congresso anual da *Association Henri Capitant*, uma das entidades de direito comparado mais tradicionais e prestigiosas do mundo. Mais de 100 congressistas estrangeiros participaram: do evento, dedicado este ano às relações contratuais, congregando estudiosos de diversas áreas, com o apoio das Faculdades de Direito da UERJ e da USP, do Instituto de Direito Civil e de outras entidades dedicadas à pesquisa jurídica no Brasil.

Através dos relatores nacionais dos diversos países participantes, confrontaram-se problemas comuns relacionados aos novos princípios contratuais, à parceria público-privada, às relações entre a teoria contratual e aos contratos administrativos. Tratou-se, ainda, das especificidades dos contratos de sociedade e, de uma maneira geral, das relações paritárias, e, por fim, da evolução do tratamento reservado à autonomia privada e seus reflexos nas técnicas de revisão e resolução contratual. Problemas atualíssimos, para cuja reflexão não se pode prescindir das experiências estrangeiras.

O encontro trouxe a lume o lugar de destaque assumido pela reflexão comparatista no momento em que as tecnologias e a cibernética aproximam as atividades econômicas, cotejando naturalmente culturas e soluções normativas as mais variadas, daí decorrendo a imprescindibilidade da circulação de modelos jurídicos. Por muito tempo o direito comparado foi relegado a um lugar secundário na pesquisa jurídica

[1] Editorial – *Revista Trimestral de Direito Civil – RTDC*, v. 21, jan./mar. 2005.

brasileira. Considerado frequentemente objeto de mera ilustração argumentativa, a referência à comparação limitava-se, em nossa literatura jurídica, salvo raras e honrosas exceções, a referências legislativas simplórias, justapondo-se preceitos de Códigos Civis de que os autores conseguiam, aleatoriamente, lançar mão, sem qualquer critério científico para tal seleção, e sem a compreensão da cultura jurídica em que o dado legislativo era aplicado. Mesmo quando metodologicamente realizado de maneira séria, o direito comparado no Brasil constituía-se em alvo da curiosidade intelectual de poucos juristas cultos e idealistas, mas sem escopo prático imediato. Tais perspectivas encontram-se definitivamente superadas por uma nova ótica, que, consciente dos imperativos de ordem pragmática, vem atender à necessidade de investigação urgente das soluções que as diversas sociedades alcançaram para os novos esquemas negociais e problemas concretos que, cada vez mais sofisticados, surgem na sociedade contemporânea.

Ao lado dessa realidade histórica, a comparação entre sistemas jurídicos adquire especial importância por força de circunstâncias peculiares que caracterizam o momento presente, tanto no direito brasileiro como no direito comparado. No direito interno, vive-se o delicado período de início de vigência do Código Civil de 2002, como todos sabem. São incontáveis as interrogações que agitam os espíritos dos profissionais, a exigirem do intérprete a busca de soluções capazes de compatibilizar os novos dispositivos legais, as centenas de leis especiais que vêm sendo promulgadas em velocidade frenética pelo Legislativo, as Medidas Provisórias, os Tratados internacionais e o acervo jurisprudencial consolidado desde 5 de outubro de 1988 com a Constituição da República. A necessidade de compatibilização das diversas fontes normativas impõe-se aos juristas, tornando imprescindíveis o conhecimento do direito alienígena e a atenção aos modelos em circulação.

No plano internacional, por outro lado, diante da aproximação entre os estados nacionais, na esteira da desconcertante facilidade de acesso pela internet à doutrina e à jurisprudência estrangeiras, o jurista sente-se verdadeiramente íntimo das experiências de todos os povos, correndo o sério risco de deixar de perceber suas diferenças, para além da igualdade do idioma, da moeda e da moda, que de fato se universalizam.

Por isso mesmo, e paradoxalmente, a comunicação imediata e a velocidade de transferência de informações internacionais tornam o método comparatista ainda mais árduo e complexo. Por trás das semelhanças entre as soluções legislativas, aguçadas pela coincidência dos problemas surgidos na sociedade tecnológica, é preciso justamente saber reconhecer as especificidades que traduzem a identidade cultural de cada sociedade e que exigem do comparatista redobrado esforço, ao manejar o princípio da funcionalidade (segundo o qual as categorias jurídicas devem ser compreendidas com base na função que efetivamente desempenham em dado ordenamento), em um cenário de aparente homogeneidade estética, para a percepção das diferentes realidades em que o fenômeno jurídico se expressa.

Aqui está, provavelmente, o grande desafio suscitado pelo direito comparado ao estudioso do direito civil. Egresso do confinamento codificado em que se autoexilou por mais de um século, o civilista não encontra solução para os problemas da contemporaneidade se não souber romper com uma série de barreiras representadas ora pelo Código Civil, ora pela legislação privada, ora pelo ordenamento nacional. E deve fazê-lo com a franca recepção de modelos úteis, sem prejuízo dos valores que, consagrados em seu próprio sistema, hão de ser promovidos e prestigiados, sob pena de sucumbir-se às leis do mercado e à supremacia econômica, abdicando-se da unidade axiológica que a um só tempo caracteriza o sistema jurídico e assegura a sua identidade cultural.

Se a história do direito e a tradição romanista mostram-se importantes para a formação do jurista, o domínio do direito comparado habilita-o a enfrentar as demandas advindas da desintegração das fronteiras nacionais. Extraordinário relevo assumem, por isso mesmo, os espaços editoriais oferecidos à comparação pelas revistas jurídicas, sendo significativa a ênfase dada por esta *RTDC* à *Experiência Estrangeira* desde o primeiro momento, seja na sessão específica a ela dedicada, seja nas demais sessões periódicas; do mesmo modo, as Faculdades de Direito já não podem deixar de considerar tal realidade em suas grades curriculares, introduzindo a metodologia comparatista nos currículos dos cursos de graduação. Eis a próxima e inevitável etapa da pauta do direito privado contemporâneo.

G.T.

CÓDIGO DE DEFESA DO CONSUMIDOR, CÓDIGO CIVIL E COMPLEXIDADE DO ORDENAMENTO[1]

Comemoram-se os 15 anos da promulgação da Lei nº 8.078/90, o Código de Defesa do Consumidor, em 11 de setembro de 2005, com um importantíssimo congresso internacional, organizado na cidade de Gramado, RS, pelo BRASILCON – Instituto Brasileiro de Política e Direito do Consumidor. O momento mostra-se propício para uma reflexão sobre o papel representado pelo Código de Defesa do Consumidor no sistema de fontes normativas. Quando de sua promulgação, o CDC era visto por muitos civilistas como uma lei estrangeira. A introdução de novos princípios contratuais e, especialmente, dos conceitos de vulnerabilidade e hipossuficiência, a justificarem todo um conjunto de mecanismos de proteção do consumidor, não se deu sem enérgicas reações e desconfianças. Desempenhou, então, o CDC o papel deflagrador de um repensar crítico do direito privado, criando nos anos 1990 um movimento conhecido como *Consumerismo*, que procurava se afastar ao máximo da dogmática liberal e patrimonialista do direito civil tradicional. Exemplo eloquente de tal postura teórica tem-se na tentativa de se restringir o quanto possível o conceito jurídico de consumidor, como destinatário final de produtos e serviços, de que trata o art. 2º do CDC.

Desenvolveu-se, como se sabe, a orientação chamada finalista, politicamente correta, em oposição à corrente maximalista, na disputa do âmbito de incidência do CDC. O grande temor dos finalistas era

[1] Editorial – *Revista Trimestral de Direito Civil – RTDC*, v. 22, abr./jun. 2005.

que, com a expansão exagerada do conceito de consumidor, ter-se-ia uma banalização da sua tutela, em detrimento das conquistas que se afirmavam gradativamente na jurisprudência. Sonhava-se com um mundo mais isonômico no mercado de consumo e se procurava exorcizar, a todo custo, a lógica individualista (que se supunha perene) do direito privado.

Nesses quinze anos, todavia, alterou-se inteiramente o cenário jurídico brasileiro. Afirmou-se, em doutrina, a força normativa dos princípios constitucionais, sendo o Superior Tribunal de Justiça porta-voz de um formidável movimento de renovação jurisprudência), com base nos valores insculpidos na Constituição da República. Na esteira dessa profunda (e sediciosa, se poderia mesmo dizer) reformulação hermenêutica, surge o Código Civil de 2002, que, lido à luz da legalidade constitucional, assegura à pessoa humana níveis de proteção compatíveis com sua concreta posição (de maior ou menor vulnerabilidade) nas relações paritárias da vida privada. Bastaria invocar os princípios da boa-fé objetiva, da função social do contrato e da propriedade, do equilíbrio econômico dos contratos, da responsabilidade objetiva derivada do risco-criado, para se constatar a afirmação da unitariedade do ordenamento e a aproximação progressiva das ferramentas de proteção da pessoa humana na vida civil. O Código Civil e o Código de Defesa do Consumidor não podem ser considerados diplomas contrastantes senão complementares, no âmbito da complexidade do ordenamento, instrumentos para a promoção da solidariedade e do personalismo constitucionais.

Como se teve ocasião de advertir, há quase 15 anos, o constituinte brasileiro tutela funcionalmente o consumidor, com vistas à redução de sua situação de particular vulnerabilidade. "A proteção jurídica do consumidor, nesta perspectiva, não pode ser estudada senão como um momento particular existencial de uma tutela mais ampla: a da personalidade" (TEPEDINO, Gustavo. *Temas de Direito Civil*. 3. ed. Rio de Janeiro: Renovar, 2004, p. 290).

Tais observações encontram-se confortadas por inúmeras, sucessivas e recentes manifestações do STJ, que incorporam em seu repertório conceitos hauridos do CDC, como vulnerabilidade e abusividade, que servem de critérios hermenêuticos para a solução de conflitos em favor de pequenos empresários, comerciantes e agricultores, em face da concreta situação de desvantagem em que se encontravam na relação contratual, considerando-os consumidores (Cfr: 3ª T. RESP 208793 / MT, Rel. Min. Carlos Alberto Menezes Direito, *DJ* 1.8.2000, p.264; S2, CC

41056/SP, Rel. Min. Nancy Andrighi, j. 23.06.2004, *v.m.*, *DJ* 20.09.2004, p. 181; 3ª T, RESP 445854/MS, Rel. Min. Castro Filho, j. 02.12.2003, *v.u.*, *DJ* 19.12.2003, p. 453; 1ª T, RESP 263229/SP, Rel. Min. José Delgado, j. 14.11.2000, *v.u.*, *DJ* 09.04.2001, p. 332; 3ª T., Resp: 488274, Rel. Min. Nancy Andrighi, j. 22.05.2003).

Nessa linha de raciocínio, em recentíssima decisão, afirmou o Ministro Jorge Scartezzini "a existência de certo abrandamento na interpretação finalista, na medida em que se admite, excepcionalmente, desde que demonstrada, in concreto, a vulnerabilidade técnica, jurídica ou econômica, a aplicação das normas do CDC" (STJ, 4ª T, RESP 661145/ES, Rel. Min. Jorge Scartezzini, j. 22.02.2005, *v.u.*, *DJ* 28.03.2005, p. 286).

Diante de tal tendência metodológica, longe de se entrever, no horizonte, uma redução da proteção dos consumidores, há de se constatar o reconhecimento pela Corte Superior da unidade axiológica da ordem civil-constitucional, que se manterá integra na medida em que se assegure sempre a dignidade da pessoa humana (consumidora ou não) e a prevalência das relações existenciais sobre as patrimoniais. E não é à toa que os arts. 17 e 29 do CDC pretenderam ampliar o espectro de incidência da tutela do consumidor.

Em contrapartida, a disciplina contratual do Código Civil de 2002, embora contenha diversos preceitos aparentemente sobrepostos ou colidentes com o CDC, jamais pode ser considerada revogadora da normativa de tutela do consumidor. Mais uma vez é preciso afirmar a unidade do ordenamento e compatibilizar as normas relacionadas aos contratos de adesão, de seguro, de corretagem, de transporte, e assim por diante, com as normas do CDC. O critério da vulnerabilidade, norteador da atuação do STJ, mais uma vez deverá servir para estabelecer os limites de incidência de ambos os diplomas.

As normas do Código Civil destinam-se a regular relações estabelecidas entre contratantes paritários, voltando-se as normas do Código de Defesa do Consumidor para a disciplina dos contratos de consumo e das práticas comerciais entre partes desigualmente situadas.

Nem se diga que a supremacia do Código Civil sobre leis especiais, proclamada por dispositivos pontuais (*v.g.* art. 732) seria suficiente a garantir-lhe preeminência interpretativa sobre a tutela do consumidor, assegurada no rol das garantias fundamentais da República, como cláusula pétrea e matéria de ordem pública interna (art. 5º, XXXII). Ou que a mera inclusão de dois artigos, no Código Civil, acerca dos contratos de adesão (arts. 423 e 424) teria o condão de bloquear o acesso pelos aderentes vulneráveis às normas do CDC que lhe são franqueadas pelo art. 29 do próprio CDC.

Tais considerações, sem embargo do profundo respeito que merecem seus autores, conferem às normas regulamentares infraconstitucionais supremacia sobre os princípios constitucionais, pelo simples fato de serem dotadas de maior detalhamento normativo. E neste ponto se compreende perfeitamente a imprescindibilidade da metodologia civil-constitucional para a preservação do ordenamento, como sistema aberto e unitário.

A interpretação do Código Civil não pode, sob pena de se revelar desconforme à Constituição, excluir do âmbito de proteção do CDC os consumidores contratantes. Ao contrário, destinam-se os preceitos codificados a regular tipos contratuais que, quando inseridos em relações de consumo, avocam as disposições de ordem pública em defesa do consumidor. Só assim se caminhará para a superação de uma visão binária e dicotômica entre as normas constitucionais e as infraconstitucionais, conferindo-se a máxima efetividade social ao Código Civil e ao Código de Defesa do Consumidor. Em uma palavra, os confins interpretativos devem ser estabelecidos a partir não da topografia das definições legislativas, mas da diversidade axiológica dos bens jurídicos que se pretende tutelar. E enquanto estiver em vigor a Constituição da República, a promulgação de um Código Civil só pode representar acréscimo aos níveis de proteção da pessoa humana, nunca sua redução.

G.T.

BASES TEÓRICAS PARA O NOVO DIREITO DE FAMÍLIA[1]

Realizou-se nos dias 26 a 29 de outubro de 2005, em Belo Horizonte, o V Congresso Brasileiro de Direito de Família, organizado pelo Instituto Brasileiro de Direito Família – IBDFAM. O evento reuniu cerca de 1.200 estudiosos, contando com professores, advogados, magistrados, membros do Ministério Público e das Defensorias Públicas, profissionais e acadêmicos de todo o Brasil. Mais de 50 expositores apresentaram trabalhos de excelente nível técnico, sobre as temáticas mais instigantes, consolidando a convicção de que a cultura do direito de família efetivamente se transformou no panorama brasileiro.

A constatação revela-se gratificante para todos os que propagam a reconstrução das categorias do direito privado, embora, como todo processo de mudança, suscite alguma apreensão, não injustificada, quanto às diretrizes metodológicas a serem definidas. É alvissareiro constatar o consenso entre os especialistas acerca do modelo jurídico de família no ordenamento brasileiro: o núcleo familiar há de ser fundado nos princípios da democracia, igualdade, pluralidade e instrumentalidade em prol da dignidade de seus integrantes.

A democracia, "responsável por silenciosa revolução" do conceito de família, na síntese elegante da professora Maria Celina Bodin de Moraes, implica respeito mútuo e permanente diálogo para a condução comunitária da entidade familiar. A igualdade sugere a superação das diferenças de prerrogativas, direitos e deveres entre cônjuges,

[1] Editorial – *Revista Trimestral de Direito Civil – RTDC*, v. 23, jul./set. 2005.

companheiros e filhos. A pluralidade assegura a escolha do modo de vida independentemente da opção pelo casamento. E a natureza instrumental da família, finalmente, suplanta a perspectiva institucional que, por muito tempo, postulando a família como expressão de valor político supraindividual, autorizou o sacrifício da mulher e dos filhos (nascidos fora do casamento) em favor da unidade formal do grupo familiar em torno do matrimônio.

A consagração de tais bandeiras antepõe-se ao arsenal dogmático antiquado a que se atêm alguns cultores do conservadorismo. Não basta, contudo, sublinhar a negação do modelo anterior, tampouco sendo suficiente invocar da prevalência dos sentimentos do amor, afeto e sinceridade na convivência familiar. Muitas vezes, na realidade forense, o cenário trazido ao magistrado mostra-se avesso a qualquer solução serena de conciliação, sendo indispensável, então, a fixação de um instrumental teórico eficiente e compatível com o momento presente.

O recente encontro dos estudiosos mostrou justamente essa necessidade imperiosa de se desenvolverem ferramentas, a serem oferecidas aos magistrados, para suplantar a visão matrimonialista, institucionalista e patriarcal que ainda prepondera em muitas decisões do Judiciário. Para tal finalidade, urgente se apresenta a leitura civil constitucional da disciplina jurídica da família, capaz de definir as balizas de direito positivo para a solução de suas controvérsias, sempre traumáticas, que alcançam, não raro, o patrimônio e a própria dignidade de seus integrantes mais frágeis: os filhos menores, as mulheres, fragilizadas por uma ancestral relação de desigualdade, e os idosos que assistem à *débâcle* da comunidade familiar.

Nos escombros da desconstituição da família inexiste certamente amor e afeto que, de resto, não se constituem em princípios jurídicos e, por isso mesmo, carecem de força coercitiva. Há de se estabelecerem, então, alicerces teóricos funcionalizados à relação da pessoa humana, para os quais duas premissas se tornam indispensáveis: a distinção, imposta pela ordem constitucional, entre as relações patrimoniais e existenciais, e a superação do tratamento redutivo das situações jurídicas do direito de família, avessas ao estreito binômio direito-dever, ao arquétipo dos direitos subjetivos.

Quanto ao primeiro aspecto, não se trata, evidentemente, de se relegar a um segundo plano as relações patrimoniais. Muito ao contrário, a autonomia privada, deduzida do conceito de livre iniciativa, tem proteção constitucional, cabendo à doutrina estabelecer os critérios interpretativos do regime matrimonial dos cônjuges, de forma a proteger os interesses patrimoniais dignos de tutela. A atenção do intérprete deve se dirigir ao exame de legitimidade da atividade econômica privada, a partir de cuidadosa valoração axiológica.

As pretensões patrimoniais encontram assim amparo no ordenamento e os conflitos de interesses contrapostos hão de ser dirimidos, voltando-se o intérprete para o aspecto funcional do regime de bens. A distinção entre relações jurídicas patrimoniais e existenciais assume particular relevo quanto ao segundo aspecto acima aludido, relativo à diversidade de tratamento a ser dedicado às situações jurídicas subjetivas entre os cônjuges e entre pais e filhos.

Nessa seara, um conjunto de deveres existenciais se estabelece, sem que se possa submetê-lo à estrutura clássica dos direitos subjetivos. E a autoridade parental – ou poder familiar – configura verdadeiro ofício de direito privado, um múnus atribuído aos pais imperativamente para a formação da personalidade dos filhos, de modo a atrair uma série de mecanismos jurídicos e de políticas públicas, impostas aos pais, ao Estado e à sociedade na promoção da infância e da adolescência. Do ponto de vista jurídico, há ainda inúmeras controvérsias quanto à definição e à afirmação de um novo direito de família. Mas a doutrina não pode abrir mão do seu papel na reconstrução que se anuncia, incumbindo-lhe esgotar o dado normativo, de modo a alcançar, também no direito de família, sua máxima eficácia social, e a definir os horizontes para a tutela da comunidade familiar na legalidade constitucional.

G.T.

O FUTURO DA RESPONSABILIDADE CIVIL[1]

Muito se tem escrito sobre a profunda transformação por que passa a responsabilidade civil. A ênfase milenarmente atribuída ao ofensor deslocou-se, nos últimos 20 anos, para o ofendido, ampliando-se formidavelmente as hipóteses de reparação. Por outro lado, supera-se gradualmente a noção subjetiva de culpa, associada à intenção do agente, consolidando-se, cada vez mais, o fenômeno conhecido como objetivação da responsabilidade civil. Tal alteração conceitual abrange não somente as novas hipóteses de responsabilidade objetiva, alvitradas pelo legislador especial e pelo Código Civil de 2002; mas especialmente a construção — doutrinária e jurisprudencial — que procura definir a noção de culpa a partir de critérios objetivos relacionados com o padrão de comportamento exigível em determinadas circunstâncias, histórica e geograficamente determinadas....

Tal tendência fortaleceu-se com a Constituição da República, que consagrou a reparação dos danos morais, autonomamente considerados em relação aos danos materiais (art. 5º, V, X, CR) e estabeleceu, com fundamento nos princípios da solidariedade social e da justiça distributiva (arts. 3º, I e III, (R), os novos contornos da responsabilidade civil, associados à seguridade social, no sentido de ampliar os confins do dever de reparar e da repartição social dos danos (arts. 7º, XXVIII, art. 21, XXIII, "c"; art. 37, §6º, art. 190 e ss).

Diante do novo panorama legislativo, doutrinário e jurisprudencial, polarizou-se o discurso jurídico entre aqueles que identificam na ampliação do dever de reparar uma vitória em si mesma, atribuindo ao

[1] Editorial – *Revista Trimestral de Direito Civil – RTDC*, v. 24, out./dez. 2005.

Estado e aos empresários praticamente todos os ônus decorrentes da atividade produtiva; e, de outra parte, os que denunciam uma indústria de danos, propiciadora de verdadeiro enriquecimento sem causa.

No âmbito de tal refrega, o Supremo Tribunal Federal admitiu os chamados danos punitivos em hipótese de responsabilidade objetiva, contrariando o princípio da reparação proporcional ao dano (Agr. Instr nº 455.846-4/RJ). Ampliação pouco criteriosa também se faz sentir na admissão de danos morais à pessoa jurídica (que na maioria das vezes se traduz em danos materiais, ainda que de difícil liquidação), à qual se passou a reconhecer, acriticamente, direitos da personalidade, e dos chamados danos morais coletivos, sem que se definisse, até a presente momento, a sua conceituação. A liquidação por danos morais, por sua vez, carece de critério uniforme, associada, não raro, equivocadamente, a um mero aborrecimento ou, pior, à gravidade do dano (tornando irreparável danos que, embora injustos, fossem considerados de pouca gravidade) ou à condição econômica da vítima (conectando-se a medida da dor ao tamanho do bolso), em flagrante desapreço pela isonomia constitucional.

Em sentido contrário, sucessivas decisões do Superior Tribunal de Justiça parecem revelar cautela. A mais conhecida relaciona-se com a rejeição ao dano decorrente do chamado "abandono afetivo", julgada no fim de novembro de 2005 (REsp. nº 757.411), causando apaixonada controvérsia no âmbito dos cultores do direito de família.

Por outro lado, no julgamento do REsp nº 595.734, o STJ considerou que nem todos os aborrecimentos vivenciados pelo consumidor são indenizáveis, devendo-se relevar os "fatos do cotidiano, que não extrapolam as raias das relações comerciais, e, portanto, não podem ser entendidos como ofensivos ao foro íntimo ou à dignidade do cidadão". Em outro Acórdão, o STJ rejeitou "a dupla compensação financeira pelo mesmo fato", impedindo que o consumidor, já ressarcido, em face de uma instituição financeira, por conta da inscrição indevida de seu nome no Serasa, obtivesse nova indenização em face do próprio Serasa, por este não ter comunicado a inscrição (Resp. nº 756.874).

Inúmeras outras demandas suscitam certa sensação de insegurança quanto aos novas parâmetros do dever de reparar, em especial no que concerne à tutela da personalidade, timidamente regulada pelo Código Civil de 2002. Especificamente no que tange ao direito de imagem, há exageros da parte de pessoas que, promovendo uma superexposição de sua imagem — até mesmo por correio ou páginas eletrônicas — pretendem ressarcir-se de qualquer reprodução da imagem por elas próprias divulgada.

Daqui decorrem ao menos duas observações. Em primeiro lugar, não há como estabelecer critérios para a solução do problema da reparação de danos com base exclusivamente nas normas do Código Civil. Torna-se indispensável a busca de balizas que, fundadas nos princípios e valores constitucionais, sirvam para unificar o sistema de responsabilidade, discriminando-se os chamados danos ressarcíveis e reconhecendo a irreparabilidade de inúmeros danos do cotidiano. Em segundo lugar, por mais louvável que seja a ampliação do dever de reparar, protegendo-se as vítimas de uma sociedade cada vez mais sujeita a riscos — decorrentes das novas tecnologias, dos bancos de dados pessoais, dos aparatos industriais, da engenharia genética, e assim por diante —, não se pode desnaturar a finalidade e os elementos da responsabilidade civil. O dever de reparar não há de ser admitido sem a presença do dano e do nexo de causalidade entre a atividade e evento danoso, tendo por escopo o ressarcimento da vítima.

E nem mesmo a caótica intervenção do Estado em áreas sociais críticas — como saúde, transporte, segurança pública — autoriza o superdimensionamento do dever de reparar para a promoção de justiça retributiva entre particulares. Tão grave quanto a ausência de reparação por um dano injusto mostra-se a imputação do dever de reparar sem a configuração de seus elementos essenciais, fazendo-se do agente uma nova vítima.

A indenização imposta sem a observância dos seus pressupostos representa, a médio prazo, o colapso do sistema, uma violência contra a atividade econômica e um estímulo ao locupletamento. Há de se conjuminar a técnica indenizatória própria da responsabilidade com o sistema de seguros privados, ao lado dos mecanismos impostos ao Poder Público para a promoção da solidariedade constitucional. Aos estudiosos da responsabilidade civil apresenta-se, portanto, o desafio de garantir o ressarcimento amplo, de modo compatível com a locação de riscos estabelecida na sociedade atual, sem que se pretenda transferir para a reparação civil os deveres de justiça social desdenhados por insuficientes políticas públicas e deficitária seguridade social.

G.T.

MIGUEL REALE E A RENOVAÇÃO DO DIREITO[1]

Muito já se disse sobre a personalidade e a obra do grande jurista, filósofo, homem público, educador e escritor Miguel Reale, que faleceu, aos 94 anos, em 14 de abril de 2006. Um aspecto singelo e pouco conhecido, contudo, ressalta sua extraordinária vocação acadêmica e a insuperável juventude que o acompanhou em todos os momentos de sua vida. Ao completar 80 anos, recebeu o professor Reale uma homenagem na Faculdade de Direito da Universidade do Estado do Rio de Janeiro. De acordo com o cerimonial, diversos oradores se sucederam, cada qual enaltecendo aspectos do seu extraordinário universo de conhecimento, da Filosofia à Introdução à Ciência do Direito, do Ensino Universitário à Ciência Política, e assim por diante.

Na parte final do encontro, foi dada a palavra ao homenageado para intervenção destinada aos agradecimentos de praxe, sob o título "Miguel Reale por Miguel Reale". Eis que nosso professor nos pediu um giz, dirigiu-se ao quadro-negro e, para surpresa geral, sob o olhar embevecido da plateia de estudantes que lotava o auditório da Faculdade, prontificou-se a explicar, detalhadamente, a sua *Teoria Tridimensional do Direito*, brindando-nos, então, com encantadora lição. Tal fato se inscreveria na história da Faculdade como exemplo singular de amor à atividade docente e da natural simplicidade como se devem enfrentar mesmo as mais sofisticadas questões jurídicas.

O passamento do professor Reale deixou efetivamente de luto a comunidade jurídica, mas consola a todas ter ele tido o privilégio de

[1] Editorial – *Revista Trimestral de Direito Civil – RTDC*, v. 25, jan./mar. 2006.

assistir, ao final de sua longeva e fecunda trajetória, à pujante renovação da produção científica brasileira, para a qual tanto contribuiu. Assim é que, se bons ventos sopram nos domínios da Filosofia do Direito e das disciplinas propedêuticas de uma maneira geral, com novas gerações de professores que trouxeram, nos últimos 20 anos, densidade e profundidade ao debate acadêmico, no caso do direito civil é formidável a reformulação do pensamento jurídico.

Consolidam-se na atualidade diversas escolas que, por todo o Brasil, especialmente no Paraná, Porto Alegre, Recife, Rio de Janeiro e São Paulo, procuram redefinir os paradigmas e a dogmática incidente sobre as relações de direito privado. A despeito dos diversos matizes teóricos de cada uma das Escolas brasileiras, mostra-se impressionante a convergência de todas elas para a superação da visão patrimonialista e individualista do direito privado tradicional, em favor da tutela da pessoa humana e das relações existenciais, para as quais se funcionaliza, cada vez mais, a dogmática jurídica.

Na esteira de tal movimento de renovação, anuncia-se, para os dias 21 a 23 de setembro de 2006, o *I Congresso Internacional de Direito Civil-Constitucional da Cidade do Rio de Janeiro* (ver seção de *Notícias* deste volume da *RTDC*), que terá lugar no Hotel Sofitel do Rio de Janeiro, realizado conjuntamente pela Procuradoria-Geral do Município da Cidade do Rio de Janeiro e o Instituto de Direito Civil, organizado pelo CEPAD (www.cepad.com.br). Juristas das principais escolas de direito civil do Brasil e de diversos países da Europa continental discutirão, a partir da conferência inaugural do professor Pietro Perlingieri, da Itália, as tendências interpretativas, os critérios metodológicos e os temas mais atuais no panorama do direito privado contemporâneo.

A intrincada e instigante agenda de problemas que serão suscitados torna ainda mais significativa a oportunidade de se debater, em cenário internacional, a vocação do direito civil para a promoção da pessoa humana e de valores não patrimoniais. A realização de evento desse porte, que associa a Prefeitura da Cidade do Rio de Janeiro com a Academia e profissionais do direito, atesta o despertar da sociedade para um novo direito civil, o qual privilegia o ser em detrimento do ter, e produz novos quadros docentes que, abeberando-se certamente do historicismo axiológico e sobretudo do humanismo que nos legou Miguel Reale e sua geração, se mostram comprometidos com a realidade contemporânea e com a transformação social.

G.T.

O DIREITO CIVIL-CONSTITUCIONAL HOJE[1]

A realização *do I Congresso Internacional de Direito Civil-Constitucional da Cidade do Rio de Janeiro*, cujas inscrições, três semanas antes do evento, esgotaram as 1.200 vagas disponíveis, configura momento privilegiado de reflexão para os estudiosos do direito civil. Professores e profissionais de diversos países, e de todas as regiões do Brasil, irão se reunir para uma avaliação metodológica em torno das tendências interpretativas do direito contemporâneo: afinal, qual o sentido e o conceito atuais do fenômeno da constitucionalização do direito civil? Para além da mera ampliação do âmbito de incidência da Constituição da República, estarão os intérpretes conscientes dos critérios interpretativos a servirem de *leitmotiv* para a aplicação direta e indireta, mediata e imediata, das normas constitucionais?

Ao lado do crescente interesse pelo tema, é preciso difundir-se a preocupação com a metodologia do direito civil-constitucional, afastando-se a retórica e o discurso modista — que pretendem forjar o adorno elegante para a sentença pré-constituída —, em favor de uma definição objetiva de valores e de sua aplicação constante na prática jurídica, para a preservação da identidade solidarista e igualitária da legalidade constitucional.

Nesse processo de (re)construção, ao menos três espectros têm assombrado o cenário jurídico ultimamente. Em primeiro lugar, assiste-se a uma espécie de banalização do conceito de constitucionalização do direito, havendo mesmo quem reduza a expressão a uma crescente interferência constitucional nos demais ramos do direito,

[1] Editorial – *Revista Trimestral de Direito Civil – RTDC*, v. abr./jun. 2006.

atraídos para o texto maior. Em seguida, ao se tentar compatibilizar a norma constitucional com as relações privadas, numerosos estudiosos, especialmente oriundos do direito público, valem-se acriticamente de paradigmas estrangeiros — jurisprudenciais e doutrinários — para corroborarem suas teses, desprovidos da imprescindível metodologia do direito comparado. Lança-se mão de julgados das mais diversas cortes europeias e norte-americanas, sem qualquer cerimônia; e se importam autores cujo relato, as mais das vezes, tem por pano de fundo a sociedade e o ordenamento alienígenos. Tal prática, cuja difusão se faz mais e mais inquietante, desconhece o princípio da funcionalidade, conceito elementar da comparação jurídica, pelo qual o comparatista, antes de mais nada, deve avaliar a função que os modelos estrangeiros desempenham em sua realidade cultural.

Finalmente, na preocupação com os problemas associados à eficácia das normas constitucionais nas relações privadas, valem-se muitos autores de conceitos ultrapassados da teoria geral, fundando suas assertivas em categorias que julgam imutáveis — como, por exemplo, relação jurídica, direito subjetivo, subsunção —, as quais devem ser urgentemente atualizadas, para a uniformização da linguagem em torno da qual se estabelecem o diálogo e a argumentação.

Por tudo isso, avulta a importância do debate posto em pauta no *I Congresso internacional de Direito Civil Constitucional da Cidade do Rio de Janeiro*. Especialmente quando se aproxima também a *IV Jornada de Direito Civil*, a se realizar em Brasília, no seio do Superior Tribunal de Justiça, em outubro de 2006, em que profissionais de todo o Brasil revelarão sua forma de ler, sentir e vivenciar o Código Civil. A discussão em torno dos enunciados interpretativos codificados, já em sua quarta edição, será tanto mais profícua quanto mais intensamente se conseguir compreender e harmonizar os critérios axiológicos para a análise da legislação codificada, que não poderão ser interpretados senão à luz da solidariedade constitucional.

G.T.

PERSPECTIVAS DO DIREITO CIVIL CONTEMPORÂNEO[1]

O absoluto sucesso do *I Congresso Internacional de Direito Civil-Constitucional da Cidade do Rio de Janeiro*, realizado nos dias 21 a 23 de setembro de 2006, trouxe ânimo e estímulo aos estudiosos do direito privado, demonstrando, na convivência com renomados professores de diversos países estrangeiros — Argentina, França, Itália, Espanha e Portugal —, o elevado nível da produção científica e jurisprudencial brasileira.

Após três dias de intensa reflexão, instigada por conferências memoráveis, percebeu-se a comunhão de compromissos entre as diversas correntes do direito civil contemporâneo para com uma agenda futura. A partir da identificação de tendências temáticas — consubstanciadas: (i) na explosão tecnológica, com seus novos riscos e novos danos; (ii) no processo de produção de massas, com o desenvolvimento de mecanismos de tutela da pessoa em situação de vulnerabilidade: e (iii) na preocupação dos direitos humanos, especialmente no que concerne à efetivação do princípio da igualdade — verificou-se o esforço dos profissionais do direito para darem resposta aos problemas jurídicos concretos que afetam a pessoa humana, à luz da solidariedade constitucional.

No âmbito de tal problemática, três ordens de prioridades ganharam destaque. Em primeiro lugar, a correta compreensão do direito civil-constitucional, ainda objeto de lamentável simplificação em muitos setores do pensamento jurídico. Em seguida, a coerência metodológica

[1] Editorial – *Revista Trimestral de Direito Civil – RTDC*, v. 27, jul./set. 2006.

na dogmática do direito privado, evitando-se a repetição de revelhos arcabouços teóricos incompatíveis com os paradigmas atuais da teoria da interpretação. Finalmente, a definição de compromisso metodológico capaz de dar consistência ao discurso jurídico e ao papel criativo dos juízes.

No que tange ao primeiro aspecto, a tão alardeada leitura da norma infraconstitucional à luz da Constituição transforma-se, muitas vezes, na leitura da Constituição à luz da norma hierarquicamente inferior, quando se supervaloriza a regra em detrimento dos princípios, atribuindo ao legislador papel conformador e, pior ainda, redutor do espectro normativo do princípio constitucional. Tal equívoco é propalado por alguns autores com incontido orgulho, na expressão de uma espécie de civilização do direito constitucional, que significaria uma leitura das normas constitucionais segundo a percepção que têm os profissionais do direito de seus próprios conceitos. Estes, em última análise, forjariam o resultado interpretativo do princípio constitucional (assim, por exemplo, o conceito de função social do contrato seria preenchido pela noção de contrato haurida no Código Civil).

Tal construção mostra-se inaceitável, na medida em que permite o aniquilamento das prioridades axiológicas estabelecidas constitucionalmente, atribuindo ao legislador infraconstitucional a preservação de institutos que, ao contrário, hão de ser informados, moldados e definidos no seio dos princípios fundamentais. A pluralidade de fontes normativas, nesta esteira, não pode perder de vista a unicidade do ordenamento que, em sua complexidade, mantém-se em harmonia graças a rigidez da tábua de valores determinada pela ordem pública constitucional.

Uma vez bem compreendida a metodologia do direito civil-constitucional, mostra-se indispensável a construção de uma nova dogmática com coerência metodológica, abandonando-se os conceitos ultrapassados que pouco se ajustam aos novos paradigmas hermenêuticos. Nesta direção, não se pode pretender alcançar uma teoria da interpretação emancipadora sem se repudiar a técnica da subsunção que, em sua mecânica estática e silogística, pretende enquadrar em certa prescrição abstrata o fato anteriormente previsto pelo legislador. Nesse mesmo sentido, a classificação mais importante para o direito privado é aquela que aparta as relações jurídicas patrimoniais das existenciais. É a diversidade valorativa de tais categorias que justifica a distinção, daí decorrendo a incompatibilidade de tratamento e a impossibilidade de equiparação das pessoas naturais e jurídicas.

Afirma-se, assim, a funcionalização das relações patrimoniais às existenciais, sendo falsos problemas a discussão acerca da aplicação direta ou indireta das normas constitucionais e a definição de direitos subjetivos prestacionais para todas as situações jurídicas existenciais, desde que o intérprete tenha por compromisso intransigente a submissão das relações jurídicas — entre particulares ou entre particular e Administração Pública — aos valores e princípios constitucionais.

Estabelecidas tais bases dogmáticas, há de se rever a compreensão normativista do princípio da segurança, o qual há de ser alcançado não com a definição de regras de comportamento previamente conhecidas, a serem seguidas de maneira servil e acrítica pelos magistrados, mas com a uniformização dos critérios interpretativos que, fundados na principiologia constitucional, legitimam o discurso jurídico e submetem a decisão judicial a amplo e transparente controle social. Tem-se aqui, como se vê, substancioso roteiro temático e metodológico, estabelecendo-se provavelmente a agenda que definirá a pauta e o futuro do direito civil contemporâneo.

G.T.

VELHOS E NOVOS MITOS NA TEORIA DA INTERPRETAÇÃO[1]

A realização da *IV Jornada de Direito Civil*, promovida pelo Conselho da Justiça Federal nos dias 25 a 27 de outubro de 2006, em Brasília, com o apoio do Superior Tribunal de Justiça, representou etapa importante no diálogo entre a doutrina e a jurisprudência. Professores, magistrados, profissionais de todas as carreiras jurídicas e advogados se reuniram, na quarta edição desse vitorioso encontro, para discutirem e definirem soluções interpretativas para os problemas atuais suscitados pelo Código Civil.

Ao contrário das edições anteriores, verificou-se, na rica diversidade de métodos e estilos que se espraiam pelo Brasil afora, patamar essencial de consenso acerca das transformações consolidadas na cultura jurídica brasileira. Abandonou-se, definitivamente, a visão do Código Civil como estrutura estática e atemporal; assumindo-o como dado histórico, relativo e funcional. Vale dizer, o elemento normativo não veicula, em si mesmo, a solução previamente estipulada pelo legislador para hipóteses abstratamente concebidas, explicitando-se tão somente no momento, historicamente determinado, de sua aplicação, condicionada pelos interesses identificados no fato concreto.

Daqui decorrem ao menos duas grandes conquistas na teoria da interpretação, percebidas nos resultados da IV Jornada: (i) o reconhecimento do papel criativo dos magistrados, com a produção de enunciados que procuraram fixar limites e possibilidades para essa

---

[1] Editorial – *Revista Trimestral de Direito Civil – RTDC*, v. 28, out./dez. 2006.

renovada fonte do direito; (ii) o desmoronamento — intuitivamente traduzido nos debates ali travados — da teoria da subsunção, na medida em que se admite a construção, pelo magistrado, da norma sob medida (um *posterius* e não um *prius*), a partir da ponderação dos interesses em jogo. Os magistrados ganham consciência de que devem transportar, no processo decisional, o inteiro ordenamento para o caso concreto, unificando-se, desse modo, as etapas da interpretação e da aplicação do direito, consideradas cronologicamente sucessivas na antiga subsunção.

Expressão eloquente dessa orientação tem-se na leitura dos Enunciados relativos aos direitos da personalidade, resultado da representativa Comissão dedicada à Parte Geral, integrada por estudiosos de todas as regiões do Brasil, com a participação de ilustres professores. Confiram-se os seguintes Enunciados aprovados:

1. Os direitos da personalidade, regulados de maneira não exaustiva pelo Código Civil, são expressões da cláusula geral de tutela da pessoa humana contida no art. 1º, III, da Constituição (princípio da dignidade da pessoa humana). Em, caso de colisão entre eles, como nenhum pode sobrelevar os demais, deve-se aplicar a técnica da ponderação.

2. O art. 13 do Código Civil, ao permitir a disposição do próprio corpo por exigência médica, autoriza as cirurgias de transgenitalização em conformidade com os procedimentos estabelecidos pelo Conselho Federal de Medicina, e a consequente alteração do prenome e do sexo no Registro Civil.

3. O art. 14 do Código Civil, ao afirmar a validade da disposição gratuita do próprio corpo, com objetivo científico ou altruístico, para depois da morte, determinou que a manifestação expressa do doador de órgãos em vida prevalece sobre a vontade dos familiares e, portanto, a aplicação do art. 4º da Lei nº 9.434/97 ficou restrita à hipótese de silêncio do potencial doador.

4. A proteção à imagem deve ser ponderada com outros interesses constitucionalmente tutelados, especialmente em face do direito de amplo acesso à informação e da liberdade de imprensa. Em caso de colisão, levar-se-á em conta a notoriedade do retratado e dos fatos abordados, bem como a veracidade destes e, ainda, as características da utilização (comercial, informativa, biográfica), privilegiando-se medidas que não restrinjam a divulgação de informações.

5. Os direitos da personalidade são direitos inerentes e essenciais à pessoa humana, decorrentes de sua dignidade, não sendo as pessoas jurídicas titulares de tais direitos.

Tais propostas falam por si e indicam novos tempos para a teoria da interpretação.

Contudo, resta superar, ainda, alguns paradigmas legados pelo normativismo, especialmente no que concerne aos princípios da liberdade e da segurança jurídica, que se renovam como verdadeiros obstáculos à hermenêutica contemporânea. Em primeiro lugar, a liberdade ainda é vista como princípio absoluto e pré-jurídico, suscetível de restrições exclusivamente externas e pontuais de acordo com reserva legal. Trata-se de postulado importante do liberalismo, indispensável para a vitória do Estado Moderno sobre o autoritarismo; mas que, todavia; não se ajusta à ordem pública constitucional, que consagra a liberdade na solidariedade e na igualdade substancial.

Além disso, impõe-se também a reconstrução da segurança jurídica, liberta do positivismo regulamentar. Diante da profusão das cláusulas gerais e dos conceitos jurídicos indeterminados, com a ampliação do espaço de construção da jurisprudência, espera-se dos juízes a definição, paulatina, de padrões de conduta socialmente admissíveis, e não regras estanques de comportamento para fatos previamente estabelecidos pelo legislador. A segurança jurídica há de ser redesenhada, a partir do vasto material jurisprudencial, por força da fundamentação e da argumentação que legitimam as decisões, não já pela mera invocação de regras legais abstratas, que sirvam de salvo conduto para o magistrado, excluindo-lhe a responsabilidade política de sua atividade. A superação desses dois postulados, arraigados como verdadeiros pré-conceitos em relevantes setores do pensamento jurídico brasileiro — especialmente na doutrina publicista —, parece definir a próxima pauta da discussão a ser levada a cabo no direito contemporâneo.

G.T.

NOVOS DIREITOS E RENOVAÇÃO DO DIREITO CIVIL[1]

Em elegante conferência proferida em outubro de 2006, no Rio de Janeiro, Geneviève Viney, professora Emérita da Universidade de Paris I, e autora da linda entrevista contida nesta *RTDC*, sublinhou algumas tendências que, segundo ela, indicariam as transformações da responsabilidade civil contemporânea. Seriam elas: (i) as tecnologias postas a serviço da atividade humana; (ii) a evolução das práticas das estruturas econômicas; e (iii) a ideologia dos direitos humanos. De tais fenômenos decorreriam os movimentos consumerista e ecologista, em cuja esteira se situam novos princípios, novos direitos, a ampliação dos danos ressarcíveis e a preocupação cada vez maior com a sua efetiva reparação.

Tais observações fornecem subsídios para reflexão mais ampla, eis que aquelas tendências atingem, provavelmente, todos os institutos do direito civil e comercial, a partir da reconstrução da autonomia privada, incidente sobre novos interesses — suscitados pela revolução tecnológica e pelas atuais estruturas corporativas — e funcionalizada aos valores existenciais — como expressão dos direitos da pessoa humana e de sua dignidade.

Diante do profundo impacto causado por tais transformações, há de se evitar duas posturas cuja recorrência se mostra inquietante. Em primeiro lugar, a manutenção da mesma dogmática da sociedade

---

1 Editorial – *Revista Trimestral de Direito Civil – RTDC*, v. 29, jan./mar. 2007.

pré-industrial, conforme advertiu argutamente Ascarelli há mais de 50 anos, readaptando-a eternamente, como peças imutáveis, a despeito da realidade econômica pós-industrial, tecnológica e mundializada. Em seguida, e em consequência, a rejeição — como estranho ao direito civil — de tudo aquilo que é novo, distante, portanto, dos fatos conhecidos pelo direito romano, cuja dogmática, perenizada no tempo, passaria ao largo — impassível e serena — do surgimento de novos domínios do direito contemporâneo.

Deu-se assim, historicamente, com o direito do trabalho, o direito de família, o direito do consumidor, a propriedade urbana, como também com os diversos setores em que, antes do Código Civil de 2002, foi instituída a responsabilidade objetiva. Diante de novos direitos, ao invés de se reformular a dogmática que, consentânea com o sistema, de solução interpretativa no âmbito do direito civil, parece mais fácil recrudescer as velhas formulações, transmitidas acriticamente pelo ensino jurídico ao longo dos séculos e, dada a dificuldade de se absorverem em tais estruturas os fatos econômicos emergentes, rejeitá-los simplesmente expelindo-os da velha morada teórica.

Exemplo eloquente dessa reação ocorre com o direito ambiental. Buscam-se para compreendê-lo conceitos inteiramente singulares, afastando-se de sua análise as ferramentas da teoria geral. Pois bem: não se deve imaginar que a responsabilidade ambiental, matéria hoje na ordem do dia, exigiria o degredo de todos os elementos que definem o dever de reparação na órbita do direito civil. Se há dificuldade de identificação do dano e da causalidade, seria falacioso considerar essas noções impróprias para a ideologia do meio ambiente, *tout court*, buscando uma espécie de responsabilidade que não somente seria objetiva, como determina a lei, mas dispensaria também a prova do dano e da causalidade.

A construção, embora aparentemente progressista, apresenta-se enganosa, por não fornecer base de sustentação para a efetivação dos direitos perante os Tribunais. O insulamento dos novos direitos acaba por torná-los suscetíveis de reformas legislativas contingentes e casuísticas, em face de maniqueístas pressões setoriais; além de fazê-los padecer da ausência dos instrumentos jurídicos que, informados pela principiologia constitucional, e sustentados pela doutrina contemporânea, encontram-se presentes na cultura jurisprudencial e, como tal, podem ser plenamente efetivados. Tais direitos, por decorrerem de novos interesses merecedores de tutela, a um só tempo alteram a dogmática e a extensão dos limites do direito civil, no âmbito dos quais devem ser tratados. Afinal, traduzem a evolução cotidiana da atividade jurídica privada, cuja pluralidade não pode ser confundida com fragmentação, sob pena de se colocar em risco a unidade do sistema.

G.T.

UNIDADE DO ORDENAMENTO E TEORIA DA INTERPRETAÇÃO[1]

No recente *VI Encontro dos Grupos de Pesquisa em Direito Civil* da UFPR e da UERJ, realizado no Rio de Janeiro, continuação de importante projeto interinstitucional cujos resultados são anunciados nesta edição (e que produziu, dentre outras obras, *Diálogos de direito civil*. Rio de Janeiro: Renovar, 2007, v. II), deu-se especial ênfase ao problema da unidade do ordenamento.

Trata-se de noção aparentemente simples, mas que por vezes é tratada de maneira equivocada pela manualística, como sinônimo de direito positivo ou do conjunto de leis em vigor. Tal visão reducionista compromete a teoria da interpretação e se associa à percepção estática, que identifica no ordenamento uma reunião de unidades normativas abstratas. Ao contrário, a noção de ordenamento mostra-se: (i) abrangente, para comportar toda a pluralidade de matizes da normatividade social, muito além do direito positivo; (ii) complexa, já que tal conjunto de normas advém de fontes e de níveis hierárquicos diversos; (iii) dinâmica, para permitir que se preserve a coercitividade, coerência e eficácia, a despeito da transitoriedade normativa, assegurando-se a abertura do sistema.

Tais características traduzem e qualificam a unidade do ordenamento, daqui decorrendo ao menos cinco consequências fundamentais. Em primeiro lugar, a unidade mostra-se incompatível com os chamados microssistemas. Como se sabe, a doutrina que defende a existência de microssistemas acredita que as leis especiais se constituem em centros

[1] Editorial – *Revista Trimestral de Direito Civil –RTDC*, v. 30, abr./jun. 2007.

normativos autônomos, fragmentados, cada qual com sua lógica e principiologia próprias. Entretanto, a pluralidade de fontes normativas deve submeter-se à unidade axiológica do ordenamento, conferida pelas normas constitucionais, a despeito da profusão de normas regulamentares, não raro desprovidas de coerência entre si.

Desta visão de unidade do ordenamento decorre, como segunda consequência, o equívoco de se sustentar a chamada "civilização do Direito Constitucional", a denotar a suposta influência do direito civil e de suas categorias na interpretação constitucional. Porém, se o ordenamento é unitário, são os valores constitucionais que devem impregnar cada categoria do direito infraconstitucional, sob pena de se obstaculizar o projeto constitucional em nome de soluções legislativas, da práxis judiciária ou do próprio mercado, incompatíveis com o sistema.

Em terceiro lugar, mostra-se insustentável o vetusto processo hermenêutico silogístico conhecido como subsunção, que pressupõe a dualidade inexistente entre a norma jurídica (premissa maior) e a hipótese fática (premissa menor). A norma jurídica é um *posterius* e não um *prius* em relação ao processo interpretativo. Resulta da valoração do fato concreto, à luz de todo o ordenamento que, traduzindo-se na atividade interpretativa, exige ponderação no exame das peculiaridades do objeto cognitivo. São tais peculiaridades que produzem, a um só tempo e dialeticamente, a interpretação (norma interpretada) e a qualificação (fato qualificado). Tal a imprescindibilidade da fundamentação das decisões judiciais, que tornam transparentes o processo interpretativo e permitem o controle constitucional da valoração jurisdicional (ponderada no caso concreto), mediante o duplo grau de jurisdição.

Em quarto lugar, não há "espaços de não direito", em que a liberdade privada não seja alcançada pelo ordenamento e por seus valores unitariamente compreendidos. O ordenamento assegura a liberdade na solidariedade e na igualdade substancial, como princípios promotores da dignidade da pessoa humana. A defesa dos chamados "espaços de não direito" supõe a dualidade acima mencionada entre norma e fato social: Se nem todo fato social é jurídico, a liberdade se afirmaria de modo absoluto todas as vezes em que o legislador deixa o indivíduo em paz, livre de restrições ao seu agir. Tal visão, contudo, contrapõe a liberdade individual à intervenção legislativa, esquecendo-se que o projeto constitucional se destina à liberdade de todos na sociedade igualitária. A ausência de direito, por outro lado, considera certas ações humanas como abstrata e aprioristicamente autorizadas, sem valoração das circunstâncias de seu exercício, e sem qualquer responsabilidade (deveres) para seu titular, desde que não viole a esfera jurídica alheia. Contrapor o direito à liberdade individual reduz a intervenção do ordenamento à restrição da liberdade (papel repressor da norma jurídica), fazendo tábula rasa da função promocional do direito.

Finalmente, mostra-se cada vez menos importante, nesta perspectiva, a discussão acerca das técnicas formais de aplicação direta ou indireta do Texto Constitucional, matéria que provavelmente se transforma em um falso problema. Afinal, se o ordenamento é unitário, os princípios fundamentais prevalecerão em cada decisão judicial, com ou sem regra específica.

Por isso mesmo, a aplicação direta ou indireta do princípio constitucional será sempre instrumental para que a unidade seja garantida e preservada. A presença ou não de regra. para determinada hipótese, portanto, não pode ser desprezada pelo intérprete, o qual, contudo, não deixará de estabelecer o espectro de incidência da regra senão de acordo com a ponderação de princípios no caso concreto, com absoluta precedência dos princípios constitucionais.

G.T

A ESTRANHA REVOLTA DOS FATOS CONTRA O INTÉRPRETE[1]

Dois eventos recentes merecem atenção especial dos civilistas e corroboram a absoluta necessidade da distinção dogmática entre as relações jurídicas patrimoniais e existenciais. O primeiro deles foi o *VI Congresso Brasileiro de Direito de Família*, que reuniu quase 1.500 participantes em Belo Horizonte, organizado pelo Instituto Brasileiro de Direito de Família, nos últimos dias 14 a 16 de novembro de 2007.

O segundo evento em destaque é a conferência do professor Stefano Rodotà, Titular de Direito Civil da Universidade de Roma, La Sapienza, ocorrida no último dia 13 de novembro de 2007 na Faculdade de Direito da Universidade do Estado do Rio de Janeiro, com o apoio do Instituto de Direito Civil. A conferência foi seguida de diálogo que, por quase quatro horas, possibilitou aos presentes o privilégio de debater com um dos intelectuais mais importantes da Europa na atualidade.

No âmbito dos inúmeros trabalhos apresentados no congresso do IBDFAM, a partir de profunda reflexão sobre a incidência do princípio da solidariedade no direito de família, mostrou-se imprescindível a utilização de critérios hermenêuticos distintos para, de um lado, o regime de bens, os limites dos pactos antenupciais e as manifestações da autonomia patrimonial; e, de outro, os deveres existenciais e as situações jurídicas de afirmação, promoção e desenvolvimento da personalidade dos filhos e dos cônjuges ou conviventes. Mais do que os próprios

[1] Editorial – *Revista Trimestral de Direito Civil – RTDC*, v. 31, jul./set. 2007.

conferencistas, jovens estudiosos do direito de família começam a definir os contornos da autonomia privada em matéria existencial — atinentes ao corpo, à imagem, à privacidade, à orientação política, religiosa, sexual e assim por diante —, de modo a, afastando-se do paradigma da patrimonialidade, estimular os espaços de individualidade de cada pessoa em suas comunidades familiares, mesmo no caso nas crianças e dos adolescentes, cada vez mais protagonistas efetivos de seu próprio processo educacional.

O professor Rodotà, a seu turno, deixou clara a insuficiência da dogmática tradicional, vinculada aos direitos patrimoniais, para dar resposta a inúmeros problemas que, por ele trazidos a lume, revelam, na esteira das novas tecnologias, natureza essencialmente existencial.

Dois casos ocorridos nos Estados Unidos e divulgados amplamente pela internet bem demonstram a justaposição perniciosa entre as situações existenciais e patrimoniais. O mais famoso deles refere-se a um longo tratamento de leucemia ocorrido na Universidade da Califórnia. John Moore, o paciente, submeteu-se a intermináveis procedimentos para a retirada do baço. Incontáveis amostras de sangue e de outros tecidos do seu corpo foram requeridas, sendo que Moore dera seu consentimento informado para lodo o tratamento. Desconhecia, entretanto, que as diversas intervenções por que passou destinavam-se não somente à sua cura, mas também à pesquisa que levou ao patenteamento, pelos médicos, de uma linhagem de células a partir do seu material genético. Moore pretendeu judicialmente e teve negado o direito à participação em qualquer lucro auferido pela universidade, sob o argumento de que ele não teria mais propriedade sobre suas células e tecidos a partir do momento em que eles foram retirados, não obstante a possibilidade de pleitear indenização pela ausência de informação adequada.

Em outro caso recente ocorrido nos Estados Unidos sobrepôs-se, mais uma vez, a tutela da personalidade, do corpo humano (e de seus fluidos) e o conceito de propriedade. A médica Sharon Irons engravidou após coletar, durante sexo oral, o sêmen do também médico Richard O. Phillips, seu namorado. A Corte de Apelação do Illinois (Chicago) aceitou a alegação da ré de que teria havido uma espécie de doação do material genético, acarretando "transferência absoluta e irrevogável do título de propriedade entre doador e doadora". Por esse motivo, Phillips não teve reconhecido direito algum sobre a decisão acerca da concepção e do nascimento do filho. No entender da corte, mesmo que houvesse um suposto "depósito", as partes não teriam acordado quanto à necessidade de devolução do bem mediante solicitação.

Também na jurisprudência pátria, conhecida decisão do TST legitimou o acesso (e consequente controle) do empregador ao conteúdo do correio eletrônico de seu empregado com base na titularidade dominical. Entendeu o tribunal que "o que está em jogo, antes de tudo, é o exercício do direito de propriedade do empregador sobre o computador capaz de acessar a internet e sobre o próprio provedor".

A prescindir da solução concreta a ser dada para as diversas hipóteses de colisão de interesses acima aludidas, o título de propriedade, invocado em todas as três questões, certamente não há de ser o paradigma para a afirmação do direito merecedor de tutela. Se assim não fosse, a propriedade do aparelho telefônico seria argumento suficiente para legitimar, por exemplo, a interceptação telefônica no âmbito das relações de trabalho.

Nesses e em muitos outros casos que agitam a ordem do dia, o título de propriedade não pode ser o critério para a solução de controvérsias atinentes à lesão a valores existenciais. A manualística, entretanto, parece ainda ancorada ao modelo do direito subjetivo da propriedade, no âmbito de cuja estrutura — faculdades de usar, fruir e dispor — não se poderá jamais assegurar a tutela da pessoa humana e, muito menos, fazer prevalecer o ser sobre o ter. Na experiência brasileira, ao contrário do que preconizou Gaston Morin, trata-se de estranha revolta dos fatos em face não do legislador, mas do intérprete, ao qual cabe, em última análise, e o quanto antes, traduzir a ordem civil-constitucional.

G.T.

MODELOS DO DIREITO CIVIL PARA A (TRANSPARÊNCIA DA) ADMINISTRAÇÃO PÚBLICA[1]

Mostra-se crescente, na realidade contemporânea, a utilização de instrumentos do direito civil pela Administração Pública. Destacada administrativista portuguesa, Maria João Estorninho, chega mesmo a invocar, já no título de obra de sua autoria, uma *Fuga para direito privado*. O fenômeno é alvissareiro, ao menos por duas razões fundamentais. Demonstra, em primeiro lugar, a indispensável interdisciplinaridade mediante a qual, superando-se a diáspora tradicional dos diversos ramos do direito, busca-se a solução dos problemas da atualidade. Além disso, prevalece nessa tendência a saudável perspectiva finalística na gestão administrativa, perseguindo-se a simplicidade e a transparência peculiares do direito privado, cuja importação para o direito administrativo é presságio de maior preocupação ético no trato da coisa pública.

Expressão eloquente de tal fenômeno é o projeto de lei complementar, em tramitação no parlamento, relativo à fundação pública de direito privado, como instrumento para dinamizar e oferecer maior eficiência da administração de hospitais, instituições culturais etc. A fundação pública de direito privado é espécie autônoma de entidade integrante da Administração Pública indireta do Estado, tem estrutura de direito privado e, vinculada à exigência constitucional de concurso público para ingresso em seus quadros, permite a contratação de pessoal pela CLT, com vistas à compatibilização da remuneração ao mercado específico de cada carreira profissional.

---

[1] Editorial – *Revista Trimestral de Direito Civil – RTDC*, v. 32, out./dez. 2007.

Tal figura existe no direito brasileiro desde a década de 40 do século XX, podendo-se mencionar a pioneira Fundação Getulio Vargas (1944), que se dedica exitosamente ao ensino e à pesquisa. Posteriormente, o art. 4º do Decreto-Lei nº 200, de 25 de fevereiro de 1967, cuja atual redação foi definida pela Lei nº 7.596, de 10 de abril de 1987, consagrou a fundação pública de direito privado como espécie autônoma de entidade da Administração indireta, ao lado da autarquia, empresa pública e sociedade de economia mista. Com a promulgação da Constituição da República de 1988, entretanto, houve quem alegasse que o dualismo de fundações públicas deixara de existir na ordem jurídica brasileira, unificando-se o regime fundacional no modelo do direito público, como espécie de autarquia.

A dúvida decorria da imprecisão da linguagem constitucional, que alude às fundações, em sucessivas passagens, sob diversas denominações — "instituídas e mantidas pelo Poder Público" (arts. 22, XXVII, 71, II e III; 150, §2º; 165, §5º, I; 169, parágrafo único; e 18 das DT); "mantidas pelo Poder Público" (art. 37, XVII): "Controladas pelo Poder Público" ou "sob controle estatal" (arts. 163, II, e 8º, §5º das DT); ou simplesmente "públicas" (arts. 37, XIX; 39, *caput*, e 19 das DT).

Superada a hesitação inicial, prevaleceu no Supremo Tribunal Federal o entendimento, corroborado pela doutrina dominante, de que o dualismo de fundações públicas se manteve sob a ordem constitucional. Segundo a Suprema Corte, é a concreta atividade desenvolvida que poderá determinar a legitimidade da adoção do modelo privado na gestão do serviço público (STF, RE nº 127.489-DF, 2º T., Ret. Min. Maurício Corrêa, julg. 25.11.1997. Cfr. 1b., a formulação contida no RE nº 101.126-RJ, Pleno, Rel. Min. Moreira Alves, julg. 24.10.1984).

Por vezes, todavia, interpreta-se mal o dualismo, imaginando-se a equivalência entre a fundação pública de direito público e a de direito privado. Chega-se a dizer, nesta linha de raciocínio, que ao legislador, que institui ou autoriza a instituição de fundação pública, seria consentido escolher, conforme a sua conveniência, a natureza pública ou privada da fundação. A rigor, cada espécie de fundação pública desempenha função específica no direito brasileiro. Ao propósito, no julgamento do Mandado de Segurança nº 24.427-DF, impetrado pelo Banco do Brasil S/A, o Pleno do STF, por votação unânime, considerou que a fundação pública de direito privado é aquela que "persegue finalidades privadas. Não desempenha função que se possa ter como peculiar e exclusiva da Administração. Não exerce atribuição pública" (trecho do voto do Min. Rel. Eros Roberto Grau, julg. 30.08.2006).

Por outras palavras, a fundação pública de direito privado e a de direito público se distinguem em razão da sua finalidade ser o desempenho de atividade privada ou pública, entendida esta última como aquela exclusiva da Administração Pública, tal como o exercício do poder de polícia. Seguindo a jurisprudência do STF, o Projeto de Lei Complementar em tramitação estabelece a distinção entre as duas espécies de fundação pública conforme a natureza da sua finalidade. E procura evitar o emprego abusivo das fundações públicas de direito privado que não podem desempenhar funções exclusivas da Administração Pública, sob pena de uma privatização inadmissível do Estado brasileiro.

Neste particular, o modelo privado de gestão, por si só, longe de representar a privatização do Estado, assegura a preservação do patrimônio público no âmbito da administração indireta, evitando o quadro atual, em que, diante do completo fracasso da gestão direta do Estado em áreas cruciais, correlatas a setores como a saúde, bilhões de reais do SUS são geridos por entidades não governamentais, sem o necessário controle, o qual incidiria, ao revés, sobre as fundações de direito privado, com a direta participação do Ministério Público.

A matéria é polêmica e evidentemente não pode ser reduzida a discurso ideológico. A dinamização do serviço púbico é essencial para assegurar a eficiência de gestão e otimização orçamentária. A superação dos preconceitos na adoção de categorias de direito privado parece ser um bom começo para a propalada reforma administrativa. Do ponto de vista metodológico, longe de significar uma espécie de civilização do direito administrativo, traduz a saudável circulação de modelos jungidos sempre pela mesma tábua de valores, a confirmar, ainda uma vez, a perspectiva unitária do ordenamento.

G.T.

A EFICÁCIA DOS DIREITOS FUNDAMENTAIS NO DIAPASÃO DO STF[1]

Em época de tantos processos midiáticos, passou quase despercebido o formidável debate instaurado no Plenário do STF, no último dia 4 de junho de 2008, por ocasião do julgamento da Ação Direta de Inconstitucionalidade da Lei Estadual nº 12.684/2007-SP, que proíbe o uso, no estado de São Paulo, de produtos, materiais ou artefatos que contenham quaisquer tipos de amianto ou asbesto. O Min. Relator Marco Aurélio de Mello concedera liminar para suspender os efeitos da lei paulista até a decisão final da ADI. No plenário votou, com o apoio dos Ministros Carlos Alberto Menezes Direito e Ellen Gracie, pelo provimento da ação, com base, dentre outros, no argumento de que a lei estadual invadiu competência legislativa reservada à União (arts. 21, XXIV e 22, I, CF), extrapolando os limites da competência supletiva reservada aos estados, tratando-se de normas gerais de produção, comércio e consumo, já disciplinadas pela União (art. 24, V, VI e XII e §§2º e 4º, CF).

A orientação, contudo, posto consentânea com a jurisprudência da Corte Suprema, foi vencida por entendimento, liderado pelo Ministro Joaquim Barbosa, que, em magnífico voto, abre nova perspectiva para a dogmática da competência supletiva da União e dos estados membros. Segundo a vitoriosa construção, a aplicação direta dos direitos constitucionais à saúde e à vida (integridade psicofísica) autoriza o

[1] Editorial – *Revista Trimestral de Direito Civil – RTDC*, v. 33, jan./mar. 2008.

legislador estadual, mesmo no âmbito de sua competência supletiva, a expandir e aperfeiçoar, progressivamente, a tutela dos valores constitucionais, não circunscrevendo sua atuação à suprir lacunas derivadas da omissão da legislação federal.

Na hipótese em julgamento, a interpretação da Convenção nº 162 da Organização Internacional do Trabalho (OIT), ratificada pelo Brasil em 1991, na qual os signatários assumem o compromisso de proteger os trabalhadores expostos ao amianto, há de ser levada a cabo à luz dos princípios constitucionais, gerando para os estados membros perspectiva dinâmica, em suas esteiras de competências, de modo a ampliar, passo a passo, e de forma sempre expansiva, a tutela dos valores existenciais. Nessa mesma direção votaram os Ministros Cármen Lúcia, Ricardo Lewandowski, Eros Grau, Carlos Britto, Celso de Mello e Cezar Peluso.

O Plenário do STF, portanto, por maioria, altera a dogmática dominante em matéria de competência supletiva dos estados membros, entendendo que os valores existenciais e, em particular, os direitos fundamentais à vida e à saúde dos trabalhadores expostos a produto potencialmente danoso superam as restrições (constitucionais e infraconstitucionais) à competência legislativa dos estados. Alguns dos Ministros, liderados pelo Ministro Eros Grau, chegaram a aludir à necessidade de se desvincular da causa de pedir nesses tipos de ação, atuando analogamente ao que chamaram de declaração incidental de inconstitucionalidade da lei federal (no caso, a Lei nº 9.055/95), quando esta contém dispositivo menos protetivo do que a lei estadual de competência supletiva.

A decisão é benfazeja por inúmeros motivos. Em primeiro lugar, o STF assegura a aplicação direta dos direitos fundamentais para além da repartição rígida de competência legislativa, a qual, até então, blindava a atuação do intérprete em nome da ordem pública derivada do princípio federativo. É, de fato, o coroamento dos valores existenciais na Corte Suprema. Em segundo lugar, o Supremo demonstra que os subsídios da ciência devem servir ao intérprete para dar concretude e densidade normativa à tutela da pessoa humana. De nada adiantaria proclamar a proteção à saúde se os rigores formais do constitucionalismo impedissem que, auscultados os avanços da medicina, fosse assegurada, em qualquer circunstância, a efetiva promoção da integridade psicofísica do trabalhador, superando as valorações infraconstitucionais anteriores, ainda que vazadas em regras claras, límpidas, expressas, indiscutíveis. Eis, afinal, a única solução hermenêutica possível para a preservação da unidade do sistema, agora já não mais uma lição doutrinária de civilistas, mas segundo o diapasão do Supremo Tribunal Federal.

G.T.

O OCASO DA SUBSUNÇÃO[1]

Em recente e concorridíssima aula inaugural proferida na Faculdade de Direito da UERJ, o Ministro Eros Roberto Grau condenou, enfaticamente, a técnica da subsunção (*A Construção do Direito: da elaboração do texto à produção da norma,* 31.03.2008). Segundo afirmou o ilustre professor, "o Código Civil não é um conjunto de normas. É apenas um conjunto de possibilidades de normas, ele é um conjunto de textos normativos, ele é um ordenamento em potência, não é, ainda não é, norma. Só será norma depois da interpretação". Mais ainda: "O intérprete desvencilha o texto do seu invólucro", de tal modo que "A norma é o resultado da interpretação", e, por consequência, "não há distinção entre interpretação e aplicação do direito": "a interpretação do direito consiste em encontrar uma solução que só se opera na medida em que se realize a sua aplicação".

Tais afirmações, coerentes com toda a obra doutrinária do Professor e Ministro, justificam a crítica à subsunção manifestada na jurisprudência da Suprema Corte (ADI nº 3.689/PA, julg. 10.5.2007) e adquire especial relevo na discussão atual, em que juristas cultos e progressistas ainda insistem naquele expediente técnico silogístico, com graves riscos para a unidade axiológica a ser promovida na atividade hermenêutica. Não se trata de questão meramente terminológica. A subsunção parte de duas premissas equivocadas: (i) a separação do mundo abstrato das normas e o mundo real dos fatos, no qual aquelas devem incidir; (ii) a separação entre o momento da interpretação da norma abstrata (premissa maior) e o momento da aplicação ao suporte

[1] Editorial – *Revista Trimestral de Direito Civil – RTDC,* v. 34, abr./jun. 2008.

fático concreto (premissa menor). Como consequência, admite-se que, em tese e de antemão (em relação ao momento da incidência da norma), haveria valorações legítimas efetuadas pelo legislador, normas de conduta às quais deve se moldar, em abstrato, a sociedade.

Com tal raciocínio: (i) reduz-se a aplicação do direito (*rectius*, a atividade do magistrado) a procedimento mecânico, especialmente se a etapa anterior — interpretação — concluir que a regra é clara, subtraindo do intérprete o poder-dever de utilização dos princípios e valores constitucionais no exame de cada preceito normativo a ser aplicado (no vetusto brocardo latino, *in claris non fit interpretatio*); (ii) a norma infraconstitucional se torna a protagonista principal do processo interpretativo, mediadora entre os princípios — por vezes de pouca clareza analítica — e o suporte fático no qual incide. A tarefa do intérprete acaba sendo a de adequar o conteúdo principiológico extraído de determinado princípio à regra, que será considerada legítima desde que não viole, escancarada e acintosamente, o Texto constitucional, esgotadas todas as possibilidades hermenêuticas. Reduz-se, assim, de maneira drástica, a força normativa da Constituição ao conteúdo estabelecido pelo legislador. O princípio será aquilo que o legislador infraconstitucional entender sê-lo. E como, por exigência prática, quanto mais pedestre se situar a regra na pirâmide normativa, mais analítica e minuciosa será a sua dicção, os valores e princípios constitucionais, alardeados com pompa e circunstância aos quatro ventos, transformam-se em mero limite à atuação teratológica do legislador ordinário; ou, pior, espécie de ferramenta extraordinária a ser utilizada pelo intérprete quando, aleatória, autoritária e discricionariamente, decide que se trata de um *hard case*, na expressão alienígena, a justificar, ao contrário de todas as outras causas julgadas pelo mesmo magistrado, o abandono da subsunção e a adoção franca e direta dos princípios constitucionais.

Evita-se toda essa perversa trajetória, na esteira da lição do Ministro Eros Grau, superando-se a subsunção: se o ordenamento é unitário, moldado na tensão dialética da argamassa única dos fatos e das normas, cada regra deve ser interpretada e aplicada a um só tempo, refletindo o conjunto das normas em vigor. A norma do caso concreto é definida pelas circunstâncias fáticas na qual incide, sendo extraída do conjunto normativo em que se constitui o ordenamento como um todo. Daí a arguta advertência do professor Perlingieri (*La dottrina del diritto civile nella legalità costituzionale*, cuja tradução foi publicada nesta *RTDC*, v. 31, p. 75 e ss.), para o qual a releitura dos institutos de direito civil à luz da Constituição não deve significar que o objeto da interpretação seja a lei ordinária conformada ou ajustada à norma constitucional, mas que o objeto da interpretação são as disposições infraconstitucionais conjuntamente com as normas constitucionais.

Oxalá a cultura jurídica brasileira consiga desvencilhar-se da subsunção, para que a força normativa da Constituição, hoje já quase consensualmente admitida, possa se transformar em efetiva primazia do Texto Maior no cotidiano da atividade hermenêutica.

G.T.

ITINERÁRIO PARA UM IMPRESCINDÍVEL DEBATE METODOLÓGICO[1]

O aniversário dos 20 anos da Constituição da República suscita reflexão metodológica imprescindível, no sentido de se assegurar a indispensável unidade interpretativa que, a prescindir de reformas pontuais, torne efetivo o projeto constitucional. Tem-se assistido, contudo, a consenso superficial, cálido e, por isso mesmo, inquietante acerca das conquistas constitucionais. Visando deliberadamente provocar o debate, não parece ocioso oferecer dez propostas para a superação das concepções dogmáticas que, arraigadas à cultura jurídica pré-constitucional, constituem obstáculos à plena eficácia interpretativa das normas constitucionais nas relações jurídicas de direito privado:

1. O conceito de ordenamento implica, necessariamente, rejeição aos chamados microssistemas, que pressupõem a existência de centros de gravidade autônomos. Isto porque, para que possa ser designado, como tal, o ordenamento há de ser sistemático, orgânico, lógico, axiológico, prescritivo, ainda que composto por uma pluralidade de fontes normativas.

2. É equivocada a chamada civilização do direito constitucional, que pretende indicar a suposta influência do direito civil e de suas categorias na interpretação constitucional: são os valores constitucionais que devem impregnar cada categoria do direito infraconstitucional, de maneira unilateral, para que prevaleça a hierarquia axiológica impressa no Texto Maior, sob pena de se obstaculizar o projeto constitucional em

[1] Editorial – *Revista Trimestral de Direito Civil – RTDC*, v. 35, jul./set. 2008.

nome de soluções legislativas hauridas da práxis judiciária, da tradição histórica ou do próprio mercado, incompatíveis com o sistema.

3. Não se pode atribuir ao legislador infraconstitucional, mesmo quando codificador, a tarefa de estabelecer o sentido e o alcance dos princípios fundamentais do ordenamento, concretizando-os livremente, segundo valorações setoriais. Em outras palavras, as normas infraconstitucionais, pelo fato de conterem maior densidade analítica, não servem de tradutores dos valores constitucionais. Semelhante entendimento acabaria por subverter a ordem hierárquica do ordenamento, aplicando-se os princípios fundamentais à luz de regras infraconstitucionais, a autorizar, por vezes, o empalidecimento, senão o aniquilamento, das prioridades axiológicas estabelecidas constitucionalmente. Cuida-se de aplicar cada norma infraconstitucional juntamente com os princípios fundamentais, de tal maneira que estes definam o sentido daquela.

4. Não há espaços de não direito, isto é, não há espaço de subjetividade imune ao espectro de abrangência do projeto constitucional, uma vez que a liberdade não é um dado pré-jurídico. O entendimento contrário pressupõe a dualidade entre o fato social e a norma, contrapõe a liberdade à intervenção legislativa (reduzindo-se a direito à função repressora), de modo a autorizar, prioristicamente, certos comportamentos humanos, desresponsabilizando seus titulares. Ao contrário, as liberdades hão de ser exercidas plena e intensamente na ordem pública (de solidariedade e igualdade) constitucional.

5. Há de se superar a discussão acerca da aplicação direta ou indireta das normas constitucionais. Em um ordenamento unitário (como não pode deixar de ser), a norma constitucional deve prevalecer com ou sem regra específica, vez que a legislação ordinária apenas encontra legitimidade se conformada aos valores constitucionais, de modo que sua aplicação deve traduzir, sempre, a aplicação da própria Constituição.

6. Não há teorias setoriais de interpretação (interpretação constitucional, interpretação do direito penal, interpretação do direito administrativo, e assim por diante), porque isso faria supor que nem toda interpretação é constitucional. Como toda norma deve ser interpretada à luz dos valores constitucionais, com estes imbricando-se, há somente uma única teoria da interpretação, que se espraia por todos os campos do ordenamento.

7. É de se abandonar, definitivamente, a noção da subsunção, como técnica binária, baseada em etapas sucessivas e lógico-dedutivas, pela qual o intérprete primeiro qualifica para depois enquadrar

o suporte fático na norma. A norma jurídica é um *posterius* e não um *prius*, de tal modo que, do processo interpretativo, produz-se, a um só tempo, a norma interpretada e o fato qualificado. O sistema jurídico assim concebido faz convergir a atividade legislativa e interpretativa na aplicação do direito, que permanece aberto a todos os matizes norteadores da vida em sociedade. Daí a imprescindibilidade da fundamentação das decisões e da argumentação que as legitimam.

8. O reconhecimento do papel criativo dos magistrados, como decorrência das assertivas anteriores, não importa em decisionismo, ou voluntarismo judiciário. A própria noção de segurança jurídica há de ser reconstruída a partir do compromisso axiológico estabelecido pela Constituição da República, com a elaboração de dogmática sólida, capaz de enfrentar a complexidade dos novos fenômenos sociais e de suas mudanças. Nessa esteira, torna-se imperioso fortalecer e difundir a teoria da argumentação, associada à interpretação unitária do ordenamento, não já a valoração individual de cada juiz, a fim de legitimar o discurso jurídico e a decisão judicial.

9. A necessária funcionalização dos institutos de direito privado não serve de apoio a qualquer tendência comunitarista que vinculava, no passado, a iniciativa privada a interesses estatais ou institucionais supraindividuais. Ao revés, traduz o reconhecimento dos valores existenciais constitucionalmente estabelecidos, que privilegiam a pessoa humana e impõem deveres aos titulares de situações jurídicas patrimoniais. Desse modo, de acordo com a função que a situação jurídica desempenha, serão definidos os poderes atribuídos ao titular das situações jurídicas subjetivas. Os legítimos interesses individuais dos titulares da atividade econômica só merecerão tutela na medida em que interesses socialmente relevantes, posto que alheios à esfera individual, venham a ser igualmente tutelados. Vincula-se, assim, a proteção dos interesses privados ao atendimento de interesses sociais, a serem promovidos no âmbito da atividade econômica (socialização das situações jurídicas subjetivas).

10. Há de se separar a lógica proprietária da lógica da pessoa humana: o ter do ser. Tal promíscua superposição acaba por impedir a promoção dos valores existenciais, reduzindo-os aos paradigmas das relações patrimoniais, no âmbito das quais o conceito de direito subjetivo foi construído a partir da dualidade entre sujeito e objeto. Na categoria do ser, todavia, não existe semelhante bipartição, uma vez que a pessoa encerra, a um só tempo, o elemento subjetivo e objetivo da relação.

O Direito brasileiro atribui relevância especial às relações não patrimoniais, em razão da superioridade axiológica da dignidade da pessoa humana no texto constitucional, a exigir o reconhecimento de garantias e tutelas diferenciadas, traduzidas no plano da regulamentação.

G.T.

BEM DE FAMÍLIA E DIREITO À MORADIA NO SUPERIOR TRIBUNAL DE JUSTIÇA[1]

Na dicção da recente Súmula nº 364 do Superior Tribunal de Justiça, editada no último trimestre de 2008, "o conceito de impenhorabilidade de bem de família abrange também o imóvel pertencente a pessoas solteiras, separadas e viúvas". O enunciado unifica longa trajetória jurisprudencial e doutrinária de ampliação da antiga noção de bem de família, em favor da proteção do direito à moradia e da dignidade humana, a prescindir de modelos preestabelecidos de convivência familiar, tornando impenhorável, nessa esteira, também a residência do devedor que viva fora de qualquer contexto comunitário.

A ementa suscita reflexão auspiciosa sobre a cultura jurídica brasileira contemporânea, traduzindo, antes de mais nada, a consagração definitiva pelo Superior Tribunal de Justiça da aplicação dos direitos sociais e existenciais nas relações jurídicas de direito privado. Para além da discussão teórica quanto à aplicação direta ou indireta da norma constitucional, a Corte Especial, com base da Lei nº 8.009 de 1990, definiu como prioritária a proteção do direito à moradia e da dignidade do devedor, expandindo o conceito de bem de família, de modo a alcançar, em praticamente todas as hipóteses, o imóvel residencial, agora impenhorável para pagamento de dívida. O Projeto nº 740, que deu origem à nova Súmula, foi relatado pela Ministra Eliana Calmon e estendeu a proteção contra a penhora para imóveis de solteiros, viúvos ou descasados, destacando-se, entre os precedentes da Súmula nº 364, os Recursos Especiais nºs 139.012, 450.989, 57.606 e 159.851. No REsp

---

[1] Editorial – *Revista Trimestral de Direito Civil – RTDC*, v. 36, out./dez. 2008.

nº 450.989, o Relator, Ministro (hoje aposentado) Humberto Gomes de Barros, observa que a Lei nº 8.009 não visa apenas à proteção da entidade familiar, mas da pessoa humana, ou seja, do direito à moradia, dali a abranger quem reside sozinho no imóvel.

Por outro lado, com o enunciado, supera-se a falsa profecia, anunciada por vozes retrógradas não isoladas, de desmoronamento da autonomia privada e das relações patrimoniais por conta da tutela de valores existenciais, da dignidade humana e do direito à moradia. Vale dizer, uma vez construídos com seriedade e argumentação constitucionalmente legítima, os instrumentos de proteção existencial convivem com a livre iniciativa, delimitando o campo de atuação das relações contratuais sem que, com isso, sejam abaladas as garantias patrimoniais e o sistema de crédito.

Ainda na perspectiva metodológica, o Superior Tribunal de Justiça demonstra, mais uma vez, que a concretização das cláusulas gerais e dos princípios fundamentais, levada a cabo pela magistratura, não importa em voluntarismo do Judiciário e em violação da segurança jurídica, mas implica, provavelmente, alteração profunda no princípio da segurança, que se desgarra da técnica regulamentar e da subsunção, em favor, cada vez mais, da aplicação dos princípios e valores unificadores do sistema na atividade interpretativa, de sorte que a indispensável segurança jurídica advenha não a priori, da letra fria da lei, mas *a posteriori* do caso concreto, com a ampla utilização, pelo intérprete, da totalidade do ordenamento e, em especial, das normas constitucionais.

G.T.

PRESCRIÇÃO APLICÁVEL À RESPONSABILIDADE CONTRATUAL: CRÔNICA DE UMA ILEGALIDADE ANUNCIADA[1]

Segundo dispõe o art. 206, 53º, V, do Código Civil, prescreve em três anos "a pretensão de reparação civil": A linguagem utilizada pelo legislador não poderia ser mais clara na fixação de prazo geral de prescrição trienal para a reparação por perdas e danos no direito brasileiro. Trata-se de relevante inovação, que reduz o prazo vintênio do regime anterior em nome da segurança jurídica, na era da tecnologia das comunicações, em que perdem justificativa, para o exercício do direito de ação, os prazos longos do passado.

A despeito da clareza do dispositivo, logo surgiram vozes para o afã de ampliar o direito de ação, circunscrever o prazo trienal à responsabilidade extracontratual, adotando-se, em contrapartida, o prazo geral de dez anos, previsto no art. 205, para as hipóteses de responsabilidade contratual. Dois argumentos sustentam tal conclusão. O primeiro seria o modelo (supostamente) semelhante do direito italiano, em que o prazo quinquenal se destina apenas à responsabilidade extracontratual, enquanto a responsabilidade contratual se sujeita ao prazo geral de dez anos. Em seguida, afirma-se que não faria sentido o Código Civil estabelecer o prazo de cinco anos para a execução de obrigações contratuais (art. 206, §5º, inciso I) e admitir o prazo trienal para o inadimplemento destas mesmas obrigações oriundas de contrato.

---

1 Editorial – *Revista Trimestral de Direito Civil – RTDC*, v. 37, jan./mar. 2009.

Os argumentos, contudo, embora tenham seduzido parte da jurisprudência, não colhem. Em primeiro lugar, o Código Civil italiano, ao contrário do brasileiro, distingue textualmente as duas espécies de ressarcimento de dano para fins de prescrição, ao dispor, no art. 2.947. que "o direito ao ressarcimento de dano derivado do fato ilícito (art. 2.043 e ss.) prescreve em cinco anos do dia em que o fato se verificou": *"Il diritto al risarcimento del danno derivante da fatto illecito (2043 e seguenti) si prescrive in cinque anni dal giorno in cui il il fatto si è verificato"*. Ou seja, o Código Civil italiano, coerente com seu tempo, já que promulgado em 1942, refere-se, no que tange ao prazo prescricional acima transcrito, a falo ilícito — expressão que designa, notadamente na doutrina italiana, o ilícito extracontratual — e remete, de modo textual, aos art. 2.043 e ss., dedicados pelo codificador italiano à responsabilidade extracontratual.

Além disso, como se sabe, o Código Civil de 2002 da especial ênfase à execução específica das obrigações, sendo inteiramente coerente com o sistema atribuir-se o prazo quinquenal para o seu cumprimento, quando ainda há interesse útil do credor; e reservando-se o prazo trienal para o credor que, uma vez frustrada a possibilidade de cumprimento específico (por perda da utilidade da prestação em decorrência do comportamento moroso do devedor), se encontra apto a promover, imediatamente, a ação de ressarcimento de danos.

Enquanto há interesse útil na prestação, há ainda, de ordinário, diálogo entre os interessados e o prazo trienal nem sempre é suficiente para ajustar a complexa gama de interesses colidentes no âmbito da qual, com frequência, purga-se a mora, acomodam-se as desavenças, cumpre-se afinal a prestação. O legislador prestigia e incentiva, por diversos expedientes, o adimplemento ainda plausível. Daí o prazo quinquenal nessa hipótese. Uma vez, contudo, caracterizado o inadimplemento, não interessa ao sistema e à segurança jurídica postergar a desavença. Nada justifica a delonga. Impõe-se ao credor, como dispõe o art. 206, ajuizar, em três anos, a ação de danos. O prazo decenal, nesse caso, seria nocivo porque permitiria que o ajuizamento da ação, como se dava inúmeras vezes sob a égide do regime vintênio do código de 1916, ocorresse quando as provas já não mais estivessem preservadas. Nesse aspecto, o prazo trienal associado à contemporânea técnica processual da repartição dinâmica do ônus probatório mostra-se convergente e harmônico para a promoção do direito de ação.

O sistema se completa com a previsão de cinco anos, insculpida no CDC, para a ação de reparação de danos nos acidentes de consumo.

É natural que o consumidor disponha de prazo prescricional mais amplo do que a vítima de danos do Código Civil. A codificação, nesse particular, corrigiu a anomalia surgida após a promulgação do Código de Defesa do Consumidor, em que o prazo quinquenal ali previsto, em homenagem à vulnerabilidade da vítima do acidente de consumo, destoava do prazo prescricional vintênio do Código Civil, a desafiar o princípio constitucional da igualdade. Tal descompasso, atribuível a significativa diferença de idade entre as duas leis, seria corrigido em 2002, não fosse o verdadeiro malabarismo interpretativo em voga, sempre incentivado pela natural criatividade (ou desespero) entremeada à perda de prazos prescricionais.

O que mais preocupa, na discussão em pauta, não é a divergência em si considerada, mas o motor que a alimenta: o suposto matiz progressista que tem sido associado à extensão de prazos prescricionais. Como se prazos longos traduzissem a ampliação de direito de ação e, em consequência, a extensão do ressarcimento e, em última análise, a maior proteção das vítimas dos danos, o que estaria em sintonia com a contemporânea visão evolutiva da responsabilidade civil. Maior prazo prescricional levaria a mais justiça, enquanto a ocorrência de prazo prescricional, imposta pelo princípio da segurança, consagraria uma certa dose de injustiça.

Tal perspectiva é equivocada e já levou à admissão de prazo vintênio (do CC 1916) para a ação promovida por vítima de acidente de consumo, em detrimento do prazo quinquenal indiscutível do CDC. A rigor, a perda de prazo prescricional, embora angustiante para o titular de certo direito, decorre da omissão do interessado ao longo do tempo, e sua ocorrência, indispensável à pacificação dos conflitos, associa-se a uma série de outros institutos estabelecidos pelo legislador para a garantia do direito de defesa, bem como ao arrefecimento progressivo da possibilidade de coleta de provas por parte do réu. Assim sendo, a opção do codificador civil pelo prazo trienal não se mostra aleatória, mas tem em conta, além da aludida coerência com o CDC (que estipula prazo de cinco anos), a objetivação de inúmeras hipóteses de responsabilidade civil e a velocidade dos meios de comunicação — que atua tanto na produção quanto na dissipação das provas. No contrato, assim como na responsabilidade civil objetiva, a prova (que exclui a responsabilidade pelo inadimplemento) há de ser feita pelo réu. Basta imaginar, por exemplo, a responsabilidade objetiva do patrão por ato danoso do preposto; ou do dono de animal por dano por este praticado; tais hipóteses não diferem, em termos práticos, da responsabilidade contratual pelo dano decorrente do cumprimento defeituoso da prestação. Seria razoável imaginar que o réu pudesse colher a prova indispensável para excluir sua responsabilidade nove anos após o evento danoso? A resposta negativa se impõe, justificando-se, assim, a opção do prazo trienal do codificador civil, cuja aplicação indistinta às responsabilidades contratual e extracontratual mostra-se consentânea com o princípio da isonomia.

A perda de prazo prescricional, embora dolorosa, é menos danosa do que a quebra do sistema, propiciada por inconsistente ideologia de ampliação da reparação dos danos. Os prazos prescricionais associam-se ao conjunto de mecanismos oferecidos à ação de reparação de danos. Contornar a previsão legal, ou selecionar do sistema alguns dispositivos (que melhor atendam ao autor da ação) em detrimento de outros, ameaça a segurança jurídica, a igualdade constitucional e prejudica, em última análise, a própria vítima de danos, sem saber, ao certo, de qual prazo afinal dispõe para o ajuizamento da ação indenizatória.

Há quem diga que os grandes eventos danosos decorrem, invariavelmente, de muitas pequenas concausas. Na teoria da interpretação dá-se o mesmo com a maturação de equívocos hermenêuticos. É preciso resistir a este conjunto de interesses que convergem para a consagração deste equívoco anunciado, que viola preceito expresso do Código Civil e o princípio constitucional da igualdade; e que, se mantido, poderá quebrar o sistema e sua lógica, tornando mais penosa, custosa e incerta a ação de responsabilidade civil.

G.T.

PERIGOS DA DESCONSIDERAÇÃO IMPRUDENTE DA PERSONALIDADE JURÍDICA[1]

Nos últimos vinte anos, como forma de resgatar a prática jurídica e seus protagonistas do incômodo estigma do conservadorismo, a palavra de ordem tem sido efetividade. Muitas conquistas foram obtidas, na esteira das potencialidades hermenêuticas oferecidas pela Constituição de 1988. No panorama da doutrina e jurisprudência brasileiras, embora subsistam redutos misoneístas, o Direito se renovou e assumiu papel destacado como agente de justiça social. É notável a judicialização de conflitos e, em cotejo com o passado, mostra-se formidável a confiança despertada pela atuação do Poder Judiciário. Nos dias de hoje, de fato, o papel da magistratura tem sido decisivo para distribuição mais equânime da justiça social. Isso ocorre especialmente em matérias sensíveis atinentes à família, à posse, à responsabilidade civil, às relações laborais e às relações de consumo.

Entretanto, o controle jurisdicional só encontra legitimidade se exercido nos limites estabelecidos pela própria sociedade democrática, na unidade do ordenamento que, a partir da Constituição da República, assegura direitos e garantias individuais para a atividade econômica, o proprietário, o fornecedor de serviços, o contratante. Por esse motivo, mostra se inquietante a tendência, verificada em alguns setores da magistratura, a considerar necessariamente retrógrada e nociva à sociedade as teses de defesa as pretensões de ressarcimento. O dever de reparar surge, assim, como um valor em si mesmo, custe

[1] Editorial – *Revista Trimestral de Direito Civil – RTDC*, v. 38, abr./jun. 2009.

a quem custar, ainda que despido dos pressupostos legais para a sua configuração. E nesse roldão desconsidera-se de maneira insolente e sem qualquer critério técnico a personalidade jurídica, sob a bandeira da ampliação do ressarcimento.

Assiste-se, com efeito, em alguns setores da magistratura, à generalização desmedida da desconsideração da personalidade jurídica, fazendo-se tabula rasa da autonomia patrimonial da pessoa jurídica. Esta seria, a julgar por certos julgados, um entrave formal e de somenos contra a justiça substancial. Em consequência, os limites da responsabilidade patrimonial das empresas, estipulados por lei e em contratos sociais, são desprezados, bastando que o autor seja considerado menos poderoso do que o réu.

O raciocínio é pueril, propiciando vitórias individuais que, examinadas como um todo, ameaçam o sistema e a segurança das relações jurídicas de direito privado. Afinal, a banalização da desconsideração da pessoa jurídica, autorizada, nos termos do art. 50 do CC, para situações excepcionais e condicionada a requisitos legais bem precisos, ou seja, o abuso da personalidade ou a fraude, prejudica todos aqueles que, como o consumidor e os trabalhadores, dependem da eficiência e da estabilidade da atividade econômica privada, cuja saúde anda lado a lado com a solidez do mercado de trabalho e com a aquisição de produtos e serviços em boas condições de qualidade e preço.

No âmbito do direito do trabalho, basta que a empresa empregadora se torne insolvente para que sócios e ex-sócios sejam chamados a responder, muitas vezes sem o contraditório e a ampla defesa. Já se afirmou, na instância máxima do Judiciário Trabalhista, que sendo a sociedade "mera construção jurídica que se materializa na figura dos sócios", é de se presumir que, "se a Reclamada foi regularmente citada na fase de conhecimento, os sócios foram plenamente cientificados da existência de demanda em face da pessoa jurídica, que é mera ficção legal" (AIRR, Proc. Nº 2004/2005-071-02-40, 6ª Turma do TST). Em face de tão teratológico raciocínio, pelo qual o sócio não administrador, independentemente de qualquer abuso ou irregularidade, vê-se diante da penhora *online* de sua conta bancária sem que sequer tenha sido citado, valeria indagar se tal solução pode ser considerada, de qualquer ponto de vista, progressista. E se não seria hora de uma reflexão profunda sobre a execução na Justiça do Trabalho.

Mas a Justiça comum não se mostra indene a mesma onda. No caso de relações ditas paritárias, os tribunais estaduais têm considerado, reiteradas vezes, que se a empresa ré, tornada insolente, integra grupo econômico patrimonialmente sólido, presume se abuso de direito *tout court*, autorizando-se a desconsideração da personalidade jurídica. Contra tal posição, vozes se levantam nos Judiciários Estaduais, e o Superior Tribunal de Justiça mantém-se fiel ao entendimento de que o fato de integrar grupo econômico não retira a autonomia patrimonial de cada pessoa jurídica, afastando-se a teoria da desconsideração se não restar demostrada a presença dos requisitos legais para a sua aplicação (STJ, 2ª Turma, REsp nº 28.168/SP, julg. 14.06.1995).

Não seria, aqui, a sede adequada para enfrentar os pressupostos e requisitos de aplicação da teoria da desconsideração. Arma poderosíssima para a efetividade indenizatória quando o abuso da personalidade jurídica ou a fraude são identificados na administração societária, a desconsideração deve ser alvo de homenagens sempre que utilizada com cautela e discernimento. Trata-se de formidável conquista do direito civil para que os bens do administrador inescrupuloso possam responder pelos atos por ele praticados sob o escudo matreiro e hipócrita da pessoa jurídica. A utilização desse instrumento, contudo, de maneira apaixonada, sem os requisitos legais para sua adoção, torna-se uma de violação da atividade econômica privada, a incentivar a formulação de sofisticados mecanismos societários que, à guisa de blindarem os sócios, acabam por dificultar o controle social e abrir caminho para fraudes de difícil reparação.

G.T.

A RENOVAÇÃO DA DOGMÁTICA E O FETICHE DO CÓDIGO CIVIL[1]

Somam-se aos críticos da constitucionalização do direito civil vozes que, com olímpica indiferença aos trabalhos doutrinários dedicados ao tema, limitam-se a reivindicar uma dogmática genuína do Código Civil. Para tais autores, a invocação do Texto Constitucional pelos civilistas só se justifica para suprir momentâneas defasagens da legislação, de modo que a codificação de 2002 permitiu que se recuperasse a função de centralidade própria do Código Civil, associada à sua maior estabilidade e menor vulnerabilidade às alterações provocadas pelo processo econômico.

Atribui-se, nessa esteira, aos fautores da legalidade civil-constitucional a apologia de uma interpretação que torna dispensáveis as normas do Código Civil, tratadas como ferramentas a serviço de valores constitucionais, o que se constituiria em verdadeira heresia hermenêutica. Diante do novo Código, e desde que este não contrarie frontalmente a Constituição, seria chegada a hora de se restaurar a dogmática do Código Civil, apregoando-se a chamada "civilização do direito constitucional" e sugerindo-se, para tanto, uma atenta e permanente modernização do Código, para assegurar sua posição de preeminente liderança na interpretação do direito privado.

Tais críticas pressupõem, em primeiro lugar, que a estabilidade do direito se vincula à adoção de categorias anistóricas, imunes ao tempo e ao espaço. É que não se mostraria possível cogitar-se de uma dogmática séria e legítima do direito civil que não se circunscrevesse

[1] Editorial – *Revista Trimestral de Direito Civil – RTDC*, v. 39, jul./set. 2009.

essencialmente ao Código. Ambas as premissas são falsas e, por isso mesmo, inquietantes. É conquista irreversível do direito contemporâneo a relatividade e a historicidade dos conceitos. Daqui a convicção de que só se pode cogitar de estabilidade da cultura jurídica se associada à contextualização de seus instrumentos de atuação. Nessa esteira, a harmonização das fontes normativas a partir da precedência hierárquica da Constituição afigura-se único método capaz de garantir estabilidade ao direito, como ordenamento unitário de uma sociedade multifacetada e em contínua mutação.

Além disso, a recusa de uma dogmática do direito civil centralizada pelo Código decorre não já de preferências acadêmicas, senão das características imanentes à sociedade pluralista, que não tem mais no Código Civil — independentemente de suas qualidades técnicas ou estéticas — o anteparo irrestrito e insuscetível de controle interpretativo para a atuação da autonomia privada.

Por isso, do ponto de vista hermenêutico, e profundo equívoco falar-se em "civilização do direito constitucional", sendo certo que somente o constituinte pode estabelecer as bases valorativas e principiológicas que servem de guia para os demais núcleos legislativos. No âmbito da legislação infraconstitucional, não se discute a formidável riqueza das soluções técnicas engendradas nos Códigos Civis, como é próprio da mais encantadora e grave das disciplinas — o direito civil. Mas uma nova dogmática só poderá ser construída a partir do abandono do fetiche do Código Civil: a pluralidade de fontes normativas há de ser compatibilizada mediante o papel catalisador da Constituição da República.

Com isso, abre-se mão do caminho fácil e simplificador do dogmatismo codificado, em favor de uma renovada dogmática, que leva em conta a totalidade do fenômeno jurídico como identidade cultural. E ao invés de se apequenar, agiganta-se o direito civil, revigorando-se suas estruturas seculares na promoção da autonomia privada, a qual, apartando, por conta do Texto Maior, as relações existenciais das relações patrimoniais, exige aplicação criteriosa de cada uma das normas do Código Civil à luz (e sob o amálgama) dos valores e princípios constitucionais.

G.T.

VINHOS NOVOS PARA ODRES NOVOS: TRIBUTO A ANTONIO JUNQUEIRA DE AZEVEDO[1]

Em 10 de novembro de 2009 faleceu em São Paulo, aos 70 anos, o Professor Antonio Junqueira de Azevedo, Titular e ex-Diretor da Faculdade de Direito da USP, Membro do Conselho Editorial desta *Revista Trimestral de Direito Civil*, que foi o entrevistado, na seção "Diálogos com a Doutrina" do volume 34.

A perda é irreparável, não só para o direito civil brasileiro, que, com o seu passamento, decresce em elegância, cultura e humanismo, como para todas as gerações de professores, advogados, alunos, leitores e admiradores, que tinham como referência constante seus admiráveis pareceres, conferências, discussões e deliciosas conversas sobre os mais variados temas que pudessem interessar ao seu interlocutor. Quatro lições, dentre tantas, merecem destaque no vasto legado de Antonio Junqueira de Azevedo.

(i) Em primeiro lugar, sua incansável disposição para o debate com as novas gerações, implacável nas críticas, mas extremamente generoso, no sentido de não excluir de seus escritos e de seu poderoso território acadêmico os que dele divergiam. O direito civil constitucional deve muito ao professor Antonio Junqueira pelas críticas desenvolvidas, em seus cursos de pós-graduação, aquela por ele chamada de Escola Carioca de Direito.

(ii) A renovação doutrinária que conseguiu realizar, com

[1] Editorial – *Revista Trimestral de Direito Civil – RTDC*, v. 40, out./dez. 2009.

criatividade, estilo inconfundível e sólido substrato teórico, na teoria dos contratos, a partir de suas teses sobre Negócio Jurídico, e nos campos da autonomia privada e da responsabilidade civil.

(iii) A rara conjugação, especialmente no tradicional ambiente cultural de sua formação universitária, da preocupação dogmática com a absorção dos institutos e marcos teóricos do direito contemporâneo. Nenhum dos novos temas, incluindo a defesa dos animais, lhe passou despercebido, tendo sido o professor Junqueira formulador e difusor pioneiro, dentre os civilistas brasileiros, das categorias e técnicas trazidas pelo Código de Defesa do Consumidor, nos anos 1990, especialmente no que tange à introdução das cláusulas gerais, como a boa-fé objetiva, nas relações de direito privado em geral. Sua doutrina abriu caminho ao que se designaria como a força expansiva das normas do Código de Defesa do Consumidor. Seus últimos livros de pareceres, ensaios e conferências ressaltam este viés extraordinariamente inovador de sua obra.

(iv) A dedicação absoluta e irrestrita à faculdade de Direito da USP, para a qual devotou, ao longo da vida, toda a sua energia, seja no Departamento de Direito Civil, ou na Diretoria do Largo de São Francisco, na Congregação da Faculdade, no Conselho Universitário ou no vigor de um jovem, a desenhar a grade curricular e a promover concursos públicos para o quadro docente, a despeito de sua saúde já comprometida, animadíssimo com o papel a ser desempenhado pela Universidade no interior do Estado de São Paulo. Esta atitude tem particular importância em tempos tão individualistas.

Essas lições influenciam não só os seus discípulos como todos aqueles que participam do debate acadêmico e universitário, mesmo no caso de estudiosos de gerações e matizes distantes. Recentemente, no VII Encontro entre grupos de pesquisas de Direito Civil das Faculdades de Direito da UFPR, sob a liderança do professor Luiz Edson Fachin e da UERJ, no Rio de Janeiro, a tônica das discussões foi a necessidade de problematizar o ensino do direito privado, na busca de coerência sistemática compatível com a reconstrução dogmática exigida pela ordem jurídica contemporânea. A reflexão fez lembrar a crítica aguda do professor Junqueira ao misoneísmo pelo qual, tantas vezes, se pretende utilizar novas categorias com as ferramentas teóricas obsoletas.

Ao invocar trecho do Evangelho de sua predileção (Marcos 2:21-22), deixa o professor Antonio Junqueira aconselhamento precioso para o futuro do direito civil brasileiro: "Ninguém costura remendo de pano novo em veste velha; porque o remendo novo tira parte da veste velha, e fica maior a rotura. Ninguém põe vinho novo em odres velhos; do contrário, o vinho romperá os odres; e tanto se perde o vinho como os odres. Mas põe-se vinho novo em odres novos".

G.T.

NOVOS DESAFIOS DA ARBITRAGEM NO BRASIL[1]

O Rio de Janeiro, de 23 a 26 de maio de 2010, tornou-se a capital mundial da arbitragem, sediando o congresso da ICA (*International Council for Commercial Arbitration*), com quase 1.000 inscritos, provindos dos principais escritórios de advocacia de todos os continentes. A organização impecável otimizou as atividades e o intenso intercâmbio profissional, dali despontando o processo arbitral como a principal tendência para a solução de conflitos de grandes proporções no direito privado.

Na experiência brasileira, a arbitragem consolidou-se em tempos recentes, somente após a conclusão do julgamento do Supremo Tribunal Federal, no final de 2001, quanto à constitucionalidade da Lei nº 9.307/96. Por esse motivo, vivemos ainda período de incertezas, em que a velha prática do contencioso exerce significativa influência na dinâmica procedimental. Na arbitragem, o processo há de ser mais enxuto, com petições e depoimentos objetivos e menos repetitivos. Em contrapartida, por não caber recurso, o inconformismo de quem é derrotado, à mingua dos apelos próprios da justiça estatal, acaba se voltando para a insistente tentativa de impugnação judicial das sentenças arbitrais. Neste particular, felizmente, a atuação firme do Judiciário, rechaçando expedientes procrastinatórios ilegítimos, tem-se mostrado fundamental para a preservação da confiabilidade da arbitragem.

Vive-se nesse particular momento crucial. Sofistica-se, com o número crescente e o valor das arbitragens, a alegação de que a sentença

[1] Editorial – *Revista Trimestral de Direito Civil – RTDC*, v. 41, jan./mar. 2010.

arbitral desfavorável infringe a ordem pública interna, por suposta violação, por exemplo, por parte do Tribunal Arbitral, de lei imperativa aplicável ao procedimento; ou por equivocada valoração das provas por parte dos árbitros, em desrespeito ao contraditório e à igualdade processual; ou ainda por aparente imparcialidade dos julgadores, tudo a suscitar a anulação da sentença arbitral, nos termos do art. 32, VIII, da Lei nº 9.307/96, combinado com o art. 21, §2º, cuja linguagem é peremptória: "serão, sempre, respeitados no procedimento arbitral os princípios do contraditório, da igualdade das partes, da imparcialidade do árbitro e de seu livre convencimento".

A larga abrangência do dispositivo legal, com o louvável intuito de proteger o direito de defesa, exige que o Judiciário se mostre prudentíssimo, sob pena de tornar admissível o boa-fé nos procedimentos. A cultura da lealdade, da ética e da transparência — dos árbitros, das cortes arbitrais, dos advogados e das partes —, mais do que ameaças de nulidades e atitudes repressivas, é o que poderá assegurar a credibilidade e o amadurecimento das arbitragens na vida jurídica brasileira. Tal meta, se alcançada, produzirá frutos que extrapolam a solução alternativa de conflitos, influenciando, positivamente, o comportamento das partes e dos advogados de um modo geral, em influxo verdadeiramente civilizador da prática forense.

G.T.

CIRCULAÇÃO DE DADOS PESSOAIS: NOVOS CONTORNOS DA PRIVACIDADE[1]

Durante os dias 11 e 12 de agosto, realizou-se na cidade do Rio de Janeiro o *Seminário Internacional Desafios e Perspectivas para a Proteção de Dados Pessoais*, o qual contou com a participação de renomados juristas de vários países. O evento, que resultou de iniciativa conjunta do Ministério da Justiça e da Faculdade de Direito da Universidade do Estado do Rio de Janeiro e contou com o apoio do Conselho Nacional de Desenvolvimento Científico e Tecnológico (CNPq), debateu os principais rumos da proteção de dados pessoais no Brasil.

A temática é atualíssima e encontra-se na agenda mundial, especialmente diante dos avanços tecnológicos que ameaçam a intimidade e a privacidade da pessoa humana. O problema se torna a cada dia mais agudo. A mídia brasileira dá notícia de que dados de natureza privada são livremente comercializados: vendem-se, no comércio popular, endereços, números de telefones residenciais e celulares, números de RG e CPF, placas e dados de automóveis, faixas etárias e dados bancários de pensionistas e aposentados do INSS.

Chega-se assim ao ápice da banalização da circulação de dados pessoais, oferecidos escancaradamente a fornecedores de serviços e produtos interessados em conhecer características, hábitos, faixas de renda e as preferências de consumo de quem quer que seja. Daí a urgência em se disciplinar a utilização dos dados pessoais no Brasil, onde o eloquente silêncio normativo contribui para graves violações da privacidade.

---

1 Editorial – *Revista Trimestral de Direito Civil – RTDC*, v. 42, abr./jun. 2010.

Em linhas gerais, pode-se dizer que, na experiência alienígena, dois modelos disputam o tratamento dos dados pessoais. No sistema norte-americano, a questão encontra disciplina difusa e casuística. As empresas se apropriam dos dados que lhe são fornecidos pelos particulares, deles podendo livremente dispor.

O modelo europeu, em contrapartida, regula de forma ampla e detalhada a proteção dos dados pessoais, considerando-se que "os sistemas de tratamento de dados estão ao serviço do Homem". A Diretiva que disciplina a questão (95/46/CE), ao lado da Diretiva 2002/58/CE, a qual estabelece regras acerca da privacidade e comunicações eletrônicas, sistematiza princípios que foram assimilados pela legislação interna dos países membros. Fixa-se, assim, padrão mínimo de proteção à divulgação dos dados, embora preservando a circulação dessas informações, consideradas cruciais para o desenvolvimento do mercado comum europeu.

No Brasil, há alentador prenúncio de mudança. O Ministério da Justiça anunciou, no âmbito do *Seminário Internacional Desafios e Perspectivas para a Proteção de Dados Pessoais*, que, em breve, submeterá à Consulta Pública projeto de lei sobre o tratamento de dados pessoais e sua proteção. Por meio dessa nova norma, pretende-se regular a utilização dos dados fornecidos pelos indivíduos, de modo a evitar sua propagação indevida pelos agentes econômicos, antevendo-se a criação de agência reguladora especifica para lidar com essas questões.

Augura-se a promulgação de lei abrangente e capaz de responder de forma satisfatória aos desafios trazidos pelas diversas tecnologias de transmissão de dados pessoais. A intervenção legislativa mostra-se também fundamental para a deflagração de diversas iniciativas governamentais, como o novo registro de Identidade Civil (RIC) e os projetos de lei do Marco Civil da Internet e do Acesso à Informação Pública. A proteção dos dados pessoais coloca-se, na atualidade, como aspecto fundamental da liberdade em sua nova face — a liberdade informática, na feliz expressão de Vittorio Frosini.

A privacidade não mais se limita ao *right to be let alone* forjado no final do séc. XIX por Warren e Brandeis, mas traduz, conforme argutamente afirmou o professor Stefano Rodotà, "o direito de manter o controle sobre suas próprias informações". Abandona-se a perspectiva estática em favor da compreensão dinâmica da privacidade. Tais questões demandam a previsão de instrumentos específicos de controle que se afastem da lógica patrimonialista do direito civil clássico.

O desenvolvimento eletrônico das relações humanas — hoje considerada realidade irreversível — torna inafastável o fornecimento de informações pessoais. A ausência de instrumentos para disciplinar o uso e a integridade dos dados de cada pessoa, sobretudo aqueles considerados sensíveis, impede o pleno exercício da liberdade, diante do papel predominante da informação para as escolhas individuais. Uma lei geral de proteção de dados pessoais que leve em conta os diversos valores existenciais alcançados pela circulação das informações, prevendo ferramentas específicas de controle, afigura-se indispensável para garantir — e fomentar — essa nova face da privacidade.

G.T.

EVOLUÇÃO TECNOLÓGICA, NOVOS BENS JURÍDICOS E O LIVRO DIGITAL[1]

O acesso a arquivos virtuais mediante festejados aparelhos eletrônicos multifuncionais de alta mobilidade — os tablets — anunciam uma nova era: a era do livro eletrônico. Chega-se mesmo a dizer que o livro impresso desaparecerá, substituído por arquivos digitais. Dados fornecidos pela *Association of American Publishers* dão conta que, no período de janeiro a agosto de 2010, as vendas de livros eletrônicos no mercado interno norte-americano subiram quase 200% (de 89,8 para 263 milhões de dólares); e significaram quase 10% das vendas de livros ao consumidor. Já a Amazon anunciou vender mais livros para a plataforma Kindle do que livros de capa dura.

A temática demonstra a lancinante atualidade da teoria dos bens na sociedade tecnológica. Afinal, a noção de bem jurídico mostra-se relativa e mutável, consoante o contexto socioeconômico e a relação jurídica na qual se insere, com o objetivo de atender aos interesses e utilidades econômicas pretendidas pelos sujeitos que dele usufruem. São a finalidade e a função desempenhada por tais bens que determinam as normas que irão reger seu aproveitamento econômico. Em outras palavras, para cada bem com sua específica destinação, finalidade e função, o ordenamento reserva regime jurídico que o singulariza.

A função precípua do livro é assegurar os princípios constitucionais da liberdade de expressão e de pensamento (art. 5º, incisos IV, IX, XIV, e art. 220, CR), servindo ainda à difusão da cultura e à transmissão do conhecimento. Sua proteção constitucional veda, portanto,

[1] Editorial – *Revista Trimestral de Direito Civil – RTDC*, v. 43, jul./set. 2010.

qualquer empecilho, direto ou indireto, à livre circulação de ideias. No caso do Poder Público, a imunidade tributária prevista no art. 150, VI, *d*, da Constituição afasta qualquer vezo autoritário que pudesse, mediante tributação injusta, dificultar a liberdade de expressão.

Por isso mesmo, a interpretação das normas jurídicas deve procurar contornar o envelhecimento precoce da linguagem legislativa. Normas recentes tornam-se, ao menos em sua literalidade, ultrapassadas. A Lei do livro — Lei nº 10.753/2003 — promulgada há menos de uma década, conceitua-o no art. 2º como "a publicação de textos escritos em fichas ou folhas, não periódica, grampeada, colada ou costurada, em volume cartonado, encadernado ou em brochura, em capas avulsas, em qualquer formato e acabamento".

Para melhor promover os mencionados valores constitucionais, o legislador, quando da promulgação da Lei, equiparou ao livro outras figuras, enumerando-as no parágrafo único do art. 2º, a relativizar o conceito tradicional adotado pelo texto legal. Qualifica-se, assim, como livro o bem que, expressão de criação intelectual, exerça a função de propagação da cultura, da informação e das liberdades de expressão e de pensamento, independentemente da forma de exteriorização. Não há, portanto, conceito apriorístico e imutável de livro. A noção é dinâmica e finalística, compatível com o atual cenário social, no qual se verifica rápido avanço tecnológico, tendo em conta a finalidade e a função exercida pelo bem jurídico, não já sua forma de exteriorização.

Nos dias que passam, o livro digital exerce as mesmas finalidade e função do livro impresso. As distinções entre essas figuras verificam-se apenas externamente, quanto à sua apresentação: enquanto o livro digital é eletrônico, imaterial e intangível, o livro impresso revela-se por meio de papel, fisicamente existente e palpável.

De outra parte, o livro digital não se confunde com os insumos a partir dos quais se fabrica o livro (tinta, máquinas e equipamentos mecânicos destinados à impressão de livros, componentes eletrônicos para a produção do livro etc.), tampouco se corporifica em CD ou outro meio material de acesso a seu conteúdo, cuidando-se de bem incorpóreo autônomo.

Dito de outro modo, traduz a versão eletrônica do livro impresso, de sorte que se transfere o conteúdo (de livros, revistas e jornais) para meio digital (suporte intangível ou imaterial) por meio de *download* ou outra tecnologia de transferência, mediante a concessão de licença de uso privado, sem direito de reprodução ou qualquer outra forma de exploração, comercial ou não, alteração ou criação de obras derivadas.

Em meio aos avanços tecnológicos, o bem jurídico livro, tradicionalmente impresso em papel, torna-se intangível, traduzido no *e-book*, ou livro digital. A despeito de reações misoneístas, o fato é que o livro, em si, como obra intelectual, em nada mudou, desempenhando a mesma função de exprimir pensamentos e ideias. Altera-se somente o seu veículo.

Daí ser imprescindível tratar o livro digital como livro que é, para todos os efeitos, a começar pela imunidade tributária de que trata o art. 150, VI, *d*, da Constituição da República. E não por equiparação ou extensão analógica, mas pelo fato de se cuidar de livro, *tour court*. O livro é morto? Viva o livro!

G.T.

CARTA DE CURITIBA E OS NOVOS DESAFIOS DO DIREITO CIVIL[1]

Ao final do mês de setembro de 2010, ocorreu em Curitiba a oitava edição da Reunião dos Grupos de Pesquisa em Direito Civil dos Programas de Pós-Graduação das Faculdades de Direito da UFPR e da UERJ. O evento contou com a presença de docentes, graduandos e pós-graduandos, congregados na reflexão sobre a agenda de problemas relacionados à interpretação, ao ensino e à dogmática do direito civil contemporâneo. Resultado de planejamento e pesquisa coletivos e de mais de 10 anos de atividade, com o imprescindível apoio da CAPES, por meio do Programa Nacional de Cooperação Acadêmica (Procad), o VIII Encontro UFPR-UER/ dos Núcleos de Pesquisa em Direito Civil divulgou documento tradicionalmente apresentado à comunidade jurídica no encerramento dos encontros — a Carta de Curitiba —, cujas proposições merecem destaque no panorama de renovação metodológica do direito civil brasileiro:

1ª. O avanço histórico da modernidade necessita de reflexão crítica, por isso emerge a impossibilidade de se exercer o direito de propriedade contemporaneamente à luz de vetusta racionalidade proprietária. Assim apresenta-se o debate que leva em conta os limites e as possibilidades da propriedade fiduciária, bem como da propriedade intelectual que clamam por uma hermenêutica contemporânea dos princípios constitucionais;

2ª. A laicidade envolve o exercício da religião na esfera pública, porém sem que interfira diretamente no Direito e nas decisões

[1] Editorial – *Revista Trimestral de Direito Civil – RTDC*, v. 44, out./dez. 2010.

estatais. Por isso, "a entrada laica da religião" nas relações familiares faz com que os discursos religiosos possam disputar espaço em pé de igualdade com os demais discursos éticos e, no âmbito do direito de família, a demanda volta-se para a liberdade do indivíduo na decisão dos modos de constituição da família;

3ª. A extensão universitária é atividade comunicativa, vale dizer, situação relacional que promove aprendizado constante, dali a necessidade de compreensão da extensão universitária para pensá-la e sobretudo praticá-la como forma de aproximar o ensino jurídico das questões sociais;

4ª. A privacidade desloca-se da perspectiva exclusivamente individualista do direito de estar só e se constitui, em dimensão mais ampla, no governo das informações pessoais, aí se incluindo especialmente a proteção de dados sensíveis, a suscitar reflexão acerca das ideias de sigilo e de controle. Isso significa, portanto, incluir no debate sobre a privacidade também a questão do direito à saúde, relacionada à possibilidade de conhecimento e divulgação de dados biológicos.

5ª. Torna-se possível e necessário o diálogo metodológico e de conteúdo entre as diversas formas de expressão do direito e, por consequência, nas distintas racionalidades que compõem os contratos típicos e atípicos, nominados ou inominados, com vistas à harmonização das fontes normativas na complexidade e unidade do ordenamento.

6ª. Necessário se faz refletir sobre as dimensões metodológicas e axiológicas da constitucionalização do Direito Civil, de modo a assegurar a unicidade do ordenamento, a supremacia da Constituição e a construção de critérios que permitam aferir o substrato axiológico dos princípios constitucionais, visando à sua efetividade. Na relação entre os diversos titulares de liberdades no âmbito das associações e comunidades intermediárias, deve existir espaço apto a proporcionar relevantes intersecções entre direitos fundamentais e liberdade de associação.

Trata-se, como se vê, de agenda rica e ambiciosa, que tem por objeto aprofundar o diálogo entre os civilistas brasileiros: Bom trabalho para todos nós!

G.T.

UNIÕES DE PESSOAS DO MESMO SEXO E TEORIA DA INTERPRETAÇÃO[1]

A decisão do Plenário do Supremo Tribunal Federal, de 4 de maio de 2011, acerca das famílias formadas por uniões homoafetivas (julgamento da AD nº 4277 e da ADPF nº 132), suscita numerosas reflexões. Antes de mais nada, desfaz a falsa impressão, cristalizada no cotidiano da advocacia, de um Judiciário conservador. Afinal, a Suprema Corte antecipou-se ao legislador para assegurar, na esteira de outros países, a liberdade para o estabelecimento de núcleos familiares compatíveis com a orientação sexual de seus integrantes, projetando para a vida privada os princípios constitucionais da dignidade da pessoa humana, da igualdade e da solidariedade.

Além disso, acolhe proposta há duas décadas sustentada pelo direito civil: as entidades familiares encontram-se constitucionalmente tuteladas como instrumento para a realização da personalidade humana na solidariedade constitucional.

A liberdade individual, expressão da dignidade de cada um, associa-se à solidariedade e à igualdade constitucionais, encontrando-se visceralmente insculpida no Estado Democrático de Direito. A admissão de uma multiplicidade de espécies de família permite que o núcleo de convivência familiar possa refletir as escolhas individuais indispensáveis à realização da pessoa como ser único. Mais ainda, traduz a solidariedade do grupo social para com cada uma dessas escolhas, que tornam igualmente protegidas as pessoas em sua singularidade,

---

1 Editorial – *Revista Trimestral de Direito Civil – RTDC*, v. 45, jan./mar. 2011.

reduzindo-se as desigualdades advindas das circunstâncias econômicas, sociais e culturais em que vivem.

Se a tutela da personalidade deflui da cláusula geral de proteção da dignidade humana, e se o respeito à intimidade afigura expressão essencial da personalidade, mostra-se imperativa a obediência às escolhas individuais quanto à constituição do núcleo familiar, excluindo-se a definição apriorística de padrões preconceituosos para a convivência em família.

Aludidas definições íntimas expressam não somente a liberdade de viver em família como o direito fundamental a ter família (FACHIN, Luiz Edson. *Teoria crítica do direito civil*. 2. ed. Rio de Janeiro: Renovar, 2003, p. 37). Decorre dali a inconstitucionalidade de qualquer ato estatal — praticado pelo Legislativo, Judiciário ou Executivo — que limitasse tais escolhas pessoais, circunscrevendo o rol de entidades familiares segundo entendimentos preconcebidos, as mais das vezes arraigados a preconceitos de natureza cultural, religiosa, política ou ideológica (LÔBO, Paulo Luiz Netto. Entidades familiares constitucionalizadas: para além do *numerus clausus*. *Revista Brasileira de Direito de Família*, n. 12, p. 55, 2002).

Em consequência da pluralidade de entidades familiares — decorrente sempre da liberdade fundamental à constituição do núcleo familiar —, deriva necessariamente a possibilidade para o estabelecimento da forma de instituição da própria família. O constituinte a um só tempo assegura a autonomia individual para o planejamento da convivência familiar e vincula tal liberdade à responsabilidade para com a promoção da pessoa humana, a igualdade e a solidariedade que devem nortear a convivência familiar.

Em tal cenário, aos critérios para a legitimidade constitucional de determinada entidade familiar associam-se a seriedade de propósitos e a aptidão para a função promocional da pessoa humana. Por isso mesmo, não se pode admitir qualquer interferência legislativa ou interpretativa restritiva de tais opções constitucionais, sob pena de se aniquilar a finalidade axiológica atribuída pelo constituinte às entidades familiares.

Nessa esteira, o Supremo preferiu consagrar tais direitos fundamentais não diretamente na ADPF nº 132 que lhe fora submetida, convertendo-a, consoante voto do Ministro Ayres Britto, em Ação Direta de Inconstitucionalidade. Consagrou, então, como inconstitucional, a interpretação do art. 1.723 do Código Civil e de outros preceitos infraconstitucionais que excluísse a formação de famílias homoafetivas, em favor de interpretação dita conforme à Constituição. Preferiu assim o STF o caminho hermenêutico mais sinuoso — mas nem por isso menos corajoso e altivo —, da proibição hipotética de interpretação restritiva de regra que, curiosamente, limita-se a reproduzir, *ipsis litteris*, a dicção do art. 226, §3º, da Constituição da República. Evidentemente que o Constituinte, ao prever aquela espécie de família, não excluiu outras modalidades que promovessem igualmente o conjunto de garantias fundamentais.

Bem mais simples, portanto, seria considerar os textos constitucionais e legais não taxativos e, conseguintemente, inconstitucional, por descumprimento de preceitos fundamentais, qualquer ato normativo ou comportamento que restringisse os modelos familiares por conta da orientação sexual dos conviventes.

De todo modo, a decisão do Supremo demonstra que, em termos práticos, o debate acerca da aplicação direta ou indireta da Constituição se revela um falso problema no amplíssimo sistema brasileiro de controle de constitucionalidade. Tanto a aplicação indireta das aludidas garantias fundamentais, mediante a interpretação do art. 1.723 do Código Civil, quanto a incidência imediata dos princípios constitucionais da dignidade humana, da igualdade e solidariedade social, asseguram a unidade axiológica do ordenamento, devem ser estimuladas e produzem resultados substancialmente idênticos, desde que a regra legal não seja vista como elemento de contenção da força normativa dos princípios emanados pelo Constituinte. Cabe ao intérprete aplicar toda e qualquer regra infraconstitucional em consonância com o Texto Maior, cuja incidência, à mingua de intervenção legislativa ou ao lado desta, não pode ser obstada na solução de conflitos interindividuais, sob pena de se dissiparem a coerência e a integridade do sistema jurídico.

G.T.

TUTELA DA PERSONALIDADE APÓS A MORTE[1]

Com o fortalecimento da tutela da personalidade e, consequentemente, dos danos extrapatrimoniais ressarcíeis, controverte-se acerca da legitimidade para a defesa em juízo das respectivas pretensões. Na jurisprudência, há frequentemente sobreposição entre a defesa de direito próprio por quem teve sua personalidade atingida por dano injusto e o ressarcimento a herdeiro mediante sucessão mortis causa de crédito indenizatório.

Com razão consolidou-se nos Tribunais a orientação segundo a qual a legitimidade dos herdeiros para as pretensões indenizatórias por dano ocorrido ao defunto quando ainda em vida independem do ajuizamento da ação pela própria vítima. Tem-se que da lesão surge imediatamente o direito ao ressarcimento por dano material e moral, cujo crédito, como qualquer outro, há de ser meramente liquidado após a morte. As pretensões reparatórias do *de cujus* incluem-se, portanto, nos créditos do espólio, por força da norma geral do art. 943 do Código Civil, pelo qual "o direito de exigir reparação e a obrigação de prestá-la transmitem-se com a herança".

O cenário não se confunde com a previsão dos parágrafos únicos dos arts. 12 e 20 do Código Civil, que asseguram legitimidade, por direito próprio, a certos parentes e ao cônjuge (como também, por extensão analógica, ao companheiro ou companheira) para requererem tutela ressarcitória por lesão perpetrada à pessoa morta ou ausente (cf. ST, 4º T., REsp. nº 1.005.278-SE). Esses dispositivos seriam ociosos

[1] Editorial – *Revista Trimestral de Direito Civil – RTDC*, v. 46, abr./jun. 2011.

se pretendessem se referir a direito próprio do defunto, por conta exatamente do aludido art. 943. E, por outro lado, romperiam o sistema se visassem a autorizar a multiplicação de partes legítimas para pleitearem ressarcimento por lesão desferida em vida à personalidade do falecido. Como se uma pluralidade de pessoas pudesse pleitear ressarcimento por danos (de natureza personalíssima) sofridos por seu parente, cônjuge ou companheiro, desde que este viesse a falecer (se, ao reverso, sobrevivesse, somente a vítima teria legitimidade para requerê-lo?). Em se tratando de direito personalíssimo, uma vez atingida a pessoa em sua dignidade, somente esta tem legitimidade para requerer as medidas judiciais cabíveis, por direito próprio.

Os parágrafos únicos dos arts. 12 e 20, em última análise, somente se justificam para assegurar direito próprio por lesão sofrida, após a morte, por parente, cônjuge ou companheiro. Nestes casos, o legislador considera que, sem prejuízo da natureza personalíssima dos direitos da personalidade, os quais, por isso mesmo, se extinguem com a morte, seus reflexos — como a memória, a imagem, a honra do defunto — se projetam para além da morte em outras pessoas; e seus entes queridos são diretamente atingidos por essas violações supervenientes ao seu falecimento. Segundo a doutrina contemporânea, "a razão da atribuição de tal direito aos familiares do finado deve-se à solidariedade familiar" (NEVARES, Ana Luiza. *A função promocional do testamento*. Rio de Janeiro: Renovar, 2009, p. 129).

No âmbito da comunidade familiar surge direito próprio, a exigir do legislador norma específica, a um só tempo de legitimação e de contenção. Como a dizer: estas e somente estas pessoas podem requerer ressarcimento pelos danos que sofreram diante da violação à personalidade do defunto ou ausente; não já tantas outras que, a despeito do liame afetivo estabelecido com o falecido — a exemplo de ex-alunos, ex-clientes, ex-leitores, ex-admiradores de artistas ou atores, e assim por diante —, não são reconhecidas pelo ordenamento como partes legítimas para a propositura de ações. Afinal, como escreveu há mais de 50 anos o Min. Nelson Hungria, "o que a lei protege, aqui, não é propriamente a honra dos mortos, mas a de seus parentes sobreviventes" (*Comentários ao Código Penal*. Rio de Janeiro: Forense, 1945. v. VI, p. 67).

G.T.

PROBLEMAS DE DIREITO CIVIL-CONSTITUCIONAL[1]

No último mês de setembro, realizou-se o X Encontro dos Núcleos de Pesquisa em Direito Civil das Faculdades de Direito da Universidade do Estado do Rio de Janeiro (JERU) e da Universidade Federal do Paraná (UFPR). Seguindo a tradição do evento, produziu-se ao final carta-relatório que, por sua atualidade na agenda do direito contemporâneo, merece transcrição:

"Os Núcleos de Pesquisa em Direito Civil da Universidade do Estado do Rio de Janeiro e da Universidade Federal do Paraná 'Grupo Virada de Copérnico', reunidos no seu IX Encontro, de caráter interdisciplinar e interinstitucional, realizado em Itaipava, nos dias 29 e 30 de setembro de 2011, atentos à necessidade do constante repensar do direito civil-constitucional e das vicissitudes de sua aplicação, tornam públicas, em síntese, as principais conclusões do encontro.

1. A fim de aplicar direta e imediatamente os direitos fundamentais às relações privadas, todo e qualquer Juiz deve julgar casuisticamente as lides de cunho existencial. A aplicação da metodologia civil-constitucional não pode ser prejudicada pela organização judiciária (em face da reserva de enfrentamento de questões de fato pelos Juízos de primeiro grau e das questões de direito pelos Tribunais Superiores) e tampouco pelo sistema recursal (especialmente pelo critério da repercussão geral imposto para a atuação do Supremo Tribunal Federal).

---

1 Editorial – *Revista Trimestral de Direito Civil – RTDC*, v. 47, jul./set. 2011.

2. No âmbito dos problemas atuais, os institutos fiduciários de direito patrimonial revelam as potencialidades funcionais da segregação patrimonial, e devem ser interpretados e aplicados como instrumento de proteção e efetivação do direito à moradia; nesse sentido há que se evitar que a regulação patrimonial sirva de instrumento de exclusão de acesso *às* riquezas.
3. A regulação das instituições familiares deve pressupor prévia análise e reserva de espaços de autonomia, uma vez que a intervenção estatal pode colocar em crise a percepção do privado como espaço da liberdade.
4. Os direitos autorais merecem cuidadoso tratamento na sociedade tecnológica, porque exigem preciso balanceamento entre os interesses privados e o acesso público aos resultados da criatividade humana.
5. A responsabilidade civil — inclusive a de ordem parental — está a exigir imediata reformulação, de modo a pautar-se pelos critérios de precaução/prevenção e preparar-se para enfrentar os danos coletivos cotidianos em uma sociedade de massas, de consumo e de informação. Também é necessária reflexão sobre a pertinência do tratamento estanque entre dano moral e dano material, vez que ambas as dimensões do direito privado voltam-se à proteção integral da pessoa. O direito de danos contemporâneo deve conferir possibilidades maiores para a tutela dos direitos coletivos (individuais, coletivos e difusos) ao viabilizar a efetivação dos princípios da precaução e da prevenção, admitindo melhores respostas do que aquelas fornecidas pela responsabilidade civil tradicional.
6. Os riscos da sociedade contemporânea revelam a importância da análise dos contratos incompletos, o que dá papel fundamental à autonomia privada, mas exige o aporte de instrumentos e cuidados protetivos das dimensões existenciais da pessoa humana.
7. Num tempo em que o desenvolvimento das tecnologias parece reformular o conceito de pessoa, é fundamental a criação de estratégias jurídicas de proteção de direitos e de precaução de danos. No âmbito das relações médico-paciente, o choque entre a autonomia individual, o desenvolvimento tecnológico e as tensões da sociedade atual; devem ser buscadas soluções que assegurem a proporcionalidade entre a responsabilidade profissional e a autorresponsabilidade do paciente.

8. As diversas experiências docentes, fundadas no tripé ensino, pesquisa e extensão, formam um nicho onde se encontram possibilidades de inovações no acesso ao conhecimento que não seja reprodução de saberes, mas criação de perspectivas. O ensino jurídico ocupa lugar fundamental a permitir a reconstrução do direito civil em novos paradigmas e pensá-lo é, acima de tudo, instigar metodologias dialógicas na dimensão civil-constitucional."

Como se vê, inúmeros e tormentosos são os problemas atuais do direito civil, a exigir constante reflexão metodológica. A palavra com o leitor.

G.T.

A INCONSTITUCIONALIDADE DO ART. 1790 DO CÓDIGO CIVIL[1]

Desde a promulgação do Código Civil de 2002, angustiam-se os estudiosos acerca do regime sucessório do companheiro. O codificador não inclui o companheiro no rol dos herdeiros necessários, de que trata o art. 1845 ("São herdeiros necessários os descendentes, os ascendentes e o cônjuge") e limita a vocação sucessória aos bens onerosamente adquiridos na constância da união estável, conforme a dicção do art. 1790, de cuja redação se depreende:

> Art. 1.790. A companheira ou o companheiro participará da sucessão do outro, quanto aos bens adquiridos onerosamente na vigência da união estável, nas condições seguintes:
>
> I- se concorrer com filhos comuns, terá direito a uma quota equivalente à que por lei for atribuída ao filho;
>
> II - se concorrer com descendentes só do autor da herança, tocar-lhe-á a metade do que couber a cada um daqueles;
>
> III - se concorrer com outros parentes sucessíveis, terá direito a um terço da herança;
>
> IV - não havendo parentes sucessíveis, terá direito à totalidade da herança.

Diante da discriminação, apressaram-se os civilistas a afastar a ideia, sugerida pelo texto codificado, de hierarquia entre as entidades familiares. Afirmou-se que, à luz dos princípios constitucionais da isonomia, da solidariedade social e da dignidade da pessoa humana,

[1] Editorial – *Revista Trimestral de Direito Civil – RTDC*, v. 48, out./dez. 2011.

a liberdade de escolha, a pluralidade e a igualdade dos modelos de família tornam-se imperativo da legalidade constitucional, chave de leitura da tutela assegurada pelo art. 226 do Texto Maior.

Sustentou-se, então, mesmo diante da letra fria e hostil do Código Civil, a inclusão do companheiro como herdeiro necessário, por força da aludida isonomia, além da linguagem cogente do art. 1790 ("o companheiro participará da sucessão do outro") e do art. 1850, que autoriza o afastamento por testamento apenas dos colaterais ("para excluir da sucessão os herdeiros colaterais, basta que o testador disponha de seu patrimônio sem os contemplar").

No que tange à desigualdade das bases de cálculo, contudo, e a concorrência entre companheiro e colateral, herdeiro de classe diversa, imposta pelo art. 1790, incisos III e IV, mostra-se sem fundamento constitucional o discrime pretendido pelo codificador. Sobre o ponto, pronunciou-se de forma incisiva Ana Luiza Nevares (*A tutela sucessória do cônjuge e do companheiro na legalidade constitucional*. Rio de Janeiro: Renovar, 2004), bem como, em parecer ainda inédito, solicitado pelo Instituto dos Advogados Brasileiros, Luiz Edson Fachin, o qual demonstra como a Emenda nº 358, de autoria do Senador Nelson Carneiro, inserida no Projeto do Código Civil em 1984 e que desaguou na redação atual do art. 1790, tornar-se-ia inteiramente anacrônica e axiologicamente inadmissível após a Constituição de 1988, a representar "injustificada diferenciação de condições sucessórias ao convivente, se colocado em contraste às mesmas condições dispensadas ao cônjuge".

Nessa mesma esteira, em voto recente no âmbito de Incidente de Inconstitucionalidade dos incisos III e IV do art. 1790, submetido à Corte Especial do Superior Tribunal de Justiça, o Ministro Luiz Felipe Salomão asseverou que "a união estável não representa um estado civil de passagem, como um degrau inferior que, em menos ou mais tempo, cederá vez ao casamento. É um ato-fato jurídico despojado de formalidade que, por vezes, revela exteriorização vicejante da liberdade e da autodeterminação da pessoa de se relacionar e conviver com quem melhor lhe aprouver, sem que sua vida privada — que é, sobretudo, plasmada na afetividade e cuja inviolabilidade é garantida pela Constituição — seja timbrada pelo Estado".

Os argumentos mostram-se eloquentes e sua leitura parece alcançar espectro mais amplo do que os incisos III e IV do dispositivo, servindo a demonstrar a inconstitucionalidade de todo o art. 1790 do Código Civil. Isto porque, embora discutível o fundamento constitucional da herança e da ordem da vocação hereditária, a atribuição de maiores direitos hereditários ao cônjuge revela preferência intolerável à luz dos mencionados princípios constitucionais.

Por se revestir de formalidade e de publicidade ostensivas, o casamento há de ser prestigiado pelo Estado como instrumento para a afirmação da personalidade. É de se facilitar, por isso mesmo, a conversão da união estável em casamento, em prol da segurança acerca da disciplina jurídica imediatamente aplicável à relação familiar. Com o casamento, tem-se claro e indiscutível o regime jurídico aplicável ao casal, ao contrário da união estável, que avoca gradativamente a proteção do Estado, na medida em que se consolida a vida em comum com objetivo de constituição de família. Só nisso reside a diferença entre as entidades familiares.

Tal circunstância, reconhecida pelo constituinte, não autoriza a discrepância que implique a inferiorização dos direitos dos conviventes em detrimento dos cônjuges. É hora, portanto, de reafirmar a isonomia dos cônjuges e companheiros sem deixar de respeitar as diferenças próprias da natureza de cada entidade familiar, o que vale para uniões heterossexuais e homoafetivas. É chegada a hora, enfim, de se superarem preconceitos culturais, conclamando a absoluta igualdade de direitos na franca diversidade de modelos de organização das vidas privadas e de constituição de famílias.

G.T.

CONTRATOS EMPRESARIAIS E UNIDADE DO ORDENAMENTO[1]

Nos últimos dias 23 e 24 de março de 2012 realizou-se, na sede da prestigiosa Associação dos Advogados de São Paulo (AASP), O *II Congresso Brasileiro de Direito Comercial*. Reuniram-se centenas de juristas, advogados, magistrados, especialistas e estudantes, em intenso debate a respeito da unidade do direito obrigacional estabelecida pelo Código Civil *vis a vis* da pretendida autonomia do direito empresarial.

No âmbito dos contratos, foram suscitadas peculiaridades relacionadas à livre alocação de riscos na atividade empresarial, sem que tais particularidades, contudo, justificassem seu exame em apartado do sistema obrigacional, a circunscrever campo de autonomia imune à legalidade constitucional.

Na experiência brasileira, tanto a livre iniciativa quanto a solidariedade social possuem foro constitucional, traduzindo-se no preceito do art. 170, CR, que proclama, em seus diversos incisos, a liberdade na solidariedade, a garantia da propriedade privada vinculada à tutela de interesses coletivos e difusos igualmente sediados na Lei Maior.

A baixa concretude dos princípios norteadores da livre iniciativa revela opção do constituinte que, longe de semear insegurança, serve a oferecer balizas de amplo espectro para a autonomia privada, acrescentando, portanto, aos limites negativos (princípio da legalidade, de que trata o art. 5°, CR), limites positivos, dirigidos à promoção de valores existenciais (dignidade humana e solidariedade social). Daqui a necessidade urgente, no plano hermenêutico, de se evitarem guetos

[1] Editorial – *Revista Trimestral de Direito Civil – RTDC*, v. 49, jan./mar. 2012.

setoriais isolados, forjados ao sabor das pressões econômicas, e de se compreender corretamente a noção de segurança jurídica, respaldada pela correspondência das decisões judiciais aos princípios e valores cardinais do sistema.

Na esteira dessa nova perspectiva da segurança jurídica, anote-se que a adoção dos princípios e das cláusulas gerais não traduz opção ideológica do legislador, senão fenômeno típico da era tecnológica: a iniciativa privada caminha em velocidade estonteante, não dando conta a legislação de disciplinar a atividade econômica senão por princípios e cláusulas gerais.

Mostra-se, por isso, inteiramente fora de propósito o art. 8º do Projeto de Código Comercial (PL nº 1.572/2011), *in verbis*: "Nenhum princípio, expresso ou implícito, pode ser invocado para afastar a aplicação de qualquer disposição deste Código ou da lei." O preceito propõe subversão hermenêutica pela qual a regra infraconstitucional teria prevalência sobre as normas constitucionais, a retirar do magistrado, em nome do respeito servil à lei (obra do legislador ungido pelo voto popular), o descaso à Lei Maior (obra do constituinte igualmente democrático), que impõe ao judiciário o dever de zelar pelas leis e pelo Estado Democrático de Direito.

Torna-se constitucionalmente legítima, assim, nesses limites, a interpretação dos contratos empresariais segundo suas características particulares, dentre as quais avultam a simetria de informações, a paridade do poder de interferir no conteúdo contratual e a liberdade de assunção de riscos. Tal especificidade, contudo, não aparta tais relações jurídicas do direito civil, antepondo-as apenas — e certamente — às relações não paritárias, como as de consumo.

Aplicam-se aos contratos empresariais os mesmos princípios contratuais previstos pelo Código Civil, associando-se à autonomia privada, à obrigatoriedade e à relatividade dos pactos, a função social dos contratos, o equilíbrio econômico e a boa-fé objetiva. Em consequência, todos os instrumentos de controle da autonomia privada — como as cláusulas abusivas (art. 187, Código Civil), a revisão e a resolução contratual (arts. 317 e 478 do Código Civil) — incidem na vida empresarial, desde que presentes os pressupostos e requisitos técnicos, e tendo-se em conta o nível de informação de que dispõem os contratantes na celebração dos pactos.

O exame da disciplina aplicável se dará, portanto, nos contratos empresariais, como em toda e qualquer atividade econômica, mediante a identificação de sua função, à luz do ordenamento compreendido em sua globalidade, devendo-se afastar, para tanto, equívocos recorrentes levados a cabo na tentativa de compatibilização do sistema. Em primeiro lugar, não se pode banalizar a expressão jurídica da vulnerabilidade, obliquamente empregada para favorecer o pequeno empresário ou o acionista minoritário, mediante a invocação da hipossuficiência haurida da doutrina do consumidor. Na esteira de teorias maximalistas, acaba-se por perder a dimensão axiológica dos contratos empresariais no âmbito do sistema. Igualmente desajustada se apresenta, em contrapartida, a proteção ao consumidor como valor em si mesmo, garimpando-se, qual colcha de retalhos, as normas jurídicas mais benéficas dos diversos núcleos legislativos — ora o CDC, ora o CC, ora outras leis especiais — em nome de suposto princípio do maior favorecimento. Exemplo alarmante de tal hermenêutica deu-se em matéria de prescrição, utilizando-se os prazos gerais do Código Civil sempre que vencido o prazo quinquenal previsto no CDC em hipóteses de acidentes de consumo.

O consumidor, antes de mais nada, é pessoa em situação de especial vulnerabilidade, e o CDC deve ser considerado como subsistema integrado que, tomado em seu todo, justifica a aplicação dos diversos mecanismos de proteção ali inseridos. Contratos paritários, em última análise, empresariais ou não, exigem disciplina distinta daquela aplicada ao consumidor, presumivelmente vulnerável. As particularidades de cada relação jurídica, identificada em suas circunstâncias concretas, hão de ser valoradas à luz da legalidade constitucional, preservando-se a unidade do sistema, a coerência das decisões e de suas fundamentações em matéria obrigacional e, especialmente, a isonomia entre os contratantes, empresários ou não, diante das condições das negociações, da capacidade de obter informações, do efetivo poder de barganha e da consciência dos riscos assumidos, vicissitudes que somente o ordenamento, sistematicamente considerado, poderá disciplinar.

G.T.

LÓGICA PROPRIETÁRIA E TUTELA DA PERSONALIDADE[1]

A. Suprema Corte norte-americana, em recente decisão no caso *United States.v. Jones* (n° 10-1259, *District of Columbia Circuit, january 23, 2012*. Disponível em: http://www.supremecourt.gov/opinions/11pdf/10-1259.pdf. Acesso em: 5 jan. 2012), declarou inconstitucional a instalação de GPS no carro do réu, invalidando, assim, por ilícita, portentosa investigação criminal que resultara na prisão de poderoso traficante de drogas. O aresto considerou desafiada a 4ª Emenda à Constituição, em violação à intimidade do réu: a GPS fora instalado em local e período que extrapolaram o mandado judicial para o rastreamento, procedimento equiparado à noção de "busca". Desacompanhado de ordem judicial, a ilegitimidade do monitoramento com GPS foi arguida com fundamento na defesa da propriedade privada.[2]

Segundo a argumentação majoritária, incide no caso o chamado *common-law trespass test*, já que o dispositivo eletrônico fora inserido no automóvel do réu quando estacionado na frente de sua residência, nas vagas privativas correspondentes a cada unidade habitacional.

Aplica-se, portanto, segundo tal entendimento, hipótese renovada de invasão de domicílio; a justificar a alusão ao vetusto precedente ("The Government usurped Jones' property for the purpose of conducting surveillance on him"). Em contrapartida, o estimulante voto do Justice Sotomayor discordou do paradigma seguido pela maioria, afirmando que a ilicitude de prova decorrente de violação da intimidade

---

[1] Editorial – *Revista Trimestral de Direito Civil – RTDC*, v. 50, abr./jun. 2012.

[2] Noticiado na *Revista Trimestral de Direito Civil – RTDC*, v. 49, jan./mar. 2012.

deveria ser afastada do precedente do *trespass*, submetendo-se exclusivamente ao precedente de *Katzv. U.S.* (n. 389 U.S., p. 347), que associa a tutela da 4ª emenda ao critério da "reasonable expectation of privacy".

O acalorado debate em torno do critério de proteção da *privacy* pode ser sintetizado no seguinte trecho da ementa da decisão: "The conclusion is consistent with this Court's Fourth Amendment jurisprudence, which until the latter half of the 20th century was tied to common-law trespass. Later cases, which have deviated from that exclusively property-based approach, have applied the analysis of Justice Harlan's concurrence in Katz v. United States, 389 U.S. 347, which said that the fourth Amendment protects a person's reasonable expectation of privacy' (...) The Katz reasonable-expectation-of-privacy test has been added to, but not substituted for, the common-faw trespassory test".

No panorama brasileiro, torna-se relevante analisar criticamente a visão da privacidade, ainda difusa em doutrina e jurisprudência, como espaço de poder ("proprietário") do indivíduo, que se encastela em seu território intransponível contra ingerências externas. Nesta direção, pode ser positiva a invocação de um *standard* de "reasonable expectation of privacy" desde que não se confunda razoabilidade com o alcance externo da propriedade privada.

Não se trata, em outras palavras, de se alterarem, por conta da revolução tecnológica, os confins do privado e do público — redefinindo até onde vai o jardim e se inicia a praça. Em perspectiva diversa, deve-se definir em que circunstâncias e em face de quais interesses se torna legítimo o controle pessoal de informações da vida privada, impedindo-se assim o seu acesso pelo Estado, cada dia mais invasivo, ou por terceiros, motivados por pressões mercadológicas. Trata-se de ponderação necessária entre interesses colidentes, não sendo possível sacrificar, em abstrato, direitos fundamentais, máxime se o critério balizador for a pertinência proprietária, que acaba por prevalecer, com constrangedora proeminência, quando se pensa na *privacy* como poder de disposição personalíssimo em relação a "bens" da personalidade.

Como avanço e o barateamento da tecnologia de informação, sofisticam-se os controles, o cruzamento e a circulação de dados, sendo urgente estabelecer mecanismos de tutela dos direitos fundamentais, especialmente no que tange aos dados sensíveis, objeto de projeto de lei em curso no Congresso Nacional. Há que se definir quando, onde, como e para que fins podem ser colhidas informações pessoais, impedindo-se seu tratamento como ativo comercial ou expressão de poder político do Estado. Os critérios para tal definição hão de convergir para a melhor tutela dos direitos fundamentais em jogo. Advertências singelas como "sorria, você está sendo filmado" certamente não se mostram suficientes para estipular a renúncia voluntária ao controle das próprias informações. O debate é complexo, mas inadiável. Alcança o modelo de sociedade que se pretende construir, em que a promoção da privacidade surge como afirmação de concepção humanista de vida digna: contraponto, nas relações empresariais, ao império das leis de mercado, e, nas relações com o poder público, à inquietante visão do Estado onipresente e onipotente, que tudo pode em nome de discutível interesse público.

G.T.

COMUNIDADES FAMILIARES, SOLIDARIEDADE E PROTEÇÃO À PESSOA[1]

A fragmentação dos modelos familiares associada à atuação jurisdicional crescentemente protetora da pessoa humana acaba por gerar situação paradoxal. O afeto, elevado a valor fundamental para a caracterização da entidade familiar, uma vez hiperutilizado, adquire feição eudemonista, reduzindo-se à afirmação de escolhas pessoais, por vezes essencialmente egoístas, a dissipar assim a dimensão da família como comunidade intermediária de genuína afetividade interrelacional.

Há que se distinguir a louvável proteção patrimonial da pessoa humana, que a rigor independe de sua inserção em entidade familiar, do reconhecimento da família como núcleo merecedor de especial proteção do Estado (art. 226, C.R.), que tem em conta seu papel instrumental e catalisador dos valores ideais para a promoção da personalidade de seus integrantes.

Os mecanismos de proteção patrimonial da pessoa humana projetam-se em longa evolução jurisprudencial em cujo percurso numerosos recursos técnicos vêm sendo utilizados, como as chamadas relações (obrigacionais) de fato, precedidas, nos anos 50 do século passado, pela caracterização de contratos de trabalho entre pessoas com impedimentos para o casamento; e a extensão interpretativa da disciplina dos bens de família, instrumentos normativos convergentes para a tutela da pessoa humana, independentemente da caracterização da família.

[1] Editorial – *Revista Trimestral de Direito Civil – RTDC*, v. 51, jul./set. 2012.

A diferenciação de perspectivas torna-se particularmente relevante no momento em que se proliferam os modelos de entidades familiares, tanto heteroafetivas quanto homoafetivas.

Após o reconhecimento pelo Supremo Tribunal Federal e pelo Superior Tribunal de Justiça das entidades familiares homoafetivas, tem-se discutido a chamada família poliafetiva (há autores se referindo a poliamor), constituída por mais de duas pessoas e as famílias simultâneas, concomitantemente estabelecidas.

Recentemente, divulgou-se a notícia de que um cartório de notas da cidade de Tupã, no estado de São Paulo, registrou a escritura de uma união poliafetiva entre um homem e duas mulheres; que já conviviam juntos anteriormente. O documento prevê regras de divisão patrimonial no caso de dissolução da comunidade dita familiar por separação ou morte de um dos conviventes, que ainda pretendem o reconhecimento de outros efeitos jurídicos para a união, como benefícios previdenciários.

Parece não haver dúvida quanto à licitude de escritura deste jaez e quanto à obrigatoriedade, ao menos parcial, de pactos assim estabelecidos. Tais arranjos patrimoniais, contudo, não necessariamente hão de ser considerados de natureza familiar para fins de proteção prioritária do Estado, a despeito da ostensiva exteriorização de harmonia e consenso. Caberá ao intérprete definir, à luz dos valores do ordenamento e da evolução social (que não pode ser jamais desprezada), quais entidades hão de ser consideradas familiares, sem prejuízo do absoluto respeito às escolhas pessoais daqueles que, deliberadamente, se recusam a constituir uma família.

Em uma sociedade laica, isonômica e democrática, há que se proteger a pessoa em todas as suas escolhas existenciais, atribuindo a cada indivíduo o direito de definir o modo de vida que lhe aprouver, sendo-lhe assegurados direitos e deveres sem quaisquer discriminações.

Não é preciso, contudo, nem tecnicamente acertado, recorrer ao direito de família para que, por exemplo, a única moradia do indivíduo seja impenhorável, o patrimônio mínimo assegurado ou a escritura de Tupã admitida em sua higidez. Tampouco é preciso estabelecer o vínculo familiar para resguardar o patrimônio constituído ao longo dos anos por conviventes que partilharam arranjos de vida simultâneos.

O STF, no RE nº 669.465/ES, Rel. Min. Luiz Fux, reconheceu, em julgamento de 08.03.2012, repercussão geral de questão constitucional suscitada no que tange à repartição de direitos previdenciários entre entidades constituídas, simultaneamente, por um homem que manteve convivência extraconjugal por 27 anos. A matéria agora submetida à Corte oferece ocasião propícia para que se procure estabelecer, em primeiro lugar, os direitos patrimoniais a que fazem jus os conviventes, integrantes ou não de núcleos familiares, em decorrência da tutela de sua própria dignidade. Em contrapartida, convém estabelecer os contornos axiológicos indispensáveis à caracterização de entidade familiar — o que certamente dependerá de informações extrajurídicas, sendo a noção forjada pela evolução econômica e cultural da sociedade.

Ao invés do apego formal a requisitos estruturais ou temporais, nem sempre fidedignos, para caracterizar a entidade familiar deve o intérprete identificar, caso a caso, o pressuposto fundamental do sentido axiológico de família pretendido pelo constituinte, isto é, a singular configuração da solidariedade familiar, uma solidariedade qualificada que se revela por meio da mútua assistência — material e existencial. Nesta direção andou bem a Terceira Turma do STJ, com a Relatoria da Ministra Nancy Andrighi, ao ampliar as hipóteses de adoção conjunta previstas no artigo 42 do Estatuto da Criança e do Adolescente (ECA), de forma a admitir a adoção de uma criança por dois irmãos (Informativo nº 500 do STJ, acesso em: 25 set. 2012). Em última análise, a proteção Constitucional conferida à comunidade familiar subordina-se à sua peculiar aptidão à promoção da personalidade humana, distinguindo-se de outras relações existenciais que, despidas de tal atributo, não justificam o mesmo tratamento pretendido pela ordem pública constitucional.

G.T.

MARCO CIVIL DA INTERNET E OS NOVOS PROBLEMAS DO DIREITO PRIVADO[1]

Encontra-se em tramitação na Câmara o Projeto de Lei conhecido como Marco Civil da Internet (PL nº 2.126/2011), conforme substitutivo de autoria de seu Relator, Dep. Alessandro Molon (PT/RJ). Destina-se a regular tormentosos problemas surgidos pela evolução tecnológica, contrapondo liberdade e responsabilidade. Quatro questões fundamentais tornam-se objeto da nova legislação: (i) a privacidade dos usuários; (ii) o tratamento de dados pessoais; (iii) a responsabilidade civil dos provedores de aplicação ou de conteúdo; (iv) a neutralidade.

Quanto à privacidade, o PL veda a divulgação de informações relativas à conexão do usuário, atinentes à origem, ao local e ao tempo da conexão. A norma prevê regimes distintos conforme se trate de provedores de acesso ou de provedores de conteúdo (os denominados provedores de aplicação), proibindo o intercâmbio dos dados pessoais manipulados por essas duas instâncias. No que tange aos dados pessoais fornecidos pelos usuários e seus históricos de navegação, os provedores de aplicações (conteúdo) se tornam obrigados a armazenar as informações de acesso em ambiente sigiloso, durante um ano (ressalvada ordem judicial para ampliação do prazo), com o dever de preservação da intimidade, vida privada, honra e imagem das pessoas envolvidas. O projeto se refere, no entanto, exclusivamente à guarda dos dados de conteúdo e aplicações; compreende-se, assim, que não é permitido aos provedores de conexão armazenarem os dados dos

[1] Editorial – *Revista Trimestral de Direito Civil – RTDC*, v. 52, out./dez. 2012.

usuários aos quais forneceram cada número de IP (*internet protocol*) — uma espécie de chave, oferecida pelo provedor de acesso, para as conexões na internet. Apartando-se as duas etapas da navegação (conexão e aplicações), os provedores de conteúdo não mais poderiam vincular os números de IP que acessaram seus *sites* ao usuário individual que os utilizou, garantindo-se a privacidade. Ocorreu, em outras palavras, o rastreamento e a gravação dos endereços eletrônicos visitados, as mensagens trocadas, os arquivos baixados pelos usuários, e, em última análise, a identificação personalizada dos hábitos de consumo.

Tema polêmico, inserido no *caput* do art. 15 do PL nº 2.126, refere-se à responsabilidade civil, imputada somente aos provedores de aplicação, não já aos provedores de acesso. Eis a dicção do dispositivo: "Com o intuito de assegurar a liberdade de expressão e evitar a censura. o provedor de aplicações de Internet somente poderá ser responsabilizado civilmente por danos decorrentes de conteúdo gerado por terceiros se, após ordem judicial específica, não tomar as providências para, no âmbito e nos limites técnicos do seu serviço e dentro do prazo assinalado, tornar indisponível o conteúdo apontado como infringente, ressalvadas as disposições legais em contrário".

O preceito é louvável, por pretender assegurar a ampla liberdade de expressão, restringida somente por medida judicial. Entretanto, a interpretação literal levaria a afastar da tutela judicial hipóteses de lesão ou ameaça de lesão pelo tempo que permeia, necessariamente, a obtenção de providência jurisdicional. Assim sendo, deve ser preferível a interpretação que não exclua a responsabilidade civil nos casos em que, após notificação extrajudicial, o provedor não retire informação manifestamente ofensiva — orientação que já vem sendo admitida pela jurisprudência. Dessa forma, o texto legislativo servirá a consolidar o entendimento de que, uma vez tendo recebido notificação judicial, somente ocorrerá a responsabilidade civil se o provedor não retirar a informação ilícita. O que não significa que, por idêntico motivo, na hipótese de não atendimento de notificação extrajudicial, o dever de reparar deixaria de ser imputado.

O quarto importantíssimo ponto de debate diz respeito à norma que exige a neutralidade da rede, estabelecendo o dever de tratamento com isonomia de todos os usuários, independentemente de cobranças diferenciadas de acordo com a velocidade de acesso e de planos de dados. Este talvez seja o aspecto mais polêmico, que enfrenta forças econômicas poderosas, que pretendem tratar a prioridade de acesso como um ativo permanentemente negociável, em detrimento da isonomia e da liberdade de expressão, traduzida no direito de informar e de ser informado.

As dificuldades para a aprovação do PL nº 2.126 revelam a importância e o impacto que terá no mundo digital. O civilista deve estar atento para o que ele representa na construção do direito contemporâneo. Do ponto de vista prático, recoloca, em versão atual, o dilema entre direitos fundamentais, atinentes especialmente à privacidade e à liberdade de informação, e à atividade econômica privada e sua função social. Do ponto de vista teórico, em tempos de redes sociais e de superexposição, percebe-se a alteração radical do sentido de privacidade, entendida não mais como o direito de estar só, senão como de gestão das próprias informações — e nem por isso menos tutelável.

Finalmente, do ponto de vista metodológico, percebe-se a insuficiência de vetustas construções teóricas vinculadas à técnica regulamentar e a suportes fáticos estáticos. A proteção da pessoa humana somente pode ser assegurada mediante a utilização de valores e princípios constitucionais capazes de, mediante cláusulas gerais, oferecer ao magistrado instrumentos para alcançar situações fáticas mutantes e que se singularizam em cada conflito de interesse. Com isso, a dogmática do direito civil (longe de se apequenar) se enriquece, exigindo-se uma maior fundamentação das sentenças, que de conta de demonstrar os interesses em jogo os princípios incidentes. Muito há de ser feito pelo legislador, pelo magistrado e pela doutrina, diante dos novos tempos e dos novos direitos. A coerência sistemática, aparentemente perdida com o declínio da subsunção, renova-se e se fortalece a partir da convergência da atividade legislativa e jurisdicional com a legalidade constitucional. A palavra com as novas gerações.

G.T.

UM NOVO INSTITUTO DE DIREITO CIVIL?[1]

O surgimento do Instituto Brasileiro de Direito Civil – IBDCivil coincide com cenário paradoxal. De um lado, proliferam-se nas últimas décadas organizações não governamentais, em movimento associativo que, desde o retorno ao regime democrático, parece se espraiar por todos os domínios, de norte a sul do Brasil. Por outro lado, contudo, talvez como sequela renitente de nossas raízes históricas, a agenda associativa revela-se, as mais das vezes, corporativista, expressão ampliada de individualismo coronelista que contraria a função primordial da organização coletiva da sociedade.

No caso do Direito, em que acentuado individualismo tem sido justificado, tradicionalmente, pela atividade solitária do profissional ou do estudioso, algumas importantíssimas associações, como o nosso fraterno IBDFAM – Instituto Brasileiro de Direito de Família, o Brasilcon – Instituto Brasileiro de Direito e Política do Consumidor, e o Conpedi – Conselho Nacional de Pesquisa e Pós-Graduação em Direito, revelaram-se experiências estimulantes e vitoriosas, exemplos a serem seguidos. O caminho associativo, contudo, encontra resistências cuja superação depende de alteração cultural significativa, destinada a rejeitar modelos organizacionais em que a pauta de reivindicações não é acompanhada de compromisso para com as próprias instituições e com a sociedade. Há que se cultivar o voluntariado, o altruísmo e a preocupação em longo prazo com as estruturas institucionais. Nos últimos anos, usou-se e abusou-se de entidades com propósitos desviantes

[1] Editorial – *Revista Brasileira de Direito Civil – RBDCivil*, v. 1, jul./set. 2014.

de suas finalidades institucionais, banalizando, maculando e por vezes estigmatizando o conceito de organização social.

Daí a necessidade de se revisitar a prática associativa, tendo-se em mente não somente os propósitos estatutários imediatos, mas o repensar do papel e do comportamento de cada associado, com vistas a, extrapolando os confins internos de cada organismo, impregnar os centros de pesquisa e as Instituições Universitárias, com seu potente efeito multiplicador, em busca de verdadeira e renovada cultura associativa.

Nessa esteira, pretende-se com o IBDCivil congregar os estudiosos do direito civil contemporâneo, promovendo espaço, até então inexistente, de diálogo e construção coletiva da dogmática e da pesquisa jurídica. Ao lado e além, portanto, de indispensável fórum de discussão e difusão do conhecimento, papel desempenhado por essa *Revista Brasileira de Direito Civil – RBDCivil*, e da rede de professores e profissionais que poderão interagir positivamente no panorama editorial e acadêmico brasileiros, há em nosso novo IBDCivil o propósito de semear consciência organizacional ainda não sedimentada na sociedade brasileira. A vida institucional sólida substitui, assim, o individualismo em todos os níveis, afastando-se as exageradas pressões corporativas voltadas a privilégios setoriais abençoados pelo Poder Público.

Na área jurídica, onde a carência de pesquisa coletiva ainda predomina, deve-se apostar urgentemente na vida institucional e na construção de modelos de convivência social participativos, democráticos e igualitários. No âmbito do direito civil, especialmente, pela amplitude de seu campo de conhecimento, o impacto dessa mudança de paradigma há de repercutir de maneira decisiva nas profissões jurídicas, contribuindo para aproximar as construções teóricas da práxis judiciária e do direito vivo.

Alexis de Tocqueville, em seu clássico *De la démocratie en Amérique*, escrito em 1835, assinalou que o sucesso da democracia americana decorreria, mais do que da organização do próprio Estado, da habilidade, herdada dos ingleses, da arte de se associar. Esse predicado talvez seja a carência lancinante de nossa sociedade, e seu desenvolvimento se mostra impostergável para a construção de instituições democráticas. Trata-se de consolidar a percepção de que o fortalecimento institucional é indispensável ao crescimento civilizatório, permitindo o aperfeiçoamento da democracia, da solidariedade social e da igualdade de oportunidades no exercício das liberdades fundamentais.

G.T.

ATIVIDADE INTERPRETATIVA E O PAPEL DA DOUTRINA E DA JURISPRUDÊNCIA[1]

Em recente evento promovido pelo Programa de Pós-Graduação em Direito da Faculdade de Direito da Universidade Federal do Paraná, o professor Ian Peter Smith, do Instituto Max-Planck de Direito Comparado e Internacional Privado de Hamburgo, Alemanha, apresentou minuciosa, densa e respeitosa crítica à utilização da boa-fé objetiva pela jurisprudência brasileira. Segundo aquele professor, verifica-se o emprego da boa-fé pelo Superior Tribunal de Justiça de modo meramente reforçativo ou retórico, o que tem mitigado a força normativa da cláusula geral. Em seu modo de entender, evitar-se-ia a banalização da boa-fé mediante a sua contenção às funções típicas, incidindo exclusivamente em hipóteses em que inexista regra contratual ou legal para a solução da controvérsia.

Tal formulação crítica suscitou profícuo debate metodológico, na medida em que a convergência interpretativa de valores, princípios e regras mostra-se inevitável para a atividade hermenêutica; e a densificação das cláusulas gerais ocorre muitas vezes na aplicação conjunta com outros dispositivos legais, justificando e potencializando a sua adoção em hipóteses de incidência que, singularizadas pela concretude das circunstâncias fáticas, escapariam do alcance de regra isoladamente considerada. Seria o caso, no ilustrativo âmbito do Código de Defesa do Consumidor, dos padrões valorativos necessários ao estabelecimento de vícios de qualidade do produto ou serviço e da durabilidade do produto

[1] Editorial – *Revista Brasileira de Direito Civil – RBDCivil*, v. 2, jul./set. 2014.

para caracterização de defeitos ocultos. Na mesma linha de raciocínio, a boa-fé objetiva tem sido empregada, sem hipérbole depreciativa, na análise de alocação de riscos para a responsabilidade civil, revisão contratual, instrumentalidade das formas, e assim por diante. Nessa perspectiva, mostrar-se-ia benfazeja a adoção, pela jurisprudência brasileira, e especialmente pela 2ª Seção do Superior Tribunal de Justiça, da boa-fé como fundamento para a construção argumentativa, ao fixar norma de conduta para o caso concreto que leve em conta a totalidade de comandos prescritivos; sob fundamento argumentativo consistente, que demonstre ao jurisdicionado a motivação da decisão mais do que a simples referência legislativa, necessariamente incompleta antes da atividade interpretativa (de qualificação e aplicação do direito).

Independentemente, contudo, das divergentes e legítimas conclusões desse debate, o ponto alto daquele encontro científico foi o testemunho, corriqueiro em culturas alienígenas, da indispensável assunção, pela doutrina, de seu papel formulador e sistematizador da jurisprudência. Nesse aspecto, mostra-se significativa a agenda de sucessivos Congressos organizados pelo Instituto Brasileiro de Direito Civil. Após o I Congresso do IBDCivil, ocorrido no Rio de Janeiro em 2012, dedicado à relação entre Liberdades e Tecnologia, o II Congresso do IBDCivil, realizado em 2013 em Curitiba, ocupou-se especificamente do tema Direito Civil e Construção Jurisprudencial, deflagrando ampla pesquisa a partir da constituição de Observatório Nacional de Jurisprudência. Anuncia-se agora o III Congresso Brasileiro de Direito Civil, organizado pelo IBDCivil com a OAB-PE, a se realizar em Recife nos dias 10 a 12 de agosto de 2015, com ampla agenda voltada para o direito civil: interpretação e o protagonismo da doutrina. O eixo central desses eventos tem sido precisamente o estabelecimento de canais de comunicação entre a prática judiciária e a atividade do doutrinador, de modo a estimular cada vez mais a definição precisa de suas indispensáveis funções, especialmente diante da evolução da técnica legislativa e dos novos direitos.

A urgência da pauta proposta decorre da constatação de que tais papéis tem se sobreposto nas últimas décadas na experiência brasileira, em prejuízo da segurança do jurisdicionado. De um lado, vê-se difusamente jurisprudência desacompanhada de base teórica sólida, que assegure coerência sistemática ao conjunto de julgados. De outro, literatura jurídica dominada por manuais para concursos, tomados como doutrina, valem-se muitas vezes de decisões isoladas (chamadas açodadamente de jurisprudência) para a condução ou validação de seus próprios entendimentos. Cria-se, então, círculo vicioso em que a doutrina deixa de orientar as decisões jurisprudenciais, as quais, por sua vez, não apresentam caráter orgânico apto a indicar modelos de comportamento confiáveis. O descompasso entre as funções da doutrina e da magistratura suscita inquietante insegurança, na medida em que se perdem as referências que deveriam balizar o convívio social.

No direito contemporâneo, em que a técnica regulamentar perde espaço para as cláusulas gerais – mais eficientes diante da multiplicidade e complexidade das hipóteses fáticas de incidência, no mundo em frenética transformação –, torna-se imprescindível reformular a antiga noção de segurança jurídica. Esta não se identifica com a clareza da regra abstrata senão com a argumentação coerente que deve fundamentar e motivar as decisões, encontrando-se ou não na presença de regras (aparentemente) claras. Se assim é, como parece, mostra-se urgente a assunção pela doutrina de seu papel orientador e sistematizador, para que forneça aos juízes, para além das apostilhas impressas como cursos de direito, os fundamentos dogmáticos de suas decisões, com base em premissas teóricas sólidas e bem definidas. Com isso ganhará em muito a jurisprudência, a doutrina e o jurisdicionado, transformando a decantada crise da segurança jurídica em círculo virtuoso em que, fortalecida a motivação das decisões, melhor se torna a prestação jurisdicional e, consequentemente, a estima (e a autoestima) dos doutrinadores, cuja boa atuação se reverte necessariamente em proveito para a sociedade.

G.T.

CONTRATOS EMPRESARIAIS NA UNIDADE DO ORDENAMENTO[1]

Nos dias 26 e 27 de fevereiro de 2015, o Conselho da Justiça Federal e a Escola Nacional de Formação de Magistrados (ENFAM), sob a liderança dos Ministros Humberto Martins e João Otávio de Noronha, promoveram a II Jornada de Direito Comercial, destinada à discussão e elaboração de Enunciados Interpretativos relacionados ao direito empresarial, contratual e societário. O evento reuniu professores, magistrados e profissionais do Direito de todo o Brasil, propiciando riquíssima discussão sobre os temas atuais do direito comercial.

Ao lado da excelência de diversos Enunciados aprovados, amplamente divulgados e destinados a exercer papel central na prática jurídica, vale refletir sobre a superação da consumida controvérsia acerca da autonomia do direito comercial e da unicidade do direito obrigacional. Isto porque a classificação didática dos diversos ramos do direito não exclui o tratamento interpretativo unitário de todas as disciplinas jurídicas, especialmente no caso de matérias afins, que se sobrepõem inevitavelmente no direito obrigacional. Verifica-se, a mais não poder, na jurisprudência e, notadamente, na utilização intensa dos princípios normativos pelo Superior Tribunal de Justiça, que as peculiaridades dos diversos ramos do direito não afastam a construção dogmática informada por valores comuns que tornam o direito empresarial integrado à teoria das obrigações.

Afinal, a unidade do direito decorre não de suposta dogmática monolítica do direito obrigacional e empresarial, mas da dinâmica

---

[1] Editorial – *Revista Brasileira de Direito Civil – RBDCivil*, v. 3, jan./mar. 2015.

funcional do sistema jurídico, articulado em ordenamento complexo sob a regência de Texto Constitucional rígido. Compreende-se, assim, que a livre iniciativa tenha foro constitucional, assim como a dignidade humana, a isonomia substancial e a solidariedade social (art. 1º, III e IV; e art. 3º, I e III, C.R.), fundamentos e objetivos fundamentais da República. Do mesmo modo, na linguagem do constituinte, a ordem econômica, fundada na valorização do trabalho e na livre iniciativa, tem por fim assegurar a todos existência digna, conforme ditames da justiça social, observados numerosos princípios socializantes prescritos pelo art. 170 e por seus incisos. Trata-se de ordem econômica que estimula e promove, a um só tempo, a liberdade e a solidariedade; a autonomia privada e a igualdade.

Longe de trazer incerteza, essa opção do constituinte de conectar a atividade econômica a interesses existenciais e sociais serve de suporte para a estabilidade do sistema, de modo a evitar guetos setoriais isolados, erigidos ao sabor de pressões econômicas. Cabe à magistratura, mediante suficiente fundamentação de suas decisões, depurar a nova concepção de segurança jurídica, firme na legalidade constitucional e em parâmetros objetivos que permitam a transparência e o controle social da atividade jurisdicional. Na esteira dessa perspectiva de segurança, os princípios e cláusulas gerais não devem ser tomados como opção ideológica ou redacional, e sim como fenômeno cada vez mais frequente nos países da *civil law* (e mesmo nos países da *common law*), a traduzir técnica legislativa própria da era tecnológica: a iniciativa privada caminha em velocidade frenética, tornando impossível disciplinar a atividade econômica senão mediante o recurso a princípios e cláusulas gerais.

Nesse cenário, com o propósito de estabelecer padrões hermenêuticos coerentes, assume relevância a distinção estabelecida pelo constituinte, fundamentada não mais em aspectos estruturais e estáticos, mas em critérios funcionais e dinâmicos, que aparta as relações existenciais das patrimoniais. Nestas últimas privilegia-se, sem ruptura do sistema, o legítimo escopo econômico dos titulares, justificando-se assim o tratamento igualitário das partes nos contratos empresariais, em que há simetria de informações entre os contratantes. Não há aqui fuga do sistema, mas reconhecimento da legitimidade da autonomia privada no âmbito do mesmo sistema jurídico que agrega e concilia valores sociais e existenciais.

De fato, o contrato constitui-se no principal instrumento para a realização da autonomia privada, que se expressa no acordo de vontade.

Há de ser prestigiada a atividade empresarial sem prejuízo do respeito a valores extrapatrimoniais alcançados pelos negócios jurídicos. Nessa mesma linha de análise, a preocupação constitucional com o meio ambiente equilibrado, a tutela do consumidor, a livre concorrência e a integridade psicofísica dos trabalhadores corrobora o valor social da livre iniciativa, mostrando-se equívoca a percepção de que as disposições normativas que extrapolem a letra regulamentar da lei sejam fonte de insegurança.

Na mesma linha de análise, os princípios da função social, da boa-fé objetiva e do equilíbrio econômico das prestações, longe de intimidarem os atores jurídicos ou reduzirem a atividade empresarial, refletem a dimensão axiológica estabelecida pela ordem constitucional. Mostra-se assim plenamente compatível com os contratos empresariais o controle de merecimento de tutela das cláusulas negociais, assim como, nos termos da previsão do Código Civil, a repressão a cláusulas abusivas; a possibilidade de resolução e revisão de obrigações tornadas excessivamente onerosas; a maior proteção do aderente, e assim por diante.

Na legalidade constitucional, as peculiaridades dos contratos empresariais encontram plena justificação axiológica, sendo inconcebível, por exemplo, a leitura dos princípios acima mencionados associados à pretensa vulnerabilidade em relações paritárias. Tais singularidades, contudo, compatíveis com a pluralidade das fontes normativas e diversidade de cenários econômicos, não afastam a unidade do ordenamento e a necessidade de se rejeitar a fragmentação do sistema jurídico — e de sua tábua de valores — em que se manifesta a identidade cultural da sociedade.

G.T.

O SUPREMO TRIBUNAL FEDERAL E A VIRADA DE COPÉRNICO[1]

A comunidade jurídica encontra-se em festa com a nomeação do professor Luiz Edson Fachin ao cargo de Ministro do Supremo Tribunal Federal. Sua elevada reputação acadêmica e profissional, arguta inteligência e extraordinária capacidade de trabalho já foram propaladas por todas as mídias. A mais alta Corte do país passa a contar com a sua destacada cultura jurídica e singular dedicação institucional.

Sob outro prisma, vale ressaltar o paradigmático significado da presença, no ápice da magistratura brasileira, de um dos juristas mais comprometidos com a renovação das técnicas interpretativas à luz da legalidade constitucional. Ao propósito, a configuração do Supremo Tribunal como Corte Constitucional, com as funções jurisdicionais que lhe foram atribuídas pela Constituição de 1988, coincide com a reconstrução dogmática do direito privado formulada e desenvolvida, desde a constituinte, pela civilística brasileira. O Ministro Fachin situa-se na liderança de diversas gerações de estudiosos que, por distintos matizes e correntes de pensamento, propõem o deslocamento da centralidade hermenêutica do direito civil (do patrimônio) para a pessoa humana e a promoção de sua dignidade. Designado como *personalismo* ou *despatrimonialização* das relações privadas, identifica-se aí movimento teórico que, fiel à solidariedade social e à igualdade substancial, dedica-se a revisitar as categorias tradicionais (patrimoniais e individualistas) do direito civil, enaltecendo a função promocional dos valores existenciais subjacentes à ordem pública constitucionalmente estabelecida.

[1] Editorial – *Revista Brasileira de Direito Civil – RBDCivil*, v. 4, abr./jun. 2015.

Mostra-se emblemático, nessa mesma trilha, que o Grupo de Pesquisa orientado pelo professor Luiz Edson Fachin, em sua Universidade Federal do Paraná, seja intitulado *Virada de Copérnico*.

Legitimado por vasta obra doutrinária, o Ministro Fachin enfrentará os grandes temas que perpassam a tensão dialética entre intervenção estatal e atividade econômica privada; e o equilíbrio cada vez mais tênue entre as relações patrimoniais e as existenciais, o "ter" e o "ser". Para tanto, ponderará princípios e valores que permeiam a identidade cultural da sociedade brasileira. Essa árdua missão alcança em seu âmago os conflitos entre capital e trabalho; os novos modelos de convivência familiar; a responsabilidade subjetiva e objetiva do poder público e dos agentes econômicos; a propriedade privada como garantia individual e acesso a direitos fundamentais; a extensão dos atos jurídicos perfeitos e dos direitos adquiridos; a responsabilidade política, penal e fiscal dos agentes públicos; e assim por diante.

Por opção de política judiciária, que mereceu o eloquente silêncio da doutrina, o Supremo Tribunal Federal, logo após a promulgação da Constituição de 1988, na ADIN nº 2, decidiu que não caberia à Alta Corte, em ação direta, o exame da legislação infraconstitucional anterior a 5 de outubro de 1988. Com isso, deixou esvair a oportunidade de passar em revista os diversos setores do direito privado regulado pela legislação infraconstitucional. A valoração da constitucionalidade de questões importantíssimas foi, então, em termos práticos, expelida da jurisdição constitucional, delegada ao juízo de primeiro grau, com recurso extremo ao STJ.

Com efeito, na aludida ADIN nº 2, o Plenário do STF rejeitou a tese da inconstitucionalidade superveniente, ao argumento técnico de que a lei anterior não pode ser inconstitucional em relação à nova Constituição, já que esta, quando em contradição com aquela, tão somente não a recepciona, subtraindo-lhe o fundamento de validade. A decisão, embora tecnicamente respeitável, atraiu o dissenso dos Ministros Marco Aurélio, Néri da Silveira e Sepúlveda Pertence, o qual, em voto antológico, afirmou discordar da maioria "por força de uma firme convicção de que recusar a via da ação direta de inconstitucionalidade ao expurgo das leis velhas incompatíveis com a nova ordem constitucional, seria demitir-se o Supremo Tribunal de uma missão e de uma responsabilidade que são suas. Intransferivelmente suas". Nos termos da tese vencida, para fins de exame de constitucionalidade, não há diferença entre a lei anterior ou posterior ao Texto Maior.

A conclusão regular de processo legislativo tornaria válida a lei com fundamento na Constituição da época em que foi promulgada, sem embargo do controle de constitucionalidade em momento posterior, de acordo com a nova ordem jurídica. A inconstitucionalidade superveniente corresponderia, portanto, à situação de incompatibilidade cujo efeito seria a revogação. Assim sendo, o fato de a lei antiga se encontrar em colisão com a nova Constituição (que lhe é superior hierarquicamente e posterior no tempo) não deveria impedir a declaração de inconstitucionalidade em via direta pela Suprema Corte (a declarar e reconhecer a revogação *ex tunc*, desde a nova ordem jurídica). A inconstitucionalidade (é a premissa, situada no plano de validade, que) pode conduzir, portanto, no caso concreto, à revogação (consequência ou efeito, plano de vigência).

Ainda segundo o voto do Ministro Pertence, a tese vencedora levaria, por consequência, a "que o deslinde das controvérsias suscitadas flutue, durante anos, ao sabor dos dissídios entre juízes e tribunais de todo o país, até chegar à decisão da Alta Corte, ao fim de longa caminhada pelas vias frequentemente tortuosas do sistema de recursos". A partir de tal julgamento, adotou-se na experiência brasileira solução que, diferentemente das Cortes Constitucionais europeias, instauradas pelas Constituições do Pós-guerra, atribuiu interpretação controvertida à teoria da recepção, de matriz kelseniana, de tal modo que as leis antigas, sem o novo fundamento de validade constitucional, deixariam de existir automaticamente, evadindo do controle de compatibilidade em abstrato pela Alta Corte.

A despeito de tal anteparo formal, as colisões de interesses constitucionalmente tutelados, no âmbito de relações reguladas pelo direito infraconstitucional, congestionariam, a cada dia com maior intensidade, a Suprema Corte, seja por meio do controle difuso, seja por meio do próprio controle abstrato, que se pretendeu banir em assuntos sujeitos à legislação infraconstitucional anterior. A posição majoritária expressa na ADIN nº 2 traduz, em sua essência, a dicotomia, então predominante, entre o direito público e o direito privado, sem que se conseguisse entrever, àquela altura, o fato de que, para a legalidade constitucional, não há diferença substancial entre tais domínios, ambos plasmados pelos mesmos princípios e valores cuja promoção vincula os agentes públicos e privados.

Em mudança de rota, o que se tem visto nos julgamentos do Plenário do STF, em particular na última década, é o franco controle jurisdicional de modelos de comportamento que, atinentes à vida associativa, familiar e existencial, transbordam os diques de contenção secularmente preparados para impedir a contaminação das categorias do direito público com as do direito privado. Essa tendência proativa do Supremo mostra-se vicejante e precisa ser nutrida (desde que) de forma coerente com a unidade do ordenamento, para o aprimoramento das instituições jurídicas e para a concreção da tábua axiológica constitucional.

Segue-se daí a importância histórica da presença do Ministro Luiz Edson Fachin na Corte Suprema, podendo-se extrair de sua palavra doutrinária a rara sensibilidade para, firme na unidade do sistema, incorporar os valores constitucionais à norma interpretada, independentemente da maior ou menor incidência de regras legais específicas e da anterioridade ou superveniência do texto legal à Lei Maior. Afinal, a pluralidade de fontes, diversidade de níveis hierárquicos e sucessão temporal dos preceitos normativos caracterizam a complexidade do ordenamento, cuja imprescindível unidade cabe à magistratura, e especialmente à Suprema Corte, zelar e promover. Seja bem-vindo, Ministro Fachin, ao Judiciário e ao alvissareiro horizonte que se avizinha para a Suprema Corte: mãos à obra!

G.T.

DIÁLOGOS ENTRE FONTES NORMATIVAS NA COMPLEXIDADE DO ORDENAMENTO[1]

Em recente evento na Faculdade de Direito da Universidade Federal do Rio Grande do Sul (UFRS), retomou-se o instigante debate acerca dos diálogos de fontes normativas.[2] Em particular, o debate enfrentou as relações entre o Código Civil, Código de Defesa do Consumidor e Tratados Internacionais (a Convenção de Montreal, por exemplo, com cláusulas limitativas de responsabilidade). Buscou-se perquirir o sentido hermenêutico da expressão *Diálogos de fontes normativas*, atribuída ao professor Erick James, para além de simples adorno retórico (como uma árvore *de Natal*, lembrou o Ministro Herman Benjamim, em crítica à utilização por vezes meramente decorativa, da expressão). O Ministro Ricardo Lorenzetti, Presidente da Corte Constitucional Argentina, trouxe atualíssima reflexão sobre o novo Código Civil Argentino, enquanto o Ministro Gilmar Mendes, do STF, relatou formidável casuística, a ser julgada pela Corte Suprema Brasileira, com repercussão geral já admitida, atinente à incidência de direitos fundamentais nas relações privadas.

Do ponto de vista da teoria da interpretação, mostra-se imprescindível que a pluralidade de fontes normativas não acarrete a ruptura

[1] Editorial – *Revista Brasileira de Direito Civil – RBDCivil*, v.5, jul./set. 2015.

[2] O evento realizou-se nos dias 12 a 14 de novembro de 2015, no âmbito das atividades do Programa de Pós-Graduação *stricto sensu* da Faculdade de Direito da Universidade Federal do Rio Grande do Sul, sob a liderança da professora Cláudia Lima Marques. Os trabalhos compreenderam os Encontros da Associação Luso-Alemã de Juristas – Tagung der Deutsch-Lusitanischen Juristenvereinigung – e da Rede Alemanha-Brasil de Direito do Consumidor no Brasil.

do sistema, disperso em lógicas setoriais, em detrimento da unidade essencial ao próprio conceito de ordenamento. Nessa perspectiva, há de se criticar a preferência linguística pela expressão *microssistema* para designar núcleos normativos que, a despeito de suas características estatutárias e multidisciplinares, não podem ser interpretados de maneira autônoma, apartado dos valores comuns ao sistema jurídico, o qual, embora aberto e plural, mostra-se necessariamente unitário, no âmbito do qual a Constituição da República se situa em posição hierárquica superior e prevalente. Em outros termos, para que se construa dogmática consentânea com a noção de sistema, revela-se imprescindível a utilização de teoria da interpretação única e não formalista, em que cada norma infraconstitucional seja aplicada conjuntamente com os princípios constitucionais. A reunificação do sistema só pode ser compreendida com a atribuição de papel proeminente e central à Constituição.

O desafio do jurista de hoje encontra-se em lidar com a complexidade dos núcleos normativos que caracterizam o sistema, composto pela Constituição, leis gerais, especiais, tratados internacionais, promulgados em experiências culturais e momentos históricos diferenciados. Diálogo de fontes, portanto — e jamais monólogo, em que se privilegiasse arbitrariamente o Código Civil ou as leis especiais. O Código Civil deve contribuir para tal esforço hermenêutico, não devendo o intérprete deixar-se levar por eventual sedução de nele imaginar microclima de conceitos e liberdades patrimoniais descomprometidas com a legalidade constitucional. Nessa esteira, a solução para as controvérsias do caso concreto nunca dependerá de regra isoladamente considerada, devendo-se, ao revés, ter em conta o ordenamento jurídico como um todo, com seus valores e princípios fundamentais. Do mesmo modo, o Código de Defesa do Consumidor há de ser compreendido como expressão de tutela da pessoa humana no mercado de consumo, a partir dos fundamentos e objetivos fundamentais da República (C.R., arts. 1º e 3º). Os princípios da dignidade da pessoa humana, da solidariedade social e da igualdade substancial informam, nessa direção, a proteção do consumidor (C.R., arts. 5º, inciso XXXII; 170, V), como expressão da tutela da pessoa humana em situação de particular vulnerabilidade. Pela mesma ordem de fundamentos, o Código Civil e o Código de Defesa do Consumidor não podem ser considerados diplomas contrastantes, senão complementares, no âmbito da complexidade do ordenamento, instrumentos para a promoção da solidariedade e do personalismo constitucionais.

O princípio da vulnerabilidade surge, então, como critério de demarcação da incidência de ambos os diplomas, autorizando-se interpretação funcional do conceito jurídico de consumidor. Torna-se, assim, possível proteger, ao lado das pessoas físicas, pequenos agricultores ou empreendedores individuais, por exemplo, os quais, embora não destinatários finais dos produtos ou serviços, se situam comprovadamente em situação de vulnerabilidade. Esta tem sido, de resto, a linha seguida, com argúcia, pelo Superior Tribunal de Justiça, que promove a unidade do ordenamento, de modo a "garantir a incidência do Código de Defesa do Consumidor nas hipóteses em que a parte, pessoa física ou jurídica, apesar de não ser tecnicamente a destinatária final do produto ou serviço, se apresenta em situação de vulnerabilidade" (STJ, AgRg no AREsp nº 601.234/DF, 3ª T., Rel. Min. Marco Aurélio Bellizze, julg. 12.05.2015. No mesmo sentido: STJ, AgRg no AREsp nº 415.244/SC, 4ª T., Rel. Min. Antonio Carlos Ferreira, julg. 07.05.2015).

Em outras palavras, sem prejuízo da afirmação da doutrina finalista, que preserva o conceito jurídico de consumidor, em princípio, para pessoas físicas não profissionais, o finalismo funcional haverá de permitir expandir ou reduzir o espectro de incidência do CDC, de acordo com a identificação de situações concretas de vulnerabilidade, como ocorre, com frequência, com o pequeno agricultor ou pescador que comercializa produtos ou serviços para a sua subsistência. O mesmo critério funcional deve ser adotado para a solução de matérias reguladas no Código Civil e no Código de Defesa do Consumidor, como a revisão contratual (arts 317 e 478, CC; art. 5º, VI, CDC); a desconsideração da personalidade jurídica (art. 50, CC; art. 28, CDC); o contrato de transporte (art. 732, CC); e assim por diante. Mostra-se eloquente, nesse particular, a disciplina atinente aos vícios ocultos. O art. 445 do Código Civil limita as ações redibitórias ao prazo decadencial, que se inicia com o surgimento do vício embora limitado no tempo (até o prazo máximo de cento e oitenta dias, em se tratando de bens móveis; e de um ano, para os imóveis). Já o Código de Defesa do Consumidor assegura a proteção do adquirente do produto e serviço a partir do "momento em que ficar evidenciado o defeito" (CDC, art. 26, §3º). Inicialmente, a jurisprudência limitava a proteção do consumidor aos prazos contratuais de garantia, sem critério bem definido para tal restrição. Posteriormente, contudo, a doutrina — cf. BESSA, Leonardo Roscoe. *Vícios dos produtos*: um paralelo entre o CDC e o Código Civil. São Paulo: Revista dos Tribunais, 2005 (tese de doutorado defendida na Faculdade de Direito da UERJ) — e a jurisprudência passaram a desenvolver o conceito de vida útil dos produtos, dentro da qual se tem a legítima expectativa de proteção contra vícios de qualquer natureza, independentemente do prazo de garantia. Nessa direção, o entendimento do STJ: "o Código de Defesa do Consumidor, no §3º do art. 26, no que concerne à disciplina do vício oculto, adotou o critério da vida útil do bem, e não o critério da garantia, podendo o fornecedor se responsabilizar pelo vício em um espaço largo de tempo, mesmo depois de expirada a garantia contratual. Com efeito, em se tratando de vício oculto não decorrente do desgaste natural gerado pela fruição ordinária do produto, mas da própria fabricação, e relativo a projeto, cálculo estrutural, resistência de materiais, entre outros, o prazo para reclamar pela reparação se inicia no momento em que ficar evidenciado o defeito, não obstante tenha isso ocorrido depois de expirado o prazo contratual de garantia, devendo ter-se sempre em vista o critério da vida útil do bem" (REsp. nº 984.106/SC, 4ª T., Rel. Min. Luis Felipe Salomão, julg. 04.10.2012).

Em última análise, o diálogo de fontes normativas, nacionais e transnacionais, deve representar técnica hermenêutica destinada à harmonização do sistema, não à sua fragmentação. A partir dos valores constitucionais e da dogmática construída pelo direito civil ao longo de sua história, o Código de Defesa do Consumidor encontra justificativa axiológica voltada para a busca da diminuição das desigualdades e das assimetrias informativas. Trata-se de esforço hermenêutico em favor da pessoa humana e de suas relações existenciais, ponto de partida e de chegada da legalidade constitucional.

G.T.

NOVAS FAMÍLIAS ENTRE AUTONOMIA EXISTENCIAL E TUTELA DE VULNERABILIDADES[1]

A evolução do tratamento jurídico das famílias revela movimento pendular entre dois valores caros ao atual sistema jurídico. Em primeiro lugar, a necessidade de se assegurar a liberdade nas escolhas existenciais que, na intimidade do recesso familiar, possa propiciar o desenvolvimento pleno da personalidade de seus integrantes. Esse o propósito do art. 1.513 do Código Civil: "É defeso a qualquer pessoa, de direito público ou privado, interferir na comunhão de vida instituída pela família". Por outro lado, a tutela das vulnerabilidades e das assimetrias econômicas e informativas, para que a comunhão plena de vida se estabeleça em ambiente de igualdade de direitos e deveres (art. 1.511, Código Civil, *ex vi* do art. 226, §5º, C.R.), com o efetivo respeito da liberdade individual. Tendo-se presentes esses dois vetores, e diante das intensas modificações ocorridas nas últimas décadas na estrutura das entidades familiares, torna-se indispensável a reformulação dos critérios interpretativos, a despeito da resiliência, de alguns setores da doutrina e da magistratura, de admitir a incompatibilidade entre antigos dogmas de cunho religioso e político com tão radicais transformações – fenomenológica, percebida na sociedade ocidental, e axiológica, promovida pela legalidade constitucional.

A Constituição da República consagrou nova tábua de valores, da qual se pode extrair a transformação do conceito de unidade

[1] Editorial – *Revista Brasileira de Direito Civil – RBDCivil*, v. 6, out./dez. 2015.

familiar que sempre esteve na base do sistema. Verifica-se, do exame dos arts. 226 a 230, C.R., que o centro da tutela constitucional se desloca do casamento para as relações familiares dele (mas não unicamente dele) decorrentes; e que a milenar proteção da família como instituição, unidade de produção e reprodução dos valores culturais, éticos, religiosos e econômicos, dá lugar à tutela essencialmente funcionalizada à dignidade de seus integrantes e ao desenvolvimento da personalidade dos filhos. De outra forma não se consegue explicar a proteção constitucional às entidades familiares não fundadas no casamento (art. 226, §3º) e às famílias monoparentais (art. 226, §4º); a igualdade de direitos entre homem e mulher na sociedade conjugal (art. 226, §5º); a garantia da possibilidade de dissolução da sociedade conjugal independentemente de culpa (art. 226, §6º); o planejamento familiar voltado para os princípios da dignidade da pessoa humana e da paternidade responsável (art. 226, §7º) e a previsão de ostensiva intervenção estatal no núcleo familiar no sentido de proteger seus integrantes e coibir a violência doméstica (art. 226, §8º).

A hostilidade do legislador pré-constitucional às interferências exógenas na estrutura familiar e a escancarada proteção do vínculo conjugal e da coesão formal da família, ainda que em detrimento da realização pessoal de seus integrantes — particularmente no que se refere à mulher e aos filhos, inteiramente subjugados à figura do marido — justificava-se em benefício da paz doméstica. Por maioria de razão, a proteção dos filhos extraconjugais nunca poderia afetar a estrutura familiar, sendo compreensível, em tal perspectiva, a aversão do Código Civil de 1916 aos relacionamentos extraconjugais, simbolizados pelo estigma da concubina. O sacrifício individual, em todas as hipóteses de fracasso no relacionamento conjugal, era largamente compensado, na ótica do sistema, pela preservação da célula *mater* da sociedade, instituição essencial à ordem pública e modelada sob o paradigma patriarcal.

O constituinte de 1988, todavia, além dos dispositivos acima enunciados, consagrou, no art. 1º, III, entre os princípios fundamentais da República, que antecedem todo o texto maior, a dignidade da pessoa humana, impedindo assim que se pudesse admitir a superposição de qualquer estrutura institucional à tutela de seus integrantes, mesmo em se tratando de instituições com *status* constitucional, como é o caso da empresa, da propriedade e da família. Assim sendo, a família deixa de ter valor intrínseco, como instituição capaz de merecer tutela jurídica pelo simples fato de existir, passando a ser valorada de maneira instrumental, tutelada na medida em que — e somente na exata medida em que — se constitua em um núcleo intermediário de autonomia existencial e de desenvolvimento da personalidade dos filhos, com a promoção isonômica e democrática da dignidade de seus integrantes.

O afeto torna-se, nessa medida, elemento definidor de situações jurídicas, ampliando-se a relação de filiação pela posse de estado de filho e flexibilizando-se, com benfazeja elasticidade, os requisitos para a constituição da família. O direito de família passa a atribuir particular importância (não à afetividade como declaração subjetiva ou obscura reserva mental de sentimentos não demonstrados, mas) à percepção do sentimento do afeto na vida familiar e na alteridade estabelecida no seio da vida comunitária. Nessa esteira, situa-se a ampla admissibilidade, pela jurisprudência atual, de entidades familiares extraconjugais, incluindo-se a união de pessoas do mesmo sexo, as famílias simultâneas, cuja repercussão geral foi reconhecida (STF, RG no ARE nº 656.298/SE), além das uniões poliafetivas, reguladas pelo tabelionato (escritura pública foi lavrada pelo 15º Ofício de Notas/RJ para contratualizar união entre 3 mulheres), e cuja eficácia, no âmbito do direito de família, ainda é objeto de controvérsia, justamente porque o conceito de família há de ser necessariamente elástico, em contínua evolução (cf. jota.info/dilemas-do-afeto).

Entretanto, há de se cuidar para que não se banalizem os sentimentos e o afeto, submetidos à percepção valorativa de cada magistrado ou, pior, às pretensões egoístas e patrimonialistas de protagonistas de conflitos de interesses. E o melhor antídoto para tais riscos mostra-se o balizamento do merecimento de tutela das relações afetivas pelos valores normativos constitucionais (democracia, igualdade, solidariedade, dignidade) que permeiam a legislação infraconstitucional.

No cenário da vida como ela é, o amor por vezes falta, o egoísmo aflora e os deveres estabelecidos nas relações afetivas devem ser integralmente preservados. A alteridade tem consequências para o constituinte. É como se a legalidade constitucional se valesse da percepção do afeto para imediatamente impregná-la e plasmá-la com os valores constitucionais, vinculando as relações jurídicas a deveres de solidariedade e igualdade. Torna-se indispensável, portanto, uma vez introduzida a realidade da vida, do amor e do afeto na experiência normativa, que não se releguem as relações de família à pura espontaneidade, desprovida de valores jurídicos, deixando-se em segundo plano os deveres constitucionais a que corresponde o amor responsável.

Autonomia total para os arranjos familiares, sendo a responsabilidade pelo outro e por tudo aquilo que se cativa imprescindíveis na legalidade constitucional.

G.T.

DIREITO CIVIL E PROTEÇÃO DAS VULNERABILIDADES[1]

Ainda reverbera na comunidade jurídica o profícuo debate estabelecido na VII Jornada de Direito Civil do CJF, realizada em 28 e 29 de setembro de 2015. Ao lado dos enunciados aprovados, mostra-se oportuno refletir sobre alguns dos temas tratados, especialmente no que tange ao adimplemento obrigacional e ao sistema de garantias.

Ao propósito, discutiu-se a regra contida no art. 27, §5º, da Lei nº 9.514/1997, que regula a alienação fiduciária de imóvel. O dispositivo, diferentemente da sistemática do Código Civil, prevê, após o não pagamento pelo devedor e a realização do segundo leilão público promovido para a venda do bem dado em garantia, a extinção da dívida, mesmo se o maior lance oferecido for menor que o valor do débito. Proposta de enunciado interpretativo pretendia restringir tal dispositivo a relações de consumo, admitindo-se seu afastamento, pelas partes, por disposição contratual expressa, sempre que não se tratasse de relação entre consumidor e fornecedor. Com a não incidência da lei especial, aplicar-se-ia a norma constante nos arts. 1.366 e 1.430 do Código Civil, de modo que o devedor, nesse caso, continuaria responsável pelo saldo remanescente se o valor do imóvel dado em garantia fiduciária não fosse suficiente para o integral pagamento do credor.

Segundo a justificativa apresentada para a proposta, o §5º do art. 27 da Lei nº 9.514/1997 consubstancia regra particular, haja vista que as demais espécies de garantia real, inclusive as modalidades de alienação fiduciária atinentes aos direitos e bens móveis, se submetem à

---

[1] Editorial – *Revista Brasileira de Direito Civil – RBDCivil*, v. 7, jan./mar. 2016.

norma geral do Código Civil, para a qual, uma vez executada a garantia, o devedor continua a responder pessoalmente pelo saldo remanescente. Dada a especificidade dessa regra, que tem por finalidade proteger o contratante vulnerável, notadamente no financiamento imobiliário, sua aplicação poderia ser validamente recusada por contratantes em relações paritárias. Nessa esteira, em razão do caráter de ordem pública do sistema de proteção do consumidor, não seria possível o afastamento de tal preceito, uma vez configurada relação de consumo. Em contrapartida, na hipótese de relações paritárias, a extinção da dívida com a execução de garantia em valor inferior ao débito estimularia o mau pagador, consagrando-se seu enriquecimento injusto.

Tal proposta foi rejeitada por pequena margem de votos, prevalecendo, ao final de animada discussão, certa desconfiança em face dos credores, normalmente associados a grupos econômicos poderosos em face dos quais a extinção da dívida parece sempre ser a melhor solução. Por outro lado, mostra-se legítimo pensar no sistema de crédito como um todo, estremando as situações de discrepâncias informativas e econômicas daquelas em que, havendo paridade na contratação, o adimplemento há de ser a regra, sob pena do encarecimento injustificado do crédito e da perda de confiança na autonomia privada.

O dilema revela a necessidade de compatibilização sistemática de ambas as preocupações, com fundamento não em escolhas ideológicas ou maniqueístas, mas nos valores do ordenamento jurídico. Vê-se, nessa perspectiva, que a justificativa axiológica para a lei especial se encontra na vulnerabilidade identificada pelo legislador nos contratos de financiamento imobiliário, normalmente firmados para a realização do sonho da casa própria, em face do agente do sistema financeiro. Os princípios da boa-fé objetiva e da função social dos contratos, nessa vertente, incidem de forma intensa, diante da disparidade econômica e informativa entre os contratantes. Se, diferentemente, o cenário se altera para situações estranhas à vulnerabilidade, em que inexiste relação de consumo ou de acentuada assimetria entre os contratantes, a disciplina do Código Civil há de prevalecer, de tal modo que, vendida a coisa dada em garantia, se o produto não bastar para o pagamento da dívida e das despesas de cobrança, continua o devedor obrigado pelo restante.

Nessa direção, para a preservação da proteção finalística do consumidor e do contratante vulnerável, especialmente em se tratando do acesso à moradia, mister não banalizar a tutela diferenciada do devedor, a qual se justifica, na legalidade constitucional, somente se associada a valores existenciais e sociais subjacentes aos princípios da solidariedade e da isonomia substancial (art. 3º, I e II, C.R.). Fora dessas hipóteses, a autonomia privada há de ser estimulada de tal maneira que, em nome da boa-fé objetiva e dos princípios constitucionais que informam a livre iniciativa, o adimplemento obrigacional funcione como parâmetro ético e jurídico a ser valorizado. Mostra-se oportuno construir cultura jurídica na qual o inadimplemento – fora das situações de vulnerabilidade – passe a ser considerado um desvalor, o início da corrupção de costumes; e em que a obrigatoriedade dos pactos não seja demonizada por simplicista bandeira de proteção do contratante mais fraco. A legalidade constitucional requer a compreensão unitária do sistema jurídico, na qual liberdade e solidariedade possam andar de mãos juntas e a tutela das vulnerabilidades sirva efetivamente de instrumento para o alcance da igualdade.

G.T.

A RAZOABILIDADE E A SUA ADOÇÃO À MODA DO JEITÃO[1]

Tem sido verdadeiramente notável, nas últimas décadas, o desenvolvimento de princípios e instrumentos hermenêuticos que, rompendo com o falacioso silogismo da subsunção, reformulam a noção de segurança jurídica e propiciam novos fundamentos para a interpretação e aplicação do direito.

Na esteira da teoria da argumentação e de tendências metodológicas que entreveem na persuasão um dos pilares da identificação da norma do caso concreto, a proporcionalidade e a razoabilidade se difundem na linguagem jurisprudencial com significado inquietantemente ambíguo, a exigir da doutrina urgente esforço no sentido definir seu conteúdo e os critérios legítimos para sua utilização na legalidade constitucional.

Assim como ocorreu com o princípio da boa-fé objetiva nos anos 90 do século passado, a razoabilidade parece se apresentar ao magistrado como espécie de trunfo poderoso, destinado a solucionar aparentes impasses diante de colisões de interesses formalmente legítimos. Nesta esteira, bastaria rápida pesquisa jurisprudencial para verificar a diversidade de significados que têm sido atribuídos à razoabilidade, impedindo-se, assim, o controle racional acerca de sua utilização.

A prescindir da discussão quanto às semelhanças ou diferenças estruturais e funcionais entre proporcionalidade e razoabilidade — conceitos equivalentes para alguns autores e, para outros, dirigidos à valoração quantitativa e qualitativa, respectivamente — tem-se invocado

---

[1] Editorial – *Revista Brasileira de Direito Civil – RBDCivil*, v. 8, abr./jun. 2016.

acriticamente a razoabilidade como parâmetro final de decisões difíceis, identificando-a ora como boa-fé objetiva, ora como reação ao abuso de direito, ora como sinônimo de equidade, ora como a justiça no caso concreto a partir da experiência pessoal do magistrado, expressão do seu dever soberano de temperar a letra fria da lei. Tudo isso no louvável propósito de aprimorar a prestação jurisdicional, mas em grave prejuízo da segurança jurídica.

Diante da sobreposição conceitual, a força normativa da boa-fé objetiva e do abuso de direito acaba sendo reduzida com a invocação de qualquer critério valorativo que lhe sirva de amparo, mediante desnecessário parâmetro exógeno à sua própria dogmática. O mesmo se pode dizer no caso da equidade, enquanto, por outro lado, a perspectiva da razoabilidade como justiça no caso concreto ou correção do rigor da norma abstrata desconhece ser dever do magistrado, em toda e qualquer decisão, independentemente da razoabilidade, aplicar a norma jurídica a partir do fato social e de suas circunstâncias específicas, em busca da justiça do caso concreto. O resultado é tornar a razoabilidade reforço hermenêutico ocioso ou, pior, revelador de valoração subjetiva do magistrado, à moda de antiga anedota que considerava que os grandes conflitos acabam sendo decididos, pelo magistrado experiente, de acordo com o jeitão da controvérsia.

Para se evitar tal anomalia, cabe à doutrina do direito privado aprofundar o debate destinado à fixação de parâmetros objetivos para a imprescindível utilização da razoabilidade, que levem em conta (i) a autonomia conceitual em relação às demais categorias; e (ii) os valores e princípios do próprio ordenamento jurídico, sem valorações subjetivas que acabam por desvirtuar a sua força como critério hermenêutico. Nesta dimensão, a razoabilidade adquire relevantíssimo papel como balizador do exame de legitimidade, no caso concreto, dos interesses em confronto. Mediante a razoabilidade, o intérprete poderá aferir em que medida a disciplina individuada para certa hipótese fática, mesmo diante de regras aparentemente claras, se encontra consentânea com os princípios e valores do ordenamento, tendo-se em conta as especificidades dos interesses em questão. É papel do intérprete, portanto, em nome da razoabilidade, entrever as consequências da sua atividade interpretativa no caso concreto, em busca da solução razoável que, ao mesmo tempo, seja rigorosamente fiel aos valores do ordenamento jurídico.

Não se pode abrir mão, portanto, da razoabilidade. Entretanto, a aplicação dos princípios e cláusulas gerais, de fundamental importância na construção da solução do caso concreto, deve atentar para a unidade axiológica indispensável à compreensão do ordenamento como sistema. Dessa forma, a fragmentação da casuística, tão rica quanto pode ser a criatividade humana, não autoriza o subjetivismo do intérprete. A razoabilidade deverá guiar a atividade hermenêutica na individuação dos interesses merecedores de tutela de modo visceralmente fundado e inserido no sistema jurídico e em seus valores normativos.

Não há fórmula definida para a razoabilidade, sendo indispensável que esforço hermenêutico seja levado a cabo na sua construção. Para tanto, o intérprete deve valer-se evidentemente da literatura estrangeira, evitando, contudo, importações acríticas de doutrina e jurisprudência, nem sempre compatíveis com a identidade cultural na qual se haverá de estabelecer o conteúdo da razoabilidade em consonância com a ordem jurídica brasileira.

G.T.

CONTROVÉRSIAS ATUAIS DA TUTELA DA PERSONALIDADE: CRITÉRIOS PARA DOAÇÃO DE SANGUE[1]

O Supremo Tribunal Federal julgará em breve a ADI nº 5.543, que impugna a inaptidão para doação de sangue, determinada pela legislação federal, de homens que declaram ter tido relações sexuais com outros homens, ainda que em relação estável e monogâmica. O Instituto Brasileiro de Direito Civil (IBDCivil) foi admitido como *amicus curiae* no processo. O Relator da ADI, Ministro Luiz Edson Fachin, concedeu liminar para suspender os efeitos das normas impugnadas até o julgamento final pelo Plenário da Corte. A inconstitucionalidade apontada na ADI decorre do critério discriminatório do legislador federal que, invocando estatísticas de duvidosa comprovação, adota o conceito de *grupo de risco*, no lugar de *comportamento de risco*. Assim, ao excluir indivíduos do sexo masculino que tiveram relações sexuais com outros homens nos doze meses anteriores à entrevista, considerando-os grupo de risco, estigmatiza os potenciais doadores independentemente da verificação de seu comportamento de risco, este associado (não à orientação sexual, mas) ao relacionamento promíscuo que comprometeria a segurança da doação, seja por homossexuais seja por heterossexuais. Desse modo, outorga-se tratamento diferenciado para duas situações equivalentes, em violação dos princípios da igualdade, da liberdade de autodeterminação sexual e da dignidade humana.

Por outro lado, a doação de sangue não se torna mais confiável por conta do questionário discriminatório, quer pelo avanço tecnológico,

[1] Editorial – *Revista Brasileira de Direito Civil – RBDCivil*, v. 9, jul./set. 2016.

capaz de garantir, cada vez mais, a segurança das transfusões, quer pela necessidade de se aferir, nas entrevistas aos potenciais doadores, se o seu comportamento coloca em risco o sistema, não já a sua orientação sexual. Assim sendo, além de inúteis para a proteção da sociedade, tais normas criam rótulos que recrudescem o preconceito de que são tradicionalmente vítimas os homossexuais. A vedação imposta pelas normas questionadas contradiz os avanços e conquistas obtidos pelas famílias homoafetivas sob a chancela do Supremo Tribunal Federal. Em 2011, no julgamento conjunto da ADI nº 4.277 e da ADPF nº 132, a Corte reconheceu que a união estável entre pessoas do mesmo sexo constitui entidade familiar protegida pelo ordenamento jurídico brasileiro. Na contramão de tal orientação, os questionários apresentados aos doadores de sangue excluem os doadores que vivem em uniões estáveis homoafetivas, estimulando a discriminação ou a mentira sobre a vida sexual pregressa dos candidatos.

Outro aspecto interessante suscitado pelo IBDCivil em sua petição diz respeito à igualdade das famílias. O reconhecimento das famílias homoafetivas como entidades familiares juridicamente protegidas não se harmoniza com a discriminação dos membros dessas entidades, despojando-os de direitos básicos que reafirmem sua autodeterminação sexual e dignidade, corolários de sua capacidade plena para cultivar valores familiares. A restrição apontada, nessa perspectiva, acaba por relegar as famílias homoafetivas à situação de inferioridade, privando-as da doação de sangue que muitas vezes se revela essencial para a tutela dos seus integrantes.

Por força das normas em questão, estima-se que 19 milhões de litros de sangue, que poderiam salvar vidas e amenizar sofrimentos, são desperdiçados anualmente no Brasil. Em boa hora, portanto, o Supremo Tribunal irá se posicionar sobre a matéria, trazendo a lume novos desdobramentos da proteção da personalidade humana e dos direitos humanos, em que o público e o privado se conjugam na promoção da autonomia existencial, exigindo-se do intérprete atenção para que estereótipos arraigados na sociedade não acabem por ameaçar a plena realização da pessoa humana na legalidade constitucional democrática, igualitária e solidária.

G.T.

PRAZOS PRESCRICIONAIS E SEGURANÇA JURÍDICA[1]

Duas recentes decisões do Superior Tribunal de Justiça definem a compreensão contemporânea dos prazos prescricionais na legalidade constitucional. Estabeleceu-se, após longo itinerário jurisprudencial, o prazo trienal para o exercício das pretensões de ressarcimento de danos decorrentes de responsabilidade civil e o prazo quinquenal no caso de débitos condominiais.

Quanto ao prazo trienal da responsabilidade civil, a despeito da dicção inequívoca do art. 206, §3º, V, grande parte dos intérpretes circunscrevia a regra à responsabilidade civil extracontratual, ao contrário da posição crítica preconizada em doutrina ("Prescrição aplicável à responsabilidade contratual: crônica de uma ilegalidade anunciada", editorial à *Revista Trimestral de Direito Civil – RTDC*, v. 27, 2009) e reconhecida pelo Enunciado nº 419 da V Jornada de Direito Civil do CJF, em 2011. No julgamento do REsp nº 1.281.594/SP, a Terceira Turma da Corte Superior, seguindo o substancioso voto do Ministro Relator, Marco Aurélio Bellizze, decidiu que "o termo 'reparação civil', constante do art. 206, §3º, V, do CC/2002, deve ser interpretado de maneira ampla, alcançando tanto a responsabilidade contratual (arts. 389 a 405) como a extracontratual (arts. 927 a 954)".

Em seu voto, o Ministro Bellizze destacou que o sistema do Código Civil consagra a redução dos prazos prescricionais, "visando

[1] Editorial – *Revista Brasileira de Direito Civil – RBDCivil*, v. 10, jul./set. 2016.

sobretudo a garantir a segurança e a estabilização das relações jurídicas em lapso temporal mais condizente com a dinâmica natural das situações contemporâneas". Com efeito, a interpretação adotada pelo STJ mostra-se sensível à realidade social, transformada pela revolução tecnológica, com a intensificação do intercâmbio de informações. Passa-se a observar, dessa forma, as previsões específicas de prazo prescricional previstas pelo Código Civil, afastando-se a inexata pré-compreensão de que prazos maiores levariam à solução mais justa. Afinal, a perda de prazo prescricional, embora angustiante para o titular de certo direito, decorre da omissão do interessado ao longo do tempo, e sua ocorrência, indispensável à pacificação dos conflitos, associa-se a uma série de outros institutos estabelecidos pelo legislador para a garantia do direito de defesa, bem como ao arrefecimento progressivo da possibilidade de coleta de provas por parte do réu. A opção do codificador civil pelo prazo trienal mostra-se coerente, por outro lado, com o Código de Defesa do Consumidor, que estipula prazo de cinco anos para a pretensão de reparação de danos nos acidentes (por vezes gravíssimos e de grandes proporções) de consumo.

A mesma tendência interpretativa se confirma no julgamento do Recurso Especial Repetitivo nº 1.483.930/DF pela Segunda Seção do STJ, proclamando-se o prazo quinquenal à pretensão de cobrança de taxas condominiais. Também nessa hipótese, a despeito da linguagem do artigo 206, §5º, I, do Código Civil, a controvérsia se prolongou no tempo ao argumento de que, à míngua de dispositivo textualmente destinado a cotas condominiais, dever-se-ia aplicar o prazo residual de dez anos, estabelecido pelo artigo 205 do Código Civil. Pretendia-se preservar, por outro lado, a distinção do regime anterior entre prazos de ações reais e pessoais.

Aos adeptos da tese vencida, convencia o argumento de que o prazo quinquenal, neste caso, não seria expresso, já que o aludido art. 206, §5º, I, não se refere textualmente a despesas condominiais, considerada obrigação *propter rem*. Entretanto, tal natureza jurídica não exclui a fonte obrigacional, estabelecida na convenção ou pacto entre condôminos, instrumento contratual que disciplina a dinâmica da vida em comum e estabelece os deveres dos consortes. O prolongamento do prazo prescricional nessa hipótese, ao contrário do que muitos sustentaram, afigura-se prejudicial ao condomínio, que se deteriora com a falta de pagamento das taxas de manutenção. O princípio constitucional da solidariedade social, associado à função social da copropriedade, impõe que os condôminos contribuam com altruísmo para a vida comunitária, daí decorrendo o dever do síndico de realizar com diligente presteza as cobranças (dispõe de cinco anos para fazê-lo!), de modo a evitar a deterioração das estruturas comuns. Viola a função social da propriedade, portanto, o inadimplente (assim como os demais condôminos que se omitem na cobrança e o síndico negligente), sendo inquietante admitir-se que o inadimplemento de taxas condominiais, em sacrifício dos demais condôminos, possa servir de substitutivo oblíquo para políticas sociais de acesso à moradia e distribuição de rendas. Forte nessas razões, o Superior Tribunal de Justiça acolheu a tese que propugnava a aplicação do prazo prescricional quinquenal, sendo de destacar, no julgamento, a atuação proativa do Instituto Brasileiro de Direito Civil (IBDCivil) como *amicus curiae*, a convite do Relator, o Eminente Min. Luis Felipe Salomão.

O Superior Tribunal de Justiça tem liderado a reconstrução jurisprudencial do direito privado nas últimas décadas. Mostra-se alvissareira a atual posição da Corte na definição de paradigmas que contribuem para que a segurança jurídica deixe de ser considerada um desvalor e o exercício zeloso de direitos seja reconhecido como pilar indispensável à solidariedade constitucional.

G.T.

CRISE DA UNIVERSIDADE PÚBLICA E A SUPERAÇÃO DE IDIOSSINCRASIAS[1]

Atribui-se à literatura norte-americana a percepção de que "a visão do patíbulo aguça a mente". No momento da crise lancinante que ameaça destruir a Universidade Pública, é hora de se pensar em soluções (alternativas ou não) para o financiamento do ensino e pesquisa indispensáveis ao desenvolvimento econômico e social. Enquanto se assiste, ano após ano, ao acintoso estiolamento dos recursos necessários às suas atividades, a comunidade universitária tem tido dificuldade de dialogar com serenidade.

Pode-se afirmar com verdade que o debate genuíno de ideias tem sido impedido por lógica maniqueísta, pela qual qualquer pessoa que procure cogitar de ampliação de fontes de financiamento diversas do tesouro, mesmo com preservação da autonomia universitária, é estigmatizada como inimiga do ensino público e gratuito. Calam-se assim muitas vozes que seriam indispensáveis ao debate e mantém-se o modelo intacto e paralisado, com todos os seus graves problemas internos camuflados.

Em refinado artigo sobre o recrudescimento em todo o mundo do populismo na era tecnológica, Jan-Werner Müller, na *Revista Piauí* nº 124, de janeiro de 2017, aponta duas características perniciosas do discurso populista atual, intensificado pela repercussão das redes sociais. A primeira é a retórica demolidora dirigida não às ideias que lhe são contrárias, mas aos interlocutores que as defendem. Quem defende ideias contrárias ao que pensa o populista se torna o belzebu:

---

1 Editorial – *Revista Brasileira de Direito Civil – RBDCivil*, v. 11, jan./mar. 2017.

"certamente mal-intencionado, tanto que pensa dessa forma medonha". A segunda característica é a arbitrária eleição, pelo populista, de quem "é o verdadeiro povo", isto é, aqueles que têm legitimidade para manifestar a própria opinião. Quem pensa diferente do populista perde, justamente por pensar de modo distinto, a autoridade moral para debater, devendo ser banido da discussão.

Para discutir o futuro da universidade, só teria legitimidade quem se mostra, de antemão, avesso a qualquer alteração do modelo atual de financiamento da universidade pública. Com isso, nada se altera. E a quem interessa essa retórica? Certamente não interessa à grande maioria de professores, alunos, técnicos administrativos e pesquisadores que pretendem assegurar para as próximas gerações uma Universidade criativa e útil à sociedade, para além dos muros dos *campi*. Certamente não interessa aos alunos cotistas, que, incluídos finalmente em programa de ação afirmativa, encontram-se sem condições de assistir às aulas e inserir-se no ambiente acadêmico.

Diante da crise econômica aguda do Estado, é tempo de refletirmos com coragem sobre o futuro da universidade pública. É preciso romper o maniqueísmo simplista e fratricida entre os que querem preservar o modelo atual, à beira da insolvência, e os que, ao contrário, almejam o fim do ensino gratuito. A universidade pública é insubstituível em seu papel fomentador da pesquisa e modelador de padrões de ensino. Nenhuma instituição privada assumiria, nem de longe, os formidáveis investimentos em pesquisa necessários ao desenvolvimento de nosso país. Pesquisas consomem muito mais dinheiro do que a arrecadação com mensalidades auferidas por universidades privadas, cujo lucro fantástico se associa justamente à falta de investimento em pesquisa.

Para preservar a universidade pública, contudo, é preciso realisticamente criar fontes de financiamento suplementares, como ocorre nas principais universidades públicas do mundo. Esses recursos, recebidos com transparência, potencializam exponencialmente o orçamento vindo do Tesouro, em favor da população. Garantem o futuro do ensino público e gratuito que queremos para os nossos jovens. Poderiam assegurar a política de inclusão social. Se as empresas privadas e entidades paraestatais se interessam em financiar pesquisas independentes, e patrocinar cursos de extensão e de capacitação de seu pessoal, a universidade pública poderia, com tais recursos, garantir a excelência do ensino da graduação e da pós-graduação. No caso da UERJ, maior captação de recursos ampliaria a sua importância política na sociedade, as conquistas científicas e a formação de lideranças. Aumentaria certamente seu poder de negociação com o Governo do Estado e demais fontes estatais.

Essa opção, longe de privatizar a universidade pública, a fortaleceria, retirando-a da penúria. Ainda no caso da UERJ, o Hospital Pedro Ernesto tem os melhores médicos e pesquisadores em diversas especialidades. A população carente do Rio merece vê-lo em seu esplendor, que pode ser alcançado com linhas de atuação e de pesquisa que financiem o atendimento gratuito. Isso não é privatizar, mas salvar a universidade pública, cujo modelo atual, por sua inviabilidade, pode levar ao cadafalso. Qual a justificativa para que alunos não paguem estacionamento? A resistência a recursos privados subsidia automóveis particulares. O estacionamento gratuito se torna complacente com a falta de segurança no campus, facilmente autossustentável. Grande parte dos recursos granjeados por universidades privadas, em todo o Brasil, como remuneração a projetos de pesquisa e serviços, é proveniente (não de empresas privadas, mas) de entidades da Administração Pública direta e indireta. Isto porque até mesmo estes órgãos públicos preferem evitar o possível embate político causado pela transferência de recursos para a universidade pública.

A Faculdade de Direito da UERJ, em cuja congregação de professores este editorialista tem a honra de ser Professor Titular e Decano, reúne alunos excepcionais, dentre os melhores do Brasil. O quadro docente é de vanguarda, com renome nacional e internacional. Além do disputadíssimo vestibular, a política das cotas trouxe diversidade extraordinariamente positiva para o futuro profissional. Seus ex-alunos ocupam posições de destaque nas carreiras públicas e na atividade privada. Juízes, desembargadores, membros do Ministério Público, Ministros de Tribunais Superiores, embaixadores, empresários e sócios de grandes escritórios de advocacia, com atuação mundo afora. Não poderiam nossos ex-alunos organizar sistema de doações para construirmos uma grande biblioteca? Isso não privatizaria a universidade pública.

Salvar a universidade pública hoje significa superar preconceitos e admitir outras fontes de financiamento ao lado do orçamento público específico, o qual, evidentemente, há de continuar a ser reivindicado. Eis o único modo de assegurarmos o ensino público e gratuito, para promover o papel transformador e formador de nossa universidade, na direção dos *rankings* mundiais de excelência, de produção científica, e, ao mesmo tempo, da solidariedade social, revertendo-se à sociedade os robustos investimentos públicos recebidos. Oxalá a crise atual permita à sociedade revigorar a universidade pública, fundamental para o progresso da ciência, para a formação de lideranças e para a busca de soluções para o desenvolvimento humano do país.

G.T.

REVOLUÇÃO TECNOLÓGICA E PROTEÇÃO DO AUTOR: O EMBLEMÁTICO CASO DA EXECUÇÃO PÚBLICA DE MÚSICAS NA INTERNET[1]

A Segunda Seção do Superior Tribunal de Justiça acaba de decidir, em 08 de fevereiro de 2017, que a transmissão de música via *streaming* configura execução pública da obra, merecendo, portanto, a mesma proteção aos direitos autorais. A Corte Superior analisou profundamente a matéria, após promover audiência pública em que os especialistas debateram ampla e democraticamente os temas em conflito.

Discutiu-se, na hipótese levada à Corte, se tal utilização depende de prévia autorização do autor e se, no caso da internet, tratar-se-ia de execução pública em local de frequência coletiva, como previsto pelo art. 68, §§2º e 3º da Lei nº 9.610/98, de modo a caracterizar modalidade autônoma de transmissão (art. 31). No julgamento do Recurso Especial nº 1.559.264/RJ, o STJ firmou posicionamento compatível com a evolução tecnológica, em cuja esteira se consolidam novos bens e centros de interesse.

O Ministro Relator Ricardo Villas Bôas Cueva, analisando funcionalmente o sistema de proteção aos direitos autorais, afirmou em seu voto que "a tecnologia *streaming* enquadra-se nos requisitos de incidência normativa, configurando-se, portanto, modalidade de exploração econômica das obras musicais a demandar autorização prévia

---

[1] Editorial – *Revista Brasileira de Direito Civil – RBDCivil*, v. 12, abr./jun. 2017.

e expressa pelos titulares de direito". Ao destacar que o sistema de proteção autoral apresenta "vasto campo de utilização em que a obra intelectual está coberta, tanto no presente como no futuro", ressaltou o Ministro que perde relevância "o meio em que foi expressa. De fato, o que importa é a circunstância de a obra ter sido difundida".

Com a revolução tecnológica, o principal veículo de execução pública de músicas na contemporaneidade é a internet. Disponibiliza-se, por esse meio, formidável número de obras musicais, potencializando-se de maneira extraordinária a transmissão. As novas tecnologias, contudo, não devem estimular a ilicitude e sacrificar os direitos autorais. Na prática, os autores nada ganham ao celebrarem os contratos de edição ou de cessão de direitos patrimoniais, dependendo exclusivamente do impacto de sua obra no público, de modo a auferirem a respectiva e proporcional remuneração. Trata-se de direito fundamental dos autores, cujo respeito associa-se à preservação da identidade cultural da própria sociedade. Na atualidade, o público habitua-se gradualmente à terminologia norte-americana do *streaming* (transmissão de obras musicais e fonogramas via internet) e algumas de suas modalidades: o *simulcasting*, o *webcasting* e o *podcasting*.[2]

Eis a questão central: assim como nas Eras do rádio e da televisão, a composição musical transmitida pela internet não se altera, a despeito da diversidade dos mecanismos de difusão. No passado, como se sabe, discutiu-se se haveria duplicidade de cobrança de direitos autorais nas transmissões de programas idênticos em mais de um veículo (rádio e TV, por exemplo). A jurisprudência mostrou-se firme no sentido de que cada meio de difusão, por representar execução pública específica, propiciaria cobrança autônoma. A hipótese afigura-se análoga às transmissões simultâneas em múltiplos ambientes na internet, não havendo *bis in idem* diante da (ampliação potencial de público decorrente da) proliferação de execuções.

---

2 Na recente definição do Superior Tribunal de Justiça, em julgamento precedido por esclarecedora audiência pública, "*streaming* é a tecnologia que permite a transmissão de dados e informações, utilizando a rede de computadores, de modo contínuo. Esse mecanismo caracteriza-se pelo envio de dados por meio de pacotes, sem que o usuário realize download dos arquivos a serem executados. No *streaming* de música, por exemplo, não se usa a memória física do computador (HD), mas, sim, a conexão à internet para transmissão dos dados necessários à execução do fonograma [...]. O *streaming* é gênero que se subdivide em várias espécies, dentre as quais estão o *simulcasting* e o *webcasting*. Enquanto na primeira espécie há transmissão simultânea de determinado conteúdo através de canais de comunicação diferentes, na segunda, o conteúdo gravado ou ao vivo é disponibilizado pela *web*" (STJ, 2ª S., REsp 1.559.264/RJ, Rel. Min. Ricardo Villas Bôas Cueva, julg. 08.02.2017).

Por outro lado, o fato de que o acesso à internet possa ser efetuado por uma única pessoa em ambiente doméstico não descaracteriza o sítio público de frequência coletiva, que se projeta para número indeterminado de pessoas, de modo a legitimar a cobrança dos direitos autorais. Aliás, discutiu-se há alguns anos se tais direitos poderiam ser cobrados em motéis, hotéis ou ambientes desprovidos de aglomeração popular. A jurisprudência, mais uma vez, assegurou a cobrança, independentemente do número de ouvintes. Na mesma perspectiva, a audição por internauta único em seu computador pessoal ou o compartilhamento coletivo da transmissão não serve de critério diferenciador na aplicação da lei brasileira, já que o fato gerador do direito autoral é a comunicação ao público (execução pública) estabelecida com a transmissão, exposta a público indeterminado em local de frequência coletiva (internet).

Nessa direção, observou argutamente o STJ que "a configuração da execução pública não se dá em decorrência do ato praticado pelo indivíduo que acessa o *site*, mas, sim, pelo ato do provedor que o mantém, disponibilizando a todos, isto é, ao público em geral, o acesso ao conteúdo musical". Com efeito, como assentado no voto do Ministro Villas Bôas Cueva, "é irrelevante a quantidade de pessoas que se encontram no ambiente de execução musical para a configuração de um local como de frequência coletiva. Relevante, portanto, é a colocação das obras ao alcance de uma coletividade frequentadora do ambiente digital, que poderá a qualquer momento acessar o acervo ali disponibilizado". Desse modo, concluiu-se que "o ordenamento jurídico pátrio consagrou o reconhecimento de um amplo direito de comunicação ao público, no qual a simples disponibilização da obra já qualifica o seu uso como uma execução pública, abrangendo, portanto, a transmissão digital interativa (art. 29, VII, da Lei nº 9.610/1998) ou qualquer outra forma de transmissão".

A Corte Superior, uma vez mais, assumiu posição de vanguarda na reconstrução do direito privado. Na sociedade da informação, como destacou o STJ, "o conceito de público ganha novos contornos, afastando-se ainda mais da sua tradicional noção. Público já não mais é, como na era analógica, um conjunto de pessoas que se reúnem e que têm acesso à obra ao mesmo tempo. Público é agora a pessoa que está sozinha, mesmo em casa, e que faz uso da obra onde e quando quiser. Isso porque o fato de a obra intelectual estar à disposição, ao alcance do público, no ambiente coletivo da internet, por si só, é capaz de tornar a execução musical pública".

Diante de novos bens jurídicos, com estruturas inusitadas e centros de interesse antes desconhecidos, o direito há de proteger a função por eles desempenhada. No caso dos direitos autorais, sua defesa há de ser aspiração social. A criação artística há de ser estimulada, sendo um dos raros setores em que a produção nacional, motivo de justo orgulho para os brasileiros, prescinde de subsídio ou favor estatal.

G.T.

STEFANO RODOTÀ E SUA OBRA IMORTAL[1]

O falecimento do Professor Stefano Rodotà, em 23 de junho de 2017, representa perda incalculável não apenas para o direito civil, disciplina da qual foi professor emérito da Faculdade de Direito *La Sapienza*, em Roma. Um dos maiores intelectuais italianos do seu tempo, humanista, cientista político, filósofo, literato, há 60 anos Rodotà produzia, ininterruptamente, contribuições decisivas para a compreensão da evolução do direito e da sociedade contemporânea. Figura humana extraordinária, de simplicidade desconcertante, Rodotà preservava sempre sua voz gentil, mansa e rouca nos debates mais acalorados que, ao longo de sua vida, o manteve sempre, com coerência impressionante, ao lado dos vulneráveis, em busca da igualdade social, da solidariedade e da dignidade humana. Sua obra certamente permanecerá como guia e agenda para muitas gerações de estudiosos.

Rodotà foi aluno de Emilio Betti, Iermolo, Asquini e Rosario Nicoló. Leitor voraz, apaixonado por Balzac, escreveu seus textos dogmáticos mais importantes, densos e profundos, dedicados à responsabilidade civil, às fontes de integração contratual e à propriedade, antes dos 30 anos de idade. Dentre tais estudos, destaca-se sua contribuição seminal *Note critiche in tema di proprietà*, redigida aos 27 anos, e que integraria a coletânea de escritos sobre a propriedade reunidos em obra clássica por ele intitulada, em fórmula eloquente, *Il terribile diritto*, publicada em 1981. Nesta obra, ele analisa criticamente a "máquina da propriedade" que corre "a toda velocidade em um mundo construído

1 Editorial – *Revista Brasileira de Direito Civil – RBDCivil*, v. 13, jul./set. 2017.

em uma única dimensão, do mercado como lei natural e da redução à economia de todas as relações sociais". Em tal perspectiva, considera o individualismo proprietário desproporcional que solapa qualquer "ideia moral de solidariedade". Demonstra, ainda, que a função social não poderia ser considerada simplesmente como limite externo imposto pelo legislador (dimensão quantitativa), tratando-se de elemento de conformação da propriedade (dimensão qualitativa), capaz de alterar o fundamento de atribuição do domínio.

Pode-se dizer que toda a vasta produção científica do Professor Stefano Rodotà tem por fio condutor a pessoa humana e sua tutela constitucional, a partir da convicção de que "o direito é sempre um confronto com os dados da realidade", a qual incorpora a totalidade das normas, não sendo consentido ao intérprete apartar o sistema jurídico como corpo técnico em si mesmo justificado. Como anotou Rodotà, é grave o equívoco de se considerar a tarefa do jurista afastada das ciências sociais, de tal modo que caberia ao legislador tão somente a tarefa de racionalizar, no corpo normativo, o conjunto de transformações ocorridas na sociedade, cuja análise, no entanto, estaria a cargo dos historiadores, filósofos, economistas e sociólogos. Como se da tempestade da história se chegasse à bonança para, só então, ser convocado o jurista a atuar. Em imagem eficiente, projetou a figura de um legislador que apenas chancela as transformações sociais sem as protagonizar: nada além de um *notário da história*.

O Professor Rodotà foi pioneiro também no estudo das novas tecnologias e de seu impacto para o direito. Publicou diversas obras importantes nesse domínio, tendo sido *Autorità Garante* (Autoridade de Garantia) da privacidade da Itália e, posteriormente, da Europa. São incontáveis as suas contribuições doutrinárias e normativas para a tutela da privacidade em perspectiva dinâmica, isto é, não mais como o direito de não ser molestado, mas como direito de autogestão das próprias informações pessoais. Em entrevista belíssima publicada pela *RTDC* (v. 11), que tive o privilégio de realizar juntamente com Danilo Doneda e Luciana Cabral, Rodotà lembrou que, assim como a ética salvou a filosofia, a tecnologia salvou agora o direito civil, obrigando os civilistas e toda a sociedade a darem-se conta das novas exigências regulatórias para a proteção da pessoa humana, cada vez mais exposta a riscos e a danos.

Na esteira de tais reflexões, três temas não poderiam deixar de ser ainda registrados. O primeiro deles, a comovente construção de espaços de liberdade existencial longe da interferência do direito.

Tais espaços não significam ausência de direito, mas a presença de liberdade genuína, promovida pela legalidade constitucional, que afasta a ingerência legislativa. Liberdade para a construção do próprio destino há de ser assegurada em matérias como uniões afetivas, planejamento familiar e reprodutivo: "Quando se atinge o núcleo duro da existência, a necessidade de respeitar a pessoa humana como tal, estamos diante do indecifrável (*indecidibile*). Nenhuma vontade externa, ainda que fosse aquela consensualmente (*coralmente*) expressa por todos os cidadãos ou pelo Parlamento à unanimidade, pode tomar o lugar da vontade do interessado".

A segunda temática são os bens comuns, introduzida de modo pioneiro por Rodotà no debate no âmbito da *civil law*, e que hoje se encontra na ordem do dia, propugnando modelo oposto à propriedade (pública e privada), pelo qual bens essenciais à efetivação de direitos fundamentais, como a água, as florestas, a saúde, o conhecimento, venham a ser retirados do comércio (lógica proprietária), sendo postos à disposição da sociedade, assim como todo o acervo considerado patrimônio da humanidade. Finalmente, como desdobramento de sua preocupação com a tutela da pessoa constitucionalizada, a solidariedade como elo axiológico de todo o sistema, tema de seu livro de 2014 (*Solidarietà: un'utopia necessaria*), em que Rodotà proclama: "somente a presença efetiva de sinais da solidariedade permite continuar a definir democrático um sistema. A experiência histórica nos mostra que, se os tempos se tornam difíceis para a solidariedade, se tornam difíceis também para a democracia".

Das muitas lições que o professor Rodotà nos deixa, encontra-se a inquietude que o acompanhou até os 84 anos, e que o manteve permanentemente disposto a sair da zona de conforto intelectual para, com ideias precursoras, buscar construir o direito vivo, forjado a partir das necessidades concretas da pessoa humana, em que igualdade e solidariedade sejam os alicerces de transformação social. Oxalá sejamos protagonistas desse movimento do qual Rodotà foi o principal artífice, esconjurando-se definitivamente do jurista contemporâneo o papel de *notário da história*.

G.T.

SOLIDARIEDADE E AUTONOMIA NA SUCESSÃO ENTRE CÔNJUGES E COMPANHEIROS[1]

A recente decisão do Supremo Tribunal Federal, no RE nº 646.721, que considerou inconstitucional o regime sucessório diferenciado entre cônjuge e companheiro, previsto pelo art. 1.790 do Código Civil, suscita ao menos duas reflexões inadiáveis. A primeira delas, de ordem técnica, decorre da ausência de enfrentamento, pela Corte, da legitimidade do art. 1845 do Código Civil, que contempla o cônjuge entre os herdeiros necessários sem a inclusão, ao menos em sua expressão literal, do companheiro (na letra da lei: "são herdeiros necessários os descendentes, os ascendentes e o cônjuge"). Daqui a incerteza quanto à extensão do entendimento da Suprema Corte, que se pronunciou no âmbito da sucessão legítima, à sucessão testamentária. A matéria não foi ainda solucionada.

A segunda reflexão, mais complexa, diz respeito à noção de *solidariedade familiar* pretendida pelo Constituinte. Talvez seja o momento de reformular qualitativamente o conteúdo da solidariedade a ser efetivamente exigida no âmbito de toda e qualquer entidade familiar, fundada ou não no casamento. Uma vez estabelecida a tendência de igualdade dos direitos sucessórios nas diversas comunidades familiares — desde que merecedoras de tutela e, portanto, dignas de serem como tal designadas —, e não apenas no caso da união estável, há que se analisar se o sistema sucessório codificado (elaborado a partir do modelo de família

[1] Editorial – *Revista Brasileira de Direito Civil – RBDCivil*, v. 14, out./dez. 2017.

fundada no casamento, antes indissolúvel, e excessivamente restritivo da liberdade testamentária), que considera o cônjuge herdeiro necessário, mostra-se consentâneo com a proteção que se pretende atribuir às famílias da atualidade, constituídas ou não pelo casamento.

Na organização familiar tradicional cogitada pelo legislador, o ato jurídico solene do casamento, monogâmico e indissolúvel, deveria ser fonte de proteção patrimonial imperativa e vitalícia para os cônjuges, projetando-se para a sucessão *causa mortis*. Tutelava-se assim especialmente a mulher, que usualmente saía do mercado de trabalho após o casamento, expondo-se, por isso mesmo, a dificuldades financeiras com a extinção do vínculo conjugal. O pacto antenupcial era contrato raríssimo, que soava mesmo estranho para a maior parte dos casais, sob a suspeita de expressar certa desconfiança de um noivo para com o outro. Compreende-se assim que o legislador de 2002 tenha subtraído da liberdade testamentária o poder de afastar o cônjuge da sucessão, chegando a jurisprudência, bem antes disso, à formulação radical do enunciado da Súmula nº 377 do STF, que determinava a comunicação de aquestos até mesmo na hipótese de casamento com separação obrigatória de bens. Tal Súmula foi editada em sessão plenária de 3 de abril de 1964, para interpretar o art. 259 do CC 1916, segundo o qual "embora o regime não seja o da comunhão de bens, prevalecerão, no silêncio do contrato, os princípios dela, quanto à comunicação dos adquiridos na constância do casamento".

De lá para cá, mudou a sociedade brasileira, mudaram as famílias e o sistema constitucional. Novas entidades familiares passaram a ser admitidas em igualdade de condições, atribuindo-se efeitos sucessórios à união estável e às famílias homoafetivas. Nos dias de hoje, anuncia-se a admissão das famílias simultâneas e das relações plúrimas, conhecidas como poliamor. Nesse contexto, para a identificação do núcleo familiar digno de tutela, de maneira a atrair a incidência dos deveres da solidariedade familiar, adquire grande importância os arts. 1511 ("o casamento estabelece *comunhão plena de vida*, com base na igualdade de direitos e deveres dos cônjuges") e 1513 do Código Civil ("É *defeso* a qualquer pessoa, de direito público ou privado, *interferir na comunhão de vida* instituída pela família"), que pretendem assegurar a autonomia existencial dos conviventes (seja qual for o modelo de convivência afetiva, formal ou informal) na condução da comunhão de vida, segundo os desígnios definidos livremente pelos próprios interessados.

Em panorama assim delineado, para que se possa assegurar a isonomia na sucessão legítima entre as diversas modalidades de famílias, torna-se essencial proclamar a autonomia não só para a fixação das próprias regras de convivência, mas também das regras sucessórias entre cônjuges e companheiros (afinal, trata-se da comunhão de vida em cujo seio é defeso ao Estado interferir). Nessa esteira, mais e mais se entreveem pessoas ciosas da sua liberdade para ditarem o próprio destino, questionando os antigos tabus da heterossexualidade, da predominância do poder masculino, da monogamia, da indissolubilidade da vida a dois. Em contrapartida, formulam-se estatutos privados de convivência mediante pactos antenupciais e contratos atípicos de união estável, de namoro, de poliafetividade e assim por diante.

Diante de tamanha diversidade, para que o sistema se compatibilize com a legalidade constitucional, sem banalizar a elevada proteção conferida às famílias, o princípio da solidariedade, com a responsabilidade que lhe é ínsita, deve ser acompanhado da autonomia que alicerça a dignidade humana. Vale dizer, há que se fomentar a responsabilidade pelas escolhas de vida e a autonomia dos conviventes, inclusive no que tange à liberdade testamentária. Aqueles que se mostram aptos a celebrar pactos antenupciais, contratos de convivência e demais instrumentos reguladores da vida em comum certamente sabem decidir sobre o regime patrimonial durante e após o período de vida afetiva. Solidariedade, nesse caso, não pode ser tomada como exclusão da autonomia, de modo a impor a comunicação de aquestos ou a sucessão *causa mortis* entre não vulneráveis. Entre pessoas livres e iguais, reclama-se o direito de organizar a sucessão entre conviventes, casados ou não, da maneira que lhes aprouver.

Por outro lado, se o legislador, no sistema atual, entende que certos modelos familiares, por suas características, devem ser estabelecidos em regime de separação de bens, o julgamento *contra legem* só poderia ocorrer se tal opção legislativa fosse considerada inconstitucional. E não parece por si só ilegítimo que, preservadas as exigências de recíproco respeito, possa ser atribuído a determinados casamentos o regime de separação patrimonial, desde que respeitada a liberdade de pactuação diversa e a liberdade testamentária sobre a parte disponível do patrimônio. A opção legislativa pela separação de bens no caso de casamento de idosos não os desqualificaria, por si só, em sua autonomia, desde que fosse assegurado aos cônjuges ou companheiros o poder de estabelecer regimes patrimoniais diversos, por meio de pacto antenupcial, com liberdade para dispor de seu patrimônio livremente. Nessa hipótese, poder-se-ia cogitar de regime de separação de bens supletivo, não já obrigatório, após determinada idade.

Mostra-se urgente, portanto, que a proclamação da igualdade de tratamento entre os diversos modelos familiares não seja compreendida como desconhecimento das peculiaridades de cada arranjo afetivo, nos quais a autonomia existencial há de ser tutelada para que a solidariedade nas famílias, que se traduz nos deveres de lealdade, respeito e assistência recíproca, não seja deturpada, tomada indevidamente como sucessão obrigatória nos bens dos conviventes, mesmo contra a sua vontade.

G.T.

DIREITOS FUNDAMENTAIS E ACESSO AOS BENS: ENTRAM EM CENA OS *COMMONS*[1]

Assiste-se, contemporaneamente, à ascensão dos debates relacionados aos bens comuns (*commons*). Afigura-se eloquente que a Sessão de Abertura do XX Congresso Geral da Academia Internacional de Direito Comparado — a ter lugar no dia 23 de julho de 2018, na cidade de Fukuoka, Japão — tenha como tema "a propriedade em face do desafio dos bens comuns" (*property meeting the chalenge of the commons*). Na experiência brasileira, o aprofundamento da teoria dos bens comuns parece representar oportunidade para a retomada da agenda — ainda crucial após quase trinta anos da Constituição de 1988 — relacionada à efetividade dos direitos fundamentais, notadamente no que se refere à garantia de acesso aos bens essenciais para o exercício destes direitos.

Sob a perspectiva internacional, busca-se enfatizar a relação entre a pessoa (e seus direitos) e os bens, mediante a construção de mecanismos jurídicos que efetivamente propiciem o acesso e a participação quanto aos bens necessários à satisfação das necessidades da pessoa humana. Segundo Stefano Rodotà (cujo ensaio seminal sobre o tema foi incluído na 3ª edição de seu insuperável *Il terribile diritto*),[2] "direitos fundamentais, acesso, bens comuns compõem a trama que redefine a relação entre o mundo das pessoas e o mundo dos bens.

---

1 Editorial – *Revista Brasileira de Direito Civil – RBDCivil*, v. 15, jan./mar. 2018.

2 RODOTÀ, Stefano. *Il terribile diritto*: studi sulla proprietà privata e i beni comuni. Bologna: il Mulino, 2013, p. 458-498.

Este, ao menos nos últimos dois séculos, havia sido substancialmente confiado à mediação proprietária, às modalidades pelas quais cada um poderia alcançar a apropriação exclusiva dos bens necessários. É exatamente esta mediação que agora passa a ser questionada. A propriedade, pública ou privada que seja, não pode compreender e exaurir a complexidade da relação pessoa/bens".[3] Nessa perspectiva, a taxonomia dos bens comuns exprime o oposto da propriedade: passa-se da propriedade exclusiva à inclusiva (ou à *não propriedade*), com o reconhecimento da legitimidade de que se investem sujeitos e interesses diversos em relação a um mesmo bem.

Na doutrina brasileira, salvo relevantes exceções,[4] a temática dos bens comuns permanece inexplorada. No entanto, verifica-se que a racionalidade subjacente aos bens comuns se encontra difusamente presente, tanto em normas dispersamente positivadas, quanto na jurisprudência, a denotar o potencial de desenvolvimento da doutrina dos bens comuns no direito brasileiro. No campo estritamente normativo, mostram-se facilmente identificáveis subsídios para o aprofundamento da noção de *acesso* como direito independente das titularidades proprietárias. De fato, a Constituição de 1988 inaugurou ordem jurídica que clama por instrumentos de efetivação dos direitos fundamentais. Nessa esteira, estabeleceu em numerosos dispositivos o ainda pouco explorado direito de acesso, expressamente previsto, por exemplo, no artigo 196, que prevê o "*acesso* universal e igualitário às ações e serviços" para "promoção, proteção e recuperação" da saúde; no artigo 206, I, o qual estabelece que o ensino será ministrado com base no princípio da "igualdade de condições para o *acesso* e permanência na escola"; no artigo 215, no qual se estatuiu que o Estado garantirá a todos "o pleno

---

3 RODOTÀ, Stefano. *Il terribile diritto*: studi sulla proprietà privata e i beni comuni. Bologna: il Mulino, 2013, p. 464. No original: "Diritti fondamentali, accesso, beni comuni disegnano una trama che ridefinisce il rapporto tra il mondo delle persone e il mondo dei beni. Questo, almeno negli ultimi due secoli, era stato sostanzialmente affidato alla mediazione proprietaria, alle modalità con le quali ciascuno poteva giungere all'appropriazione esclusiva dei beni necessari. Proprio questa mediazione viene ora revocata in dubbio. La proprietà, pubblica o privata che sia, non può comprendere ed esaurire la complessità del rapporto persona/beni".

4 Vale mencionar, a título ilustrativo, as seguintes referências: RENTERIA, Pablo; DANTAS, Marcus. Notas sobre os bens comuns. *In*: *O direito civil entre o sujeito e a pessoa*: estudos em homenagem ao Professor Stefano Rodotà. Belo Horizonte: Fórum, 2016, p. 131-146; CORTIANO JR., Eroulths; KANAYAMA, Rodrigo Luís. Notas para um estudo sobre os bens comuns. *Revista da Academia Brasileira de Direito Constitucional*, v. 9, n. 15, jul./dez. 2016, p. 146-157. Disponível em: http://abdconst.com.br/revista16/notasEroulths.pdf. Acesso: 29 jan. 2018.

exercício dos direitos culturais e *acesso* às fontes da cultura nacional, e apoiará e incentivará a valorização e a difusão das manifestações culturais"; no artigo 79 do Ato Constitucional das Disposições Transitórias, em que se institui o Fundo de Combate e Erradicação da Pobreza com o objetivo de "viabilizar a todos os brasileiros *acesso* a níveis dignos de subsistência".

Quanto à jurisprudência, ainda que não se refira propriamente à teoria dos bens comuns, utiliza-se da noção para promover a tutela de bens considerados essenciais à coletividade e, por isso, subtraídos da mediação proprietária. A propósito, vale mencionar a interpretação do Superior Tribunal de Justiça quanto à natureza jurídica da água no âmbito da teoria dos bens. Ao examinar a Lei nº 9.433/1997 — que institui a Política Nacional de Recursos Hídricos e estabelece que "a água é um bem de domínio público" e que "a gestão dos recursos hídricos deve sempre proporcionar o uso múltiplo das águas" — a Corte afirmou o caráter "comum" da água, que não se submete ao domínio do particular ou do Estado: "destinada a atender as necessidades primordiais do ser humano, a água, antes tratada como bem apropriável pelo particular, ou seja, bem privado, de titularidade do dono do imóvel onde tivesse sua nascente, passou a se tornar bem do domínio público — *o que não significa dizer que seu domínio é do Estado, mas sim que pertence a todos*"[5] (grifos nossos).

A *ratio* dos bens comuns — como bens de acesso universal, sem titularidade proprietária — parece igualmente presente em outro interessante caso julgado pelo Superior Tribunal de Justiça, no qual se considerou que a desafetação de bem público de uso comum do povo (praça pública) poderia justificar o ajuizamento de ação civil pública em face do ente responsável, "visando obter compensação pelo espaço verde urbano suprimido, de igual ou maior área, no mesmo bairro em que se localizava a praça desafetada".[6] Na ocasião, a Corte Superior considerou não se justificar, "nos dias atuais, que praças, jardins, parques e bulevares públicos, ou qualquer área verde municipal de uso comum do povo, sofram desafetação para a edificação de prédios e construções, governamentais ou não, tanto mais ao se considerar, nas cidades brasileiras, a insuficiência ou absoluta carência desses lugares de convivência social. (...). Retirar da praça a natureza de *loci communes*,

---

5 STJ. 3ª T. REsp. nº 1.616.038/RS. Rel. Min. Nancy Andrighi. Julg. em 27.9.2016.

6 STJ. 2ª T. REsp. nº 1.135.807/RS. Rel. Min. Herman Benjamin. Julg. em 15.4.2010.

loci publici não é um banal ato de governo municipal. Significa grave opção administrativa reducionista do componente público, de repercussões imediatas, mas também com impactos, normalmente irreversíveis, no futuro próximo e remoto da evolução da cidade". Segundo a Corte, a desafetação de bem público transforma-se em vandalismo estatal sempre que "efetivada sem critérios objetivos e tecnicamente sólidos, adequada consideração de possíveis alternativas, ou à míngua de respeito pelos valores e funções nele condensados".

Estes e diversos outros acórdãos de Tribunais brasileiros, associados aos instrumentos normativos que promovem a efetividade dos direitos fundamentais mediante o acesso aos bens, evidenciam a importância de se aprofundar a temática dos bens comuns à luz do ordenamento jurídico brasileiro. Da água ao conhecimento, dos alimentos à gestão dos espaços urbanos, da proteção ao meio ambiente à tutela da saúde, augura-se que os bens comuns possam fortalecer o feixe de poderes pessoais que configuram precondições necessárias à efetiva participação no processo democrático. Na esteira das conquistas alcançadas pela função social da posse e da propriedade, afigura-se possível aperfeiçoar a tutela privilegiada das situações existenciais mediante o reconhecimento de bens — constitutivos da pessoa e de sua cidadania — cuja acessibilidade não se subordina à disponibilidade de recursos financeiros, retirada, portanto, da lógica do mercado.

O caminho mostra-se árduo, não tanto por óbices normativos, mas especialmente por dificuldade cultural da sociedade em compreender o mundo dos direitos fundamentais ao largo da lógica proprietária. Nada obstante, a despeito de insólito, o debate revela-se inadiável, constituindo-se o acesso em etapa indispensável à efetivação da igualdade substancial e da solidariedade constitucional.

G. T.

A EVOLUÇÃO DOS DIREITOS REAIS E OS NOVOS ENUNCIADOS INTERPRETATIVOS[1]

Nos últimos dias 26 e 27.04.2018 realizou-se, em Brasília, no Conselho da Justiça Federal, a VIII Jornada de Direito Civil. A Comissão de Direito das Coisas aprovou seis novos enunciados, sob a presidência do Ministro Luis Felipe Salomão, tendo o signatário participado como coordenador-científico, e o professor Rodrigo Xavier Leonardo como secretário-executivo. Provenientes de todas as regiões do Brasil, e contando com a participação, como especialistas convidados, dos professores Carlos Edison do Rêgo Monteiro Filho, Carlos Nelson Konder e Aline de Miranda Valverde Terra, os participantes da Comissão de Direito das Coisas agregaram visões e métodos interpretativos naturalmente plurais e diversificados, unidos, todavia, pela busca de soluções consentâneas com a legalidade constitucional.

A maior parte dos debates, mesmo quando não resultaram em novos enunciados, ofereceram profícuo material para reflexão, permitindo antever a agenda dos próximos anos. Servem de exemplo, entre outras, as proposições (não aprovadas) relativas ao direito de laje, ao condotel e à posse de bens imateriais, temas suscitados e objeto de saudável controvérsia, posto não ter havido ainda consenso para a formulação de enunciado interpretativo.

Entre as proposições aprovadas, vale destacar duas em particular. A primeira delas consagra, nas relações paritárias, a legitimidade do pacto marciano, cláusula contratual que autoriza o credor a tornar-se

---

[1] Editorial – *Revista Brasileira de Direito Civil – RBDCivil*, v. 16, abr./jun. 2018.

proprietário da coisa objeto da garantia, mediante a aferição de seu justo valor e a restituição da quantia que exceda o montante da dívida. Considerou-se que tal previsão não viola o art. 1.428 do Código Civil, que proíbe o pacto comissório. E assim é porque a prévia estipulação de critérios que assegurem a apropriação do bem dado em garantia pelo seu valor justo impede o abuso do direito, além de favorecer, inclusive, o próprio devedor, exonerando-o dos inconvenientes e das despesas do leilão judicial. Tal proposição, objeto de discussão de Jornadas anteriores, encontra-se agora aprovada, circunscrita **às relações paritárias, a excluir a sua incidência nas relações de consumo.** Revela-se bastante significativa, ainda, a percepção, pelos juristas ali reunidos, da distinção funcional entre o pacto comissório — que estimula o locupletamento do credor em razão da apropriação da coisa dada em garantia pelo valor da dívida —, justamente reprovado pela ordem jurídica, e o pacto marciano, que autoriza a incorporação do objeto ao patrimônio do credor com a proteção do devedor relativamente ao valor do bem, conferindo-se assim maior eficiência e diminuição dos custos nas relações contratuais.

Outro enunciado a merecer destaque refere-se ao patrimônio de afetação, garantindo-se a sua invulnerabilidade na recuperação judicial da sociedade instituidora. Como se sabe, o patrimônio de afetação — isto é, afetado a certa finalidade merecedora de tutela — encontra-se inteiramente inatingível em face das execuções promovidas por credores de seu instituidor. Com efeito, os ativos integrantes do patrimônio de afetação não se confundem com os demais ativos de seu titular, de modo que apenas os credores relacionados ao patrimônio de afetação podem atingir seus bens. Conforme o texto do enunciado aprovado, os patrimônios de afetação não se submetem aos efeitos de recuperação judicial da sociedade instituidora e prosseguirão sua atividade com autonomia, sendo incomunicáveis em relação ao patrimônio geral da sociedade instituidora em recuperação judicial. O patrimônio de afetação, desse modo, deverá cumprir plenamente a finalidade para a qual foi constituído, jamais sendo contaminado pelas dívidas da sociedade que o instituiu.

Ambos os enunciados mencionados, assim como os quatro outros aprovados pela Comissão de Direito das Coisas, além das demais proposições discutidas, revelam o amadurecimento da comunidade jurídica e a fascinante evolução dos direitos reais, que se renova em ritmo acelerado. Por outro lado, mostra-se admirável a regularidade das Jornadas de Direito Civil, e louvável a presença dos ministros, magistrados, advogados, profissionais das carreiras jurídicas e professores de todo o Brasil, procurando definir novas teses interpretativas. Este parece ser o caminho acertado para a superação de divergências jurídicas e para a maior aproximação do direito **às** demandas sociais.

G.T.

COLAÇÃO: EM BUSCA DE CRITÉRIOS SISTEMÁTICOS ENTRE O CC E O CPC[1]

Entre as mais promissoras proposições interpretativas aprovadas pela VIII Jornada de Direito Civil, realizada pelo Conselho da Justiça Federal em 26 e 27.4.2018, destaca-se o Enunciado nº 644, com a seguinte dicção:

> Os arts. 2.003 e 2.004 do Código Civil e o art. 639 do CPC devem ser interpretados de modo a garantir a igualdade das legítimas e a coerência do ordenamento. O bem doado, em adiantamento de legítima, será colacionado de acordo com seu valor atual na data da abertura da sucessão, se ainda integrar o patrimônio do donatário. Se o donatário já não possuir o bem doado, este será colacionado pelo valor do tempo de sua alienação, atualizado monetariamente.

Tal indicação interpretativa mostra-se altamente benfazeja para que se consiga, finalmente, superar a infrutífera anteposição entre os preceitos, que se alternam no tempo, do Código Civil e do Código de Processo Civil, em suas sucessivas reformas legislativas.

Com efeito, a matéria encontra-se regulada em ambos os diplomas, cujos dispositivos, aparentemente contraditórios, hão de ser, afinal, harmonizados, com vistas a garantir a coerência do sistema. Dito diversamente, há que se interpretar sistematicamente as normas dos diferentes diplomas legais com o intuito de conferir-lhes interpretação que as compatibilize, permitindo-se atingir a finalidade almejada

[1] Editorial – *Revista Brasileira de Direito Civil – RBDCivil*, v. 17, jul./set. 2018.

com a colação, a qual, como visto, consiste em garantir aos herdeiros necessários equivalência das legítimas.

Ao propósito, o parágrafo único do art. 2.003, Código Civil, estabelece que os herdeiros contemplados com doações em vida pelo *de cujus*, que representem adiantamento de legítima, devem colacionar tais doações em espécie, caso os bens ainda estejam sob sua titularidade e não haja no acervo bens suficientes para igualar as legítimas; ou, em dinheiro, na hipótese de tais bens não serem mais de sua propriedade, atribuindo-se às doações o seu valor ao tempo da liberalidade.[2] Em consonância com esse dispositivo, o art. 2.004, Código Civil, dispõe que o valor de colação dos bens doados consistirá naquele que lhes atribuir o negócio jurídico gratuito, reiterando o critério do valor do bem vigente na data da doação.[3] Por outro lado, o Código de Processo Civil de 2015, repetindo a disposição vigente no CPC de 1973, prevê, no art. 639, que o donatário deverá colacionar os bens que recebeu e, caso não os tenha, trar-lhes-á o seu valor, apurado na data da abertura da sucessão.[4]

A diversidade de critérios adotados pelos dispositivos suscitou acalorado debate doutrinário e jurisprudencial quanto ao valor a ser atribuído aos bens recebidos por doação que não mais pertençam aos donatários. Parte da doutrina e da jurisprudência entende que tais bens devem ser quantificados segundo o seu valor na data da abertura da sucessão, em interpretação literal da norma contida no Código de Processo Civil, a qual, por se tratar de norma posterior ao Código Civil, sobre este prevaleceria, revogando-o neste ponto. Tal construção

---

2 Confira-se: "Art. 2.003. A colação tem por fim igualar, na proporção estabelecida neste Código, as legítimas dos descendentes e do cônjuge sobrevivente, obrigando também os donatários que, ao tempo do falecimento do doador, já não possuírem os bens doados. Parágrafo único. Se, computados os valores das doações feitas em adiantamento de legítima, não houver no acervo bens suficientes para igualar as legítimas dos descendentes e do cônjuge, *os bens assim doados serão conferidos em espécie, ou, quando deles já não disponha o donatário, pelo seu valor ao tempo da liberalidade*" (grifou-se).

3 Eis a linguagem do disposto: "Art. 2.004. O valor de colação dos bens doados será aquele, certo ou estimativo, *que lhes atribuir o ato de liberalidade*. §1º Se do ato de doação não constar valor certo, nem houver estimação feita naquela época, *os bens serão conferidos na partilha pelo que então se calcular valessem ao tempo da liberalidade*. §2º Só o valor dos bens doados entrará em colação; não assim o das benfeitorias acrescidas, as quais pertencerão ao herdeiro donatário, correndo também à conta deste os rendimentos ou lucros, assim como os danos e perdas que eles sofrerem" (grifou-se).

4 "Art. 639. No prazo estabelecido no art. 627, o herdeiro obrigado à colação conferirá por termo nos autos ou por petição à qual o termo se reportará os bens que recebeu ou, *se já não os possuir, trar-lhes-á o valor*. Parágrafo único. *Os bens a serem conferidos na partilha*, assim como as acessões e as benfeitorias que o donatário fez, *calcular-se-ão pelo valor que tiverem ao tempo da abertura da sucessão*" (grifou-se).

antepõe a lei processual à lei civil, considerando que aquela, por ser mais recente, teria revogado esta, sem procurar conciliar ambos os preceitos.

De outra parte, na tentativa de compatibilizar as leis civil e processual civil, construiu-se entendimento no sentido de que o valor do bem na abertura da sucessão será apurado quando os bens ainda se encontram na titularidade do herdeiro (tal qual prevê o art. 639 do CPC). Em contrapartida, nas hipóteses em que o bem não mais se encontre no patrimônio do donatário, atribuir-se-ia o valor vigente na data do ato de liberalidade, seguindo-se a dicção literal do art. 2.004 do Código Civil, corrigindo monetariamente o valor do bem até a data da abertura da sucessão. Justificar-se-ia tal entendimento pelo princípio geral do ordenamento jurídico de vedação ao enriquecimento sem causa, pois, caso se calculasse o valor do bem na data da abertura da sucessão, a sua oscilação beneficiaria um dos herdeiros em detrimento dos demais, acarretando-lhe proveito econômico sem título jurídico justificativo.

Reconheça-se a tal entendimento a tentativa de harmonizar o sistema, embora a data da liberalidade, extraída da linguagem do art. 2.004 do Código Civil, nem sempre traduza o benefício econômico que o bem propiciou ao beneficiário, contrariando, em alguma medida, a preocupação do legislador processual civil em preservar, sempre que possível, o valor real do bem enquanto esteve na titularidade do herdeiro, daí resultando a opção legislativa por colacioná-lo com base na data da abertura da sucessão, segundo prevê o art. 639 do CPC.

Diante de tal dilema, a interpretação dos preceitos legais mencionados deve ter por baliza a função ou finalidade da colação. Como antes observado, a colação tem por função preservar a igualdade das legítimas dos herdeiros necessários, garantindo-lhes os quinhões do acervo hereditário que traduzam valor econômico equivalente. Com tal escopo, a lei ora se refere ao momento da liberalidade, ora se refere à abertura da sucessão, tendo o legislador em mira cenários díspares, em que o bem recebido pelo herdeiro se encontra ou não no seu patrimônio no momento da abertura da sucessão. Desse modo, pretende a ordem jurídica assegurar que o benefício econômico auferido pelo beneficiário seja apurado *in natura* ou por estimativa de seu valor.

Diversos cenários poderão então se verificar: se o bem permanece até o óbito em poder do donatário, será trazido à colação por valor presente. Se, por outro lado, o bem não mais se encontra no patrimônio do donatário por ter sido consumido, transferido a terceiros gratuitamente ou perecido por culpa do donatário, será calculado por seu valor à época da liberalidade. Em contrapartida, se o bem houver sido alienado onerosamente pelo beneficiário, a colação deverá refletir o valor econômico que o beneficiou, apurado no momento da alienação — abatendo-se, evidentemente, o montante decorrente de valorização do bem em razão dos esforços do próprio donatário, a exemplo de benfeitorias porventura realizadas em imóvel doado —, a fim de que se possam preservar as legítimas dos demais herdeiros necessários. Todas essas soluções têm em comum a aferição do real benefício econômico angariado pelo herdeiro, finalidade pretendida pelo legislador com os referidos dispositivos das leis civil e processual civil.

Por outros termos, tendo-se presente que a *ratio* da colação consiste na igualdade das legítimas, há de se levar em conta o valor econômico obtido por cada um dos herdeiros. Para tanto, o proveito econômico angariado pelo donatário há de ser aferido mediante a avaliação do bem ou da contrapartida recebida na data de sua alienação. Tal critério permite harmonizar a lei processual civil, que se refere ao valor do bem na abertura da sucessão — justamente por este ser o benefício atual recebido pelo herdeiro — com a lei civil — que, ao aludir à data da liberalidade, pretende alcançar a estimativa econômica que a liberalidade proporcionou ao patrimônio do herdeiro despojado do bem, sendo certo que, na hipótese de alienação onerosa, tal estimativa econômica corresponde aos valores obtidos com a venda.

Nessa direção, o critério do valor do bem na data de alienação revela o benefício econômico efetivamente obtido pelo donatário com o adiantamento de sua legítima, neutralizando eventuais oscilações de valor verificadas entre a data da liberalidade e o momento posterior de sua avaliação, quer por estimativa (data da alienação), quer por sua avaliação atual (abertura da sucessão). Prestigia-se, assim, a opção legislativa, já que o mesmo critério que pretende evitar que a oscilação dos valores entre a liberalidade e a abertura da sucessão possa beneficiar um herdeiro em detrimento do outro deverá impedir que a variação de valores entre as datas da liberalidade e da alienação possa prejudicar a igualdade entre as legítimas.

O mesmo raciocínio, portanto, que o Código Civil cogitou na hipótese de permanência do bem em poder do donatário até a abertura da sucessão, em que o valor do bem revela o benefício econômico atual, serve a justificar que a estimativa, na hipótese de o beneficiário não mais possuir o bem recebido, por tê-lo transferido onerosamente a terceiros, seja efetuada com base na data da alienação, e não na data da liberalidade, para que o risco de eventual oscilação de preço entre as datas da liberalidade e da alienação seja debelado. Afinal, a quantia recebida com a alienação revela o real proveito econômico obtido, cuja igualdade em face dos demais herdeiros a colação pretende preservar, e evita, adicionalmente, o descolamento entre o valor colacionado e o benefício econômico recebido antecipadamente por herdeiros, que propiciaria eventual enriquecimento sem causa de uns em detrimento de outros.

Conclui-se, assim, que a aferição do valor do bem na data da alienação consiste na única forma de concretizar, nesta hipótese, a finalidade da colação. Preserva-se dessa maneira a unidade do sistema, entrevendo-se linha de convergência entre os legisladores civil e processual civil. Eis o dever do intérprete, em benefício do que Norberto Bobbio sintetizou como *principio della ragionevolezza del legislatore*, visceralmente inserido na própria noção de ordenamento.

G.T.

A EXECUÇÃO ESPECÍFICA DE CONTRATOS PRELIMINARES[1]

O contrato preliminar permanece como um dos pontos mais espinhosos da teoria obrigacional. A despeito da tentativa do codificador de pacificar a matéria, a sua caracterização, nos termos do art. 462, Código Civil, suscita em geral dois entendimentos incapazes de atender às necessidades práticas da realidade contratual. O primeiro deles, excessivamente formalista, prende-se à literalidade do dispositivo, exigindo-se que a qualificação do contrato preliminar, para suscitar execução específica, dependa da presença de todo o conteúdo contratual, exceto a forma exigida para o definitivo. Tal posição, prevalente no regime codificado anterior, tem suporte em antigo precedente do STF no caso Disco, de 1979 (STF, RE nº 88.716-5-RJ, 2ª Turma, Rel. Min. Moreira Alves, por maioria, j. 11.09.1979). Em contrapartida, advoga-se a ampliação do conceito, de modo a nele abranger minutas e memorandos de entendimento nos quais o conteúdo central do negócio definitivo esteja definido, na pendência, contudo, da definição de alguns elementos considerados não essenciais pelo intérprete. Tal construção gera insegurança, pela imprecisão dos critérios adotados para a distinção entre elementos essenciais e secundários.

A matéria adquire enorme importância na complexa realidade fática que antecede a celebração dos contratos, especialmente os de grande magnitude, para os quais se voltam os contratantes e seus advogados durante longas tratativas. Discute-se, portanto, o momento em que tais negociações e dispositivos preliminares configuram o contrato preliminar, apto a suscitar a execução específica contra a parte

[1] Editorial – *Revista Brasileira de Direito Civil – RBDCivil*, v. 18, out./dez. 2018.

recalcitrante, que desiste do prosseguimento do negócio, obrigando-a a assinar o contrato definitivo (art. 464, Código Civil).

O contrato preliminar, como se sabe, constitui o negócio jurídico por meio do qual as partes se obrigam a celebrar, em momento futuro, o contrato principal ou definitivo. A função prático-social do contrato preliminar consiste, portanto, em obrigar as partes a celebrar o contrato definitivo posteriormente, conferindo segurança aos contratantes. Nessa perspectiva há de ser lido o art. 462 do Código Civil, segundo o qual "o contrato preliminar, exceto quanto à forma, deve conter todos os requisitos essenciais ao contrato a ser celebrado".

Nos termos do dispositivo, a análise funcional poderá superar a controvérsia. O Código Civil exige, de fato, a presença dos elementos essenciais ao acordo de vontades que, de boa-fé, as partes pretendem alcançar, e que, por circunstâncias negociais diversas, não foi suficiente à celebração do contrato definitivo. Pretendesse o dispositivo restringir a caracterização do preliminar à hipótese de contrato inteiramente concluído, ao qual faltasse tão somente sua formalização em instrumento próprio, como de sua leitura literal se poderia cogitar, pouca ou nenhuma utilidade prática ostentaria tal instrumento para a execução específica das obrigações — efeito primordial perseguido pelo codificador. Sua configuração estaria circunscrita às hipóteses em que o contrato, integralmente avençado, aguardasse tão somente a presença do tabelião para a lavratura da escritura pública. Há que se investigar, com efeito, quais são os elementos essenciais que, uma vez presentes, autorizam a execução específica do contrato principal ou, por outras palavras: qual o critério, afinal, qualificador do contrato preliminar?

A resposta a tal indagação requer o exame da função desempenhada pelo contrato preliminar. Normalmente vindo a lume ao final de tratativas, tem por finalidade sacramentar o consenso alcançado quanto aos elementos essenciais (exceto quanto à forma), enquanto outros elementos integrantes do conteúdo do negócio (externos aos requisitos essenciais de validade, ainda que certamente relevantes) são ultimados pela vontade das partes ou deliberadamente deixados para a execução do contrato. Nesta esteira, o contrato preliminar há de conter o conteúdo mínimo capaz de produzir os efeitos essenciais que qualificam o futuro negócio (função prático-jurídica), permitindo ao intérprete identificar os elementos essenciais ao consenso, justificando-se, assim, a vinculação imediata das partes à celebração do contrato definitivo. Em contrapartida, convém repetir, embora presentes todos os elementos essenciais, à exceção da forma, não se poderia exigir, para a qualificação do contrato preliminar, o exaurimento de todo o conteúdo do contrato prometido. Do contrário, tornar-se-ia ocioso o contrato preliminar, recorrendo as partes diretamente ao contrato definitivo.

Tais dificuldades se intensificam em negócios jurídicos complexos, nos quais se mostra inevitável o espaço de tempo para negociação acerca do seu conteúdo, cuja definição, na ocasião da assinatura do preliminar, não atende ainda aos interesses dos contratantes. Nesses casos, o contrato preliminar se destina a desempenhar a função vinculativa para os contratantes, conferindo-lhes certeza quanto à conclusão do negócio. Ao mesmo tempo, atribui-lhes flexibilidade para negociação dos elementos faltantes que integrarão o negócio futuro. A incerteza quanto a eventuais lacunas ou incompletudes, presentes com frequência no contrato preliminar, longe de traduzir defeito ou insubsistência da vontade declarada, revela alocação de risco para as partes que, em nome da conservação dos negócios, se comprometem a deflagrar, cumpridas obrigações reciprocamente assumidas e condições precedentes, a celebração do contrato, ainda que incompleto.

Justifica-se, nesse cenário, a estipulação do preliminar, com a presença de todos os elementos essenciais de validade, enquanto parte do seu conteúdo é deixada para futura gestão, em boa-fé, pelos contratantes. Compreende-se, portanto, a necessidade de contratos preliminares em negócios de elevada complexidade, afigurando-se, por vezes, como mecanismo estratégico em contratações nas quais boa parte do conteúdo contratual é deliberadamente postergada para negociações e ajustes futuros.

Em última análise, a qualificação do contrato preliminar subordina-se à análise funcional do processo de tratativas, associada à declaração consensual de vontade (integrada também pelas práticas contratuais anteriores das partes e do respectivo setor da economia) quanto à presença dos elementos essenciais, estabelecidos no caso concreto, para a assunção da obrigação de contratar. Dessa forma, ainda que alguns elementos do conteúdo contratual estejam pendentes de definição, o juiz poderá "suprir a vontade da parte inadimplemente", tal qual autoriza o art. 464, Código Civil, de modo a tornar efetiva a contratação. Tal perspectiva permite dar efetividade aos contratos preliminares, nos termos pretendidos pelo codificador, a partir de análise funcional e sistemática que supere o formalismo e prestigie o valor econômico e social da autonomia privada na legalidade constitucional.

G.T.

A NOVA LEI DA MULTIPROPRIEDADE IMOBILIÁRIA[1]

A despeito do conturbado momento político, o Congresso Nacional promulgou, em 20.12.2018, a Lei nº 13.777, que regulamenta a multipropriedade imobiliária, por meio de nova redação do art. 1.358 do Código Civil e dos arts. 176 e 178 da Lei de Registros Públicos. Com a nova lei, anuncia-se alvissareiro ciclo de desenvolvimento de importante segmento no mercado imobiliário.

Designa-se como multipropriedade, ou *time sharing* na terminologia norte-americana, o fracionamento no tempo da titularidade do imóvel em frações semanais. Cada multiproprietário adquire, assim, a sua casa de campo ou de praia em determinado período do ano. O legislador brasileiro adotou, acertadamente, o modelo de unidades autônomas, individualizadas no tempo e no espaço e inseridas no regime de condomínio especial. Na matrícula referente a cada unidade constam o local e o tempo que a individualizam.

Com a divisão do uso de imóveis em temporadas, e a consequente utilização alternada do mesmo local por numerosos proprietários, cada qual a seu turno, franqueia-se o mercado a novas camadas sociais, que de outra forma não teriam acesso à segunda casa. Assim ocorreu em diversos países europeus e nos Estados Unidos, desde a década de 1960, estendendo-se naqueles países o *time sharing* inclusive para bens móveis, como aviões, helicópteros e barcos. Em relação à multipropriedade imobiliária, famílias que pretendem adquirir o imóvel apenas

[1] Editorial – *Revista Brasileira de Direito Civil – RBDCivil*, v. 19, jan./mar. 2019.

para o período de férias anuais desembolsam quantia relativamente modesta, reduzindo-se, também, as despesas com a manutenção e a segurança do imóvel. Por outro lado, majora-se a margem de lucro para os empreendedores, dada a grande quantidade de unidades que, com a subdivisão temporal, são postas à venda. Com preços diferenciados ao longo do ano, a depender da valorização do mês escolhido (verão ou inverno; épocas de férias escolares ou período letivo), os adquirentes moldam o investimento segundo seu estilo de vida e poder aquisitivo, definindo-se assim também o planejamento estratégico do empreendedor e o calendário turístico da região.

Outro aspecto bastante promissor diz respeito à indústria turístico-hoteleira e de serviços, que se livra da sazonalidade típica desse segmento, preservando a atividade econômica da região de modo contínuo ao longo do ano. Ao se promover maior equilíbrio no comércio e serviços locais, fortalecem-se ao mesmo tempo a estabilidade das relações trabalhistas e a sustentabilidade, com a redução da proliferação indiscriminada de construções subutilizadas ou descuidadas. Com a gestão hoteleira, agregada aos empreendimentos, problemas frequentes ocasionados pelo mau uso de unidades ou a necessidade de suspensão da utilização para manutenção periódica foram resolvidos, fazendo-se uso do conjunto de unidades para suprir eventual indisponibilidade momentânea de determinados apartamentos, além de se oferecer à locação unidades não utilizadas diretamente por seus titulares (*pool* hoteleiro).

De outra parte, o investimento de multiproprietários permite a captação de recursos para a construção de novos hotéis em regime misto — hotelaria e multipropriedade —, nos quais apenas parte das unidades é posta à venda pelo instituidor, que destina à oferta hoteleira o restante dos apartamentos disponíveis. Ao mesmo tempo, constituir-se-iam atrativos bancos internacionais de *time sharing*, mediante os quais é franqueada ao multiproprietário a troca da utilização anual de sua unidade por outra situada em algumas das centenas de empreendimentos conveniados em diversos países.

Anteriormente à recente Lei nº 13.777/18, procurou-se instituir a multipropriedade no regime de condomínio ordinário, regulamento por convenção interna dos cotitulares de cada apartamento. A incompatibilidade funcional, entretanto, entre o modelo da copropriedade ordinária, cuja vocação é a utilização comum (acerca da qual, diziam os romanos, de modo eloquente: *communio est mater discordiarum*), e a multipropriedade, vocacionada à utilização exclusiva, explicam os problemas surgidos nos empreendimentos do gênero e o receio dos instituidores em relação ao fracasso do empreendimento.

De fato, numerosos inconvenientes decorriam da fórmula do condomínio ordinário, que, entre outros problemas, impunha o direito de preferência dos multiproprietários-condôminos no caso de venda por qualquer titular e a divisibilidade do condomínio a qualquer momento, a pedido de um único condômino, após o prazo de cinco anos da indivisibilidade do condomínio ordinário prevista pelo Código Civil (art. 1.320, §2º).

Outro problema prático relevante dizia respeito a inadimplentes que, perdendo interesse no investimento, renunciavam à propriedade (comum). Em consequência, por força do art. 1.316 do Código Civil, em decorrência da natureza jurídica do condomínio ordinário, a renúncia do coproprietário gerava o acrescimento da fração ideal dos demais ou a divisão do bem comum (art. 1.316). Nesses casos, aos demais multiproprietários, cotitulares do apartamento comum, era imposta a ampliação de sua participação e, conseguintemente, o ônus decorrente do inadimplemento dos condôminos renunciantes.

Tal inconveniente (decorrente, convém repetir, da diversidade das funções desempenhadas pelo condomínio ordinário e pela multipropriedade) explica, provavelmente, a previsão do art. 1.358-T, segundo o qual "o multiproprietário somente poderá renunciar de forma translativa a seu direito de multipropriedade em favor do condomínio edilício". Entretanto, a solução legislativa, neste particular, não foi feliz, já que, sob o regime de unidade autônoma, a renúncia do multiproprietário, como qualquer proprietário de unidade autônoma de condomínio especial, não tem por consequência o acrescimento à fração ideal de outros condôminos. A rigor, por se tratar de unidade autônoma, o multiproprietário pode, como em qualquer condomínio edilício, dispor como bem entender de seu direito real de propriedade, de modo gratuito ou oneroso, desde que mantenha íntegro o liame visceral entre a propriedade individual (que lhe possibilita a utilização, com exclusividade, da fração semanal que lhe diz respeito) e a fração ideal a ela correspondente sobre as áreas comuns. Vale dizer: a renúncia abdicativa não gera acrescimento algum. Já para a renúncia translativa, como cessão bilateral, não haveria necessidade de autorização legislativa. Como negócio bilateral, depende da anuência do cessionário, evitando-se, assim, o aumento indesejado de taxas a serem compartilhadas pelos coproprietários, se estes não quisessem receber a unidade cedente.

Ainda no campo das controvérsias, o Superior Tribunal de Justiça, em decisão por maioria da 4ª Turma, reconheceu a natureza típica de direito real da multipropriedade, rejeitando a penhora do imóvel por dívida de um dos condôminos, de modo a preservar as frações ideais dos demais multiproprietários (REsp. nº 1.546.165/SP). Não havia, contudo, unanimidade sobre o tema.

Todas essas incertezas foram resolvidas com o reconhecimento, pelo legislador brasileiro, da autonomia de cada unidade, individualizada no espaço e no tempo com sua respectiva matrícula no registro de imóvel, inserida em regime de condomínio edilício. A partir da Lei nº 13.777/18, uma vez caracterizada a multipropriedade como unidade autônoma, o IPTU há de ser individualizado e cobrado de cada multiproprietário, assim como as despesas de luz, gás e água próprias da respectiva unidade, sendo repartidas por cada multiproprietário as taxas condominiais que, como obrigações *propter rem*, oneram o patrimônio pessoal de cada titular. Essa questão se torna relevante diante do veto presidencial a certos dispositivos (§§3º, 4º e 5º do art. 1.358-J do Código Civil) em cuja dicção se lia: §3º: "Os multiproprietários responderão, na proporção de sua fração de tempo, pelo pagamento dos tributos, contribuições condominiais e outros encargos que incidam sobre o imóvel"; e §4º: "Cada multiproprietário de uma fração de tempo responde individualmente pelo custeio das obrigações, não havendo solidariedade entre os diversos multiproprietários". Tal veto, contudo, não altera a autonomia das matrículas, inexistindo, portanto, a responsabilidade solidária dos multiproprietários quanto às referidas despesas individuais.

Com o propósito de preservar o empreendimento, o art. 1.358-S, no caso de inadimplemento das taxas condominiais, prevê "a adjudicação ao condomínio edilício da fração de tempo correspondente". Tal medida temporária, que caracteriza uma espécie de anticrese legal, perdurará "até a quitação integral da dívida", proibindo-se ao multiproprietário a utilização do imóvel enquanto persistir a inadimplência. Tal providência deve ser regulada na convenção, assegurando-se o amplo direito de defesa de cada titular, podendo o condomínio inserir a respectiva unidade no *pool* hoteleiro, desde que haja previsão convencional de tal destinação econômica. Destaque-se ainda a autorização legal para que o instituidor reserve fração de tempo adicional destinada à realização de reparos do imóvel, a qual constará da matrícula de cada unidade, como área (espaço-temporal) comum, sem matrícula específica, para compartilhar-se o ônus da manutenção das unidades (art. 1.358-N).

Vê-se a preocupação do legislador em regular, de forma minuciosa, a administração do empreendimento, compatibilizando os interesses dos multiproprietários e do condomínio. A nova lei trouxe a segurança jurídica necessária para a expansão da multipropriedade no Brasil, a partir dos instrumentos técnicos do direito civil. Cuida-se de oportunidade a ser explorada por investidores e empreendedores, especialmente no momento em que se anuncia, com otimismo, a retomada dos setores econômicos, sendo inegável o (ainda tão pouco explorado) extraordinário potencial turístico brasileiro.

G.T.

A MP DA LIBERDADE ECONÔMICA E O DIREITO CIVIL[1]

Notável tem sido o esforço de diversos autores para enaltecer aspectos positivos da MP nº 881, de 30.04.2019. Explica-se tamanha boa vontade pela aspiração de toda a sociedade pela retomada da agenda positiva, com o estímulo à liberdade econômica, à constituição e ao desenvolvimento de empresas privadas, fortemente prejudicadas pela máquina burocrática e pela fiscalização (em todos os níveis), que iguala o joio e o trigo e parece desconfiar permanentemente da atividade empresarial. Por tudo isso, a edição da MP suscitou enorme expectativa positiva. Entretanto, do ponto de vista das relações jurídicas, a MP nº 881 não foi feliz. Movida pelo propósito de fortalecer a autonomia privada e reduzir a intervenção dos juízes nas relações contratuais, a Medida Provisória nº 881 mostra-se atécnica, confusa e ociosa.

Em primeiro lugar, em seu art. 2º, institui como seus princípios norteadores: "I - a presunção de liberdade no exercício de atividades econômicas; II - a presunção de boa-fé do particular; e III - a intervenção subsidiária, mínima e excepcional do Estado sobre o exercício de atividades econômicas". Quanto à liberdade no exercício de atividades econômicas, não se trata de presunção, mas de garantia constitucional (arts. 1º, IV, e 170, CR), e os entraves a ela impostos decorrem muito mais da cultura burocratizante do Poder Executivo do que de deficiência legislativa. No que tange à presunção de boa-fé, a reconhecida desconfiança generalizada, que corrói as instituições e dificulta o progresso social, não se supera mediante proclamação legislativa, exigindo,

[1] Editorial – *Revista Brasileira de Direito Civil – RBDCivil*, v. 20, abr./jun. 2019.

também aqui, mudança cultural profunda, especialmente na órbita do Poder Público e das autoridades constituídas. Já em relação à intervenção subsidiária, mínima e excepcional, chega a ser irônico que o Poder Executivo se valha de uma medida provisória, unilateralmente imposta sobre os particulares (haverá intervenção maior e mais intensa?), para dispor sobre a necessidade de se reduzir a intervenção. Seria como alguém que, aos gritos, pedisse calma e serenidade aos seus pares.

O Código Civil, por sua vez, foi alterado em diversos artigos, sem qualquer cuidado redacional ou proveito prático. Mais uma vez, verifica-se o propósito de se reduzir a interferência arbitrária do Judiciário nos contratos, o que seria benfazejo caso se buscasse estabelecer, na esteira do esforço empreendido pela doutrina, balizas objetivas para a incidência normativa. Entretanto, foram trazidos a lume novos conceitos indeterminados, que exigirão necessariamente a intervenção judicial que se almeja reduzir. Emblemáticas dessa desastrada alteração legislativa são as novas redações dos arts. 50, 421, 423, e 480-A e 480-B do Código Civil.

No caso do art. 50, introduziram-se os conceitos de desvio de finalidade e de confusão patrimonial, requisitos exigidos pelo *caput* do dispositivo para a desconsideração. O legislador definiu como desvio de finalidade "a utilização dolosa da pessoa jurídica com o propósito de lesar credores e para a prática de atos ilícitos de qualquer natureza". Como se afigura praticamente impossível demonstrar a intenção dolosa da pessoa jurídica, bem como o propósito de lesar credores, o Judiciário certamente será chamado a dar concretude a ambos os conceitos indeterminados. No que concerne à confusão patrimonial, o legislador da Medida Provisória nº 881 considera "a ausência de separação de fato entre patrimônios", caracterizada por diversos atos objetivamente descritos nos incs. I e II, acrescentando-se no inc. III "outros atos de descumprimento da autonomia patrimonial". Caberá ao magistrado, portanto, no caso concreto, definir que "outros atos" caracterizam a confusão patrimonial. Ou seja, reentra pela janela o espectro que se pretendeu expulsar pela porta.

Ainda no que concerne ao art. 50, o novo §3º prevê a desconsideração inversa da personalidade jurídica, mediante a qual é possível a extensão das obrigações dos sócios à pessoa jurídica. Nada de novo, também aqui, no panorama jurisprudencial e doutrinário. Ainda na engenharia de obras feitas, o §4º do mesmo dispositivo afirma que "a mera existência de grupo econômico sem a presença dos requisitos de que trata o *caput* não autoriza a desconsideração da personalidade da pessoa jurídica".

A nova redação do art. 421 do Código Civil, em tema de função social do contrato, sem contribuir para a objetivação da noção de função social, incide em tautologia, já que acrescenta, à parte final do dispositivo, a necessidade de observância da Declaração de Direitos de Liberdade Econômica para o exercício da liberdade de contratar. Introduz-se, ainda, o parágrafo único, clamando-se novamente pela intervenção mínima do Estado, bem como pelo caráter excepcional da revisão judicial.

Quanto aos contratos de adesão, a MP adultera a opção legislativa do art. 423, que assegurava ao aderente a interpretação mais favorável diante de cláusulas *contraditórias ou ambíguas*. Pela nova redação, "quando houver, no contrato de adesão, *cláusulas que gerem dúvida quanto à sua interpretação*, será adotada a mais favorável ao aderente". A nova linguagem do dispositivo gera perplexidade, a indicar que qualquer litígio interpretativo em contratos de adesão deva ser julgado a favor do aderente. Na contramão do chamado princípio da intervenção mínima, leva-se mais uma vez o Judiciário a mitigar a claudicante redação. Pior ainda se revela o parágrafo único introduzido no mesmo dispositivo, pelo qual, em se tratando de contratos que não se caracterizam pela adesão, "a dúvida na interpretação beneficia a parte que não redigiu a cláusula controvertida". O preceito mostra-se em si contraditório, sendo temerário, em contratos negociados, alocar integralmente os riscos da interpretação controvertida a uma ou outra parte, justamente por não ser razoável atribuir, em contratos negociados, a autoria das cláusulas a seu eventual redator, que pode tê-la redigido por mera conveniência de ambas as partes.

Na linguagem do art. 480-A, "nas relações interempresariais é lícito às partes contratantes estabelecer parâmetros objetivos para a interpretação de requisitos de revisão ou de resolução do pacto contratual". Espera-se que o dispositivo não suscite a falsa ideia de que tais parâmetros não possam ser estabelecidos fora das relações interempresariais, tampouco fora da legalidade constitucional. De outra parte, na dicção do art. 480-B, lê-se que se deve "presumir a simetria dos contratantes e observar a alocação de riscos por eles definida". A rigor, não se tratando de relações de consumo, a simetria dos contratantes é, em regra, assegurada, assim como a alocação convencional de riscos, sendo certo que em toda e qualquer relação contratual caberá verificar se há vícios do consentimento ou circunstância capaz de desconstruir a simetria informacional que garante a igualdade entre os contratantes.

A MP nº 881, portanto, não atinge seus objetivos. Que a pauta econômica não se limite à bravata legislativa, transformando-se em medidas concretas do Poder Executivo para a redução dos gastos públicos, simplificação de procedimentos e promoção da iniciativa privada. Esse seria um importante passo com vistas à almejada transformação cultural de que o Brasil tanto necessita para que, reduzindo-se os entraves burocráticos e as constantes alterações legislativas, possa o Judiciário ser poupado de intervenções indesejadas, as mais das vezes para a proteção do empresário ante ilegalidades cometidas pelo Poder Público.

G.T.

A COLAÇÃO E O CRITÉRIO DE APURAÇÃO DO VALOR DAS LIBERALIDADES RECEBIDAS PELOS HERDEIROS NECESSÁRIOS[1]

Destinada a igualar as liberalidades efetuadas em vida pelo falecido a seus herdeiros necessários, a colação tem sido objeto de controvérsia, em razão de sua disciplina, aparentemente contraditória, estabelecida nos dispositivos do Código Civil e do Código de Processo Civil. De uma parte, o parágrafo único do art. 2.003 e o art. 2.004 do Código Civil estabelecem que os herdeiros tragam à colação as doações recebidas em espécie ou, na hipótese de tais bens não serem mais de sua propriedade, *o seu valor ao tempo da liberalidade*. Por outro lado, o Código de Processo Civil de 2015, repetindo a disposição vigente no CPC de 1973, prevê, no art. 639, que o donatário deverá colacionar os bens que recebeu e, caso não os tenha, trar-lhe-á o seu valor, *apurado na data da abertura da sucessão*.

Parte da doutrina e da jurisprudência entendem que tais bens devem ser quantificados segundo o seu valor na data da abertura da sucessão, em interpretação literal da norma contida no Código de Processo Civil, a qual, por se tratar de norma posterior ao Código Civil, sobre essa prevaleceria, revogando-a neste ponto. Em sentido mais restrito, na tentativa de compatibilizar os dois diplomas, tem-se entendido que o valor do bem na abertura da sucessão será apurado apenas quando os bens ainda se encontrarem na titularidade do herdeiro (tal qual prevê o art. 639 do CPC). Em contrapartida, nas hipóteses em que o bem não mais se encontre no patrimônio do donatário, atribui-se

[1] Editorial – *Revista Brasileira de Direito Civil – RBDCivil*, v. 21, jul./set. 2019.

o valor vigente na data do ato de liberalidade, seguindo-se a dicção literal do art. 2.004 do Código Civil, corrigindo monetariamente o valor do bem até a data da abertura da sucessão. Este foi o entendimento consagrado pelo Enunciado nº 119, promovido em 2002 pelo Conselho da Justiça Federal.

Diante da aparente antinomia, a interpretação dos preceitos legais mencionados deve ter por baliza a *função ou finalidade da colação*, ou seja, a preservação da igualdade das legítimas dos herdeiros necessários. Se o bem permanece até o óbito em poder do donatário, será trazido à colação por valor presente. Entretanto, *quid iuris*, se, para além dessas duas hipóteses, o bem houver sido alienado onerosamente pelo beneficiário antes da abertura da sucessão, não se encontrando mais em seu acervo, tampouco tendo sido por este consumido ou destruído por sua culpa?

Se a *ratio* da colação consiste na igualdade das legítimas, em todas as hipóteses deve-se ter em conta o proveito econômico obtido por cada um dos herdeiros em decorrência da liberalidade. Para tanto, o proveito econômico angariado pelo donatário há de ser aferido mediante a avaliação do bem ou da contrapartida recebida na data de sua alienação. Tal construção permite harmonizar a lei processual civil, que se refere ao valor do bem na abertura da sucessão — justamente por este ser o benefício atual recebido pelo herdeiro – com a lei civil — que, ao aludir à data da liberalidade, pretende alcançar a estimativa econômica que a liberalidade proporcionou ao patrimônio do herdeiro despojado do bem, sendo certo que, na hipótese de alienação onerosa, tal estimativa econômica corresponde aos valores obtidos com a venda. Nesta direção, o critério do valor do bem na data de alienação revela o benefício econômico efetivamente obtido pelo donatário com o adiantamento de sua legítima, neutralizando eventuais oscilações de valor verificadas entre a data da liberalidade e o momento posterior de sua avaliação, quer por estimativa (data da alienação), quer por sua avaliação atual (abertura da sucessão).

Prestigia-se, assim, a opção legislativa, já que o mesmo critério que pretende evitar que a oscilação dos valores entre a liberalidade e a abertura da sucessão possa beneficiar um herdeiro em detrimento do outro deverá impedir que a variação de valores entre as datas da liberalidade e da alienação possa prejudicar a igualdade entre as legítimas. Por outro lado, se o bem não mais se encontra na titularidade do beneficiário, caso tenha havido valorização do bem (já transferido onerosamente a terceiros) até a abertura da sucessão, e se considerasse o valor do momento da morte do doador, haveria enriquecimento sem causa dos herdeiros não beneficiados antecipadamente, já que aquele contemplado pela doação teria o dever de restituir ao monte valor superior à quantia auferida com a liberalidade recebida. Pelas mesmas razões, se houvesse diminuição do valor do bem, que não mais se encontra no patrimônio do donatário no momento da abertura da sucessão, a atribuição na colação desse valor inferior prejudicaria os demais herdeiros não donatários, que receberiam, na colação, quantia menor que aquela granjeada pelo herdeiro donatário.

Tal entendimento foi traduzido no Enunciado nº 644 da VIII Jornada de Direito Civil, em 2018, assim ementado:

> Art. 2.003:
>
> • Os arts. 2.003 e 2.004 do Código Civil e o art. 639 do CPC devem ser interpretados de modo a garantir a igualdade das legítimas e a coerência do ordenamento.
>
> • O bem doado, em adiantamento de legítima, será colacionado de acordo com seu valor atual na data da abertura da sucessão, se ainda integrar o patrimônio do donatário.
>
> • Se o donatário já não possuir o bem doado, este será colacionado pelo valor do tempo de sua alienação, atualizado monetariamente.

O mesmo raciocínio, portanto, de que o Código Civil cogitou na hipótese de permanência do bem em poder do donatário até a abertura da sucessão, em que o valor do bem revela o benefício econômico atual, serve a justificar que a estimativa, na hipótese de o beneficiário não mais possuir o bem recebido, por tê-lo transferido onerosamente a terceiros, seja efetuada com base na data da alienação, e não na data da liberalidade, para que o risco de eventual oscilação de preço entre as datas da liberalidade e da alienação seja debelado. Afinal, a quantia recebida com a alienação revela o real proveito econômico obtido, cuja igualdade em face dos demais herdeiros a colação pretende preservar, e evita, adicionalmente, o descolamento entre o valor colacionado e o benefício econômico recebido antecipadamente por herdeiros, que propiciaria eventual enriquecimento sem causa de uns em detrimento de outros.

Daí concluir-se que o critério de cálculo do valor do bem na data da alienação consiste no único capaz de concretizar, nesta hipótese, a finalidade da colação. Por incidir sobre bens que não mais integram o patrimônio dos donatários, a colação há de se realizar por estimativa, tendo-se em conta o valor do bem no momento da sua alienação pelos donatários, corrigido monetariamente até a data da abertura da sucessão.

Em síntese apertada, promovendo interpretação sistemática e finalística dos diplomas civil e processual civil, conclui-se que o legislador brasileiro pretende levar à colação o bem segundo o real benefício econômico angariado pelos herdeiros donatários, que poderá ocorrer: (i) na data da liberalidade (bens consumíveis; que foram transferidos a terceiros gratuitamente; ou que se deterioram por culpa do donatário); (ii) na abertura da sucessão (bens que permanecem com o donatário até a data do óbito do doador); ou (iii) na data da alienação onerosa a terceiros dos bens recebidos, hipótese em que tal momento traduzirá o efetivo benefício econômico auferido pelo donatário.

G.T.

O ART. 931 DO CÓDIGO CIVIL E A ANTIJURIDICIDADE DO DANO INJUSTO[1]

O art. 931 do Código Civil tem sido objeto de frequentes confusões conceituais, a ele atribuindo-se espectro de incidência mal definido, ora redundante em relação a outros dispositivos legais (em particular, o parágrafo único do art. 927, Código Civil), ora a impor o dever de reparar sem a presença dos requisitos próprios da responsabilidade civil.

Tais soluções tornam a norma ociosa ou provocam a ruptura do sistema, cogitando-se que os empresários individuais ou as sociedades empresárias respondam pelos produtos postos em circulação sem necessidade de culpa ou de outros requisitos de contenção do dever de reparar. Nesta inquietante interpretação, o codificador sequer teria inserido excludentes de reparação, o que tornaria integral a responsabilidade do setor produtivo.

Na linguagem do art. 931, "ressalvados outros casos previstos em lei especial, os empresários individuais e as empresas respondem independentemente de culpa pelos danos causados pelos produtos postos em circulação". A interpretação do dispositivo suscita dificuldades, que se intensificam por força da compreensão equivocada de dois fenômenos que permeiam a evolução da responsabilidade civil nas últimas décadas: (i) a noção de dano injusto tido como sucedâneo do ato ilícito; e (ii) o desprestígio (injustificado) do papel da culpa.

Quanto ao dano injusto, associa-se ao alargamento do elenco de danos ressarcíveis. Cuida-se de noção que reflete o descolamento entre o dever de reparar e a responsabilidade (exclusivamente) subjetiva

[1] Editorial – *Revista Brasileira de Direito Civil – RBDCivil*, v. 22, out./dez. 2019.

decorrente do ato ilícito *stricto sensu*, conforme prevê o art. 186 do Código Civil (princípio *neminem laedere*). Alude-se nessa direção à crescente objetivação da responsabilidade civil, traduzida pela ampliação de hipóteses legais de responsabilidade objetiva e pela concepção de culpa normativa, mediante a qual, no caso de responsabilidade subjetiva, o dever de reparar decorre não de vetor intencional do agente, mas da simples violação do padrão de comportamento exigível no caso concreto.

Na esteira de tal entendimento, preserva-se, embora axiologicamente remodelada, a importância da responsabilidade subjetiva e do papel crucial da noção de culpa (normativa) como parâmetro ético distintivo do comportamento humano. Pela responsabilidade subjetiva, portanto, que não pode ser desacreditada, separa-se o joio do trigo, e prestigia-se a atuação do agente conforme os padrões de conduta positivamente valorados.

Tais conclusões, que decorrem da crescente preocupação com a vítima dos danos — expressão da solidariedade constitucional que fundamenta o sistema da responsabilidade civil —, não podem significar a imposição do dever de reparar sem antijuridicidade, ou seja, sem que intervenha o juízo de reprovação social à conduta deflagradora do dano, hábil a torná-lo injusto e, por essa razão, ressarcível. Vale dizer, o dever de reparar vincula-se, sempre e necessariamente, à valoração negativa de certo fato que lhe dá origem, desvalor este que, intervindo incidentalmente sobre determinada atividade, se encontra presente tanto na responsabilidade civil subjetiva quanto nas hipóteses de responsabilidade objetiva.

A noção de dano injusto, portanto, não se associa à simples violação de interesse merecedor de tutela, sendo certo que, diuturnamente, contrariam-se interesses jurídicos sem a presença de dano ressarcível. Basta pensar nos acidentes de trânsito desprovidos de defeito do veículo ou de culpa dos agentes envolvidos; ou na legítima cobrança de dívida que viesse a causar lesão psíquica ou física ao devedor; ou na construção autorizada de prédio que suprima, sem qualquer ilegalidade ou abuso, a vista, a iluminação e a ventilação do imóvel vizinho anteriormente construído; ou ainda na constituição de estabelecimento comercial ao lado de outro, que lhe era anterior, que vê assim drasticamente reduzida a sua clientela. Tudo isso está a demonstrar que o legislador, tanto na responsabilidade subjetiva, quanto na objetiva, considera ressarcíveis e injustos somente os danos provocados por fato antijurídico, ou seja, valorado negativamente pelo direito.

Se assim é, no caso do mencionado art. 931, ressarcível será o dano que, aos moldes do que analogamente ocorre nas relações de consumo, seja causado a pessoas não qualificadas como consumidoras e decorra de vício de segurança do produto posto em circulação, caracterizando espécie de defeito, pela ruptura incidental entre os efeitos produzidos pelo produto e a legítima expectativa suscitada em relação ao seu desempenho. Essa noção de defeito fora das relações de consumo foi introduzida pelo Código Civil sem que se pretendesse, com isso, criar norma redundante ou de espectro mais amplo do que na presença de consumidores. Em outras palavras, incide o art. 931, fora das relações de consumo, mas respondendo à mesma dinâmica objetiva de incidência, subordinada à presença de antijuridicidade estabelecida por vício de segurança que o legislador pretendeu coibir como um desvalor. Significa dizer que, em certa atividade lícita, há fato incidental que, independentemente de culpa ou de má utilização pelo destinatário, altera os efeitos legitimamente esperados do produto (imagine-se, a título ilustrativo, o vazamento de certo produto químico no ato de entrega à empresa destinatária).

Por esse motivo, também em homenagem à coerência do sistema, as excludentes do dever de reparar previstas no Código de Defesa do Consumidor devem incidir na busca de causalidade necessária entre o dano e o defeito que o produziu.

Do mesmo modo, não se confunde a hipótese de incidência do art. 931 com a do art. 927, parágrafo único, o qual, por sua vez, longe de suprimir a importância da responsabilidade subjetiva, se restringe ao cenário de risco criado por atividade que, habitualmente desenvolvida, implique risco exagerado, capaz de atrair, salvo na presença das excludentes de causalidade, o dever de reparar (novamente a exigir juízo de reprovação por parte do ordenamento). Daí a antijuridicidade, também aqui, do dano proveniente de risco exageradamente criado, capaz de atrair o dever de reparar.

O bom funcionamento do sistema de responsabilidade civil, capaz de proteger adequadamente as vítimas dos danos, em atendimento ao princípio da solidariedade social, depende do respeito aos seus requisitos e fundamentos, sem que se deva, no afã de ampliar o dever de reparar, desvirtuar a sua finalidade genuinamente reparatória e suprir a precariedade de políticas públicas insuficientes. Nesse particular, o art. 931 (assim como o parágrafo único do art. 927) configura peça relevante no sistema de responsabilidade civil. Todavia, mais grave do que a pretensão reparatória frustrada por ausência de antijuridicidade é o abalo à segurança jurídica e ao princípio da igualdade, decorrente da imposição de dever de reparar a qualquer custo, desprovido do fundamento ético distintivo das condutas conformes ou disformes com o direito.

G.T.

AUTONOMIA PRIVADA E CLÁUSULAS LIMITATIVAS DE RESPONSABILIDADE[1]

A doutrina brasileira tem reproduzido, acriticamente, mediante a invocação de fontes históricas, dois limites imperativos à validade das cláusulas de exoneração de responsabilidade entre partes não vulneráveis. Tais avenças não seriam admissíveis no caso de dolo (o que abrangeria, para alguns autores, a culpa grave) e no tocante às obrigações essenciais dos contratos. O entendimento alcançaria, segundo o mesmo raciocínio, até mesmo cláusulas limitativas de responsabilidade, com hiperbolizada redução da liberdade contratual e insuperável dificuldade prática de apuração. Os reflexos da construção se projetam, de modo inquietante, em numerosas controvérsias judiciais e arbitrais.

Para a compreensão do problema, há que se identificar o sentido atribuído a cada um dos parâmetros acima indicados, tendo-se por premissa fundamental a proteção constitucional à autonomia privada, proclamada, de modo deliberadamente redundante, pelo Código Civil. Basta lembrar a nova redação do art. 421-A, II: "a alocação de riscos definida pelas partes deve ser respeitada e observada". Diante disso, deve-se indagar quando o dolo e a prestação principal podem acarretar a invalidade de aludidas cláusulas.

De uma maneira geral, o dolo, além de difícil comprovação, mostra-se absolutamente irrelevante no inadimplemento de obrigações contratuais. Seja para a caracterização da mora, na linguagem do art. 394, Código Civil, seja para a liquidação de danos decorrentes do inadimplemento, como preceitua o art. 403, Código Civil, o legislador

---

[1] Editorial – *Revista Brasileira de Direito Civil – RBDCivil*, v. 23, jan./mar. 2020.

não se preocupa com a intenção do devedor inadimplente. O não pagamento de vultosa prestação em dinheiro, por exemplo, no tempo, lugar e modo devidos, a perda pelo advogado do prazo recursal, o equívoco técnico do engenheiro, ainda que diminuto, em empreitada de grande porte acarretam consequências gravíssimas, por vezes dramáticas, sem que seja relevante perquirir a intenção do devedor para deflagrar a sua responsabilidade e o montante dos danos produzidos. As consequências do inadimplemento, portanto, independem da intenção do agente. Pouco importa, a rigor, se o inadimplemento decorreu da má intenção do contratante ou de insuficiente gestão de sua equipe, subcontratado ou preposto. Nada disso reduzirá ou ampliará os efeitos jurídicos do inadimplemento. Nem parece razoável pretender aferir a atuação dolosa com base nas consequências, invariavelmente significativas, do inadimplemento de contratos de grande magnitude econômica. Justamente por tais circunstâncias é que é possível prever o custo do inadimplemento, e, em se tratando de contratos paritários e com repercussão essencialmente patrimonial, alocar tal risco ao preço (e à equação econômica) do contrato, mediante cláusulas exonerativa ou limitativa. Define-se assim o equilíbrio econômico do contrato a ser respeitado e preservado pelo Judiciário.

Se assim é, pode-se afirmar que o dolo, para afastar a eficácia da cláusula exonerativa, não se refere à intenção que move o inadimplemento, mas à pactuação maliciosa da limitação ou exoneração. Trata-se de dolo específico de quem elabora a cláusula, ou nela se escora com a intenção precípua de descumpri-la e, assim, causar dano à contraparte. Neste caso, desvirtuam-se a alocação de riscos, a precificação pactuada e o equilíbrio econômico do contrato.

Por outro lado, nada macula a validade da exoneração ou limitação convencional de responsabilidade no caso de obrigações essenciais. Se assim não fosse, seriam quase sempre inadmissíveis tais cláusulas, precipuamente destinadas a exonerar ou limitar a responsabilidade pelo inadimplemento de prestações essenciais (empreitada, construção, transporte de cargas etc.). O que invalida, em tese, a cláusula limitativa é a privação completa de efeitos para o descumprimento obrigacional, de tal modo que, ausente qualquer consequência para o inadimplemento, a prestação se tornaria puramente potestativa, rompendo o equilíbrio contratual. Ter-se-ia, neste caso, a desnaturalização de sua função e o aniquilamento da coercitividade do vínculo obrigacional. Tal cenário, contudo, dificilmente poderia ser verificado diante do leque de efeitos do vínculo obrigacional para além das perdas e danos (basta pensar na execução específica ou na exceção de contrato não cumprido). De todo modo, tal restrição, caso possa ocorrer, circunscreve-se a contratos simples, com prestação única e sem que, de fato, haja qualquer consequência jurídica para o descumprimento.

Como se vê, não se mostra justificável a redução da admissibilidade, em contratos paritários, da alocação de riscos que, expressão da autonomia privada, limita ou exonera o dever de indenizar em relações contratuais. Afora o dolo específico de pactuação e a hipótese, pouco provável, de obrigação principal cujo descumprimento fosse desprovido de consequência jurídica, devem-se preservar os arranjos contratuais, no âmbito dos quais não parece haver óbice às cláusulas limitativas ou exonerativas. Afinal, deve-se prestigiar a autonomia privada, como expressão do valor social da livre iniciativa (art. 1º, IV, CR) e da ordem econômica (art. 170, CR).

O respeito às alocações de riscos nas relações patrimoniais privadas mostra-se imperativo, enaltecendo-se assim sua distinção em face da tutela a ser conferida às relações existenciais e à redução das vulnerabilidades. Neste caso, a promoção da pessoa humana, da sua dignidade e da solidariedade social justificam a maior interferência do Judiciário e a preocupação do intérprete para a equalização das relações jurídicas. Essa diferenciação afigura-se indispensável para que se evite a banalização do dirigismo contratual, promovendo-se, em contrapartida, a liberdade econômica e a harmonização dos diversos interesses merecedores de tutela na legalidade constitucional.

G.T.

O RECONHECIMENTO PELO STF DO DIREITO FUNDAMENTAL À PROTEÇÃO DE DADOS[1]

O Plenário do Supremo Tribunal Federal, em decisão histórica, no âmbito de cinco ações diretas de inconstitucionalidade (ADI nº 6.387, ADI nº 6.388, ADI nº 6.389, ADI nº 6.390 e ADI nº 6393), suspendeu a eficácia da MP nº 954/2020, que prevê o compartilhamento de dados de usuários de telefônicas com o IBGE, para a produção de estatística oficial durante a pandemia do COVID-19. Decidiu-se, assim, com um único voto vencido, do Ministro Marco Aurélio, que nem mesmo a gravíssima pandemia, que autoriza o isolamento social e a paralisação de grande parte das atividades econômicas, justificaria o afastamento das garantias fundamentais à privacidade e à proteção de dados pessoais de cada usuário.

A Suprema Corte valeu-se da ponderação dos valores em colisão. Ao invocar a proporcionalidade, considerou não haver adequação e necessidade da MP para os fins pretendidos, já que, embora para fins genuinamente legítimos, permitia desmesurado acesso a informações pessoais dos usuários, sem restrição e especificação prévias quanto à qualidade e ao processamento dos dados coletados. Com efeito, como sustentado pelo professor Danilo Doneda, em sua substanciosa sustentação oral, a MP autorizaria a transferência ao IBGE de toda a base de dados dos usuários de telefonia fixa e móvel, a representar volume de informações bem maior do que a amostragem necessária para a realização da PNAD – Pesquisa Nacional por Amostra de Domicílios –, para a qual bastaria pouco mais de 200 mil pesquisados. Esta

[1] Editorial – *Revista Brasileira de Direito Civil – RBDCivil*, v. 24, abr./jun. 2020.

discrepância caracteriza a violação ao princípio da proporcionalidade e da minimização, próprios da temática da proteção de dados pessoais, a desencadear risco desnecessário para a sociedade.

Merecem destaque, na decisão, duas notáveis conquistas na temática dos direitos fundamentais estabelecidas pelo precedente. Em primeiro lugar, a utilização exemplar da técnica da razoabilidade, a partir do sopesamento dos princípios em colisão. Contribui, assim, o STF, para o desenvolvimento do raciocínio ponderativo.

Na experiência brasileira, verifica-se que as reflexões sobre a razoabilidade ou proporcionalidade, de matriz constitucionalista, concentram-se precipuamente sobre "aspectos procedimentais ou internos da ponderação". Com a legítima preocupação de demonstrar que o procedimento racional de ponderação seria cientificamente controlável, tais propostas guiam-se predominantemente pela perspectiva da "lógica formal", debruçando-se sobre o funcionamento estrutural da ponderação mediante a idealização de suas várias etapas e diretrizes procedimentais. Tais tentativas de se matematizar a razoabilidade recaem em grau de abstração e formalismo incompatível com os valores do sistema. Com efeito, dificulta-se a sua utilização pelo intérprete, vez que a estrutura formal e abstrata idealizada se mostra insuficiente para o exame ponderativo a ser empregado na solução de complexas hipóteses, como a espécie analisada, que reclama coerência substancial com os valores do ordenamento.

A rigor, para além de debates teóricos, mostra-se inegável a equivalência funcional entre as noções de razoabilidade e proporcionalidade. Como se sabe, o controle de razoabilidade tem origem no direito norte-americano, integrado à noção de devido processo legal substantivo, enquanto a noção de proporcionalidade possui raízes no direito administrativo europeu, tendo adquirido perfil analítico e sistemático pela Corte Constitucional alemã, que a decompôs nos três subprincípios da: a) "adequação" (meio apto ao alcance do fim almejado); b) "necessidade" (medida restritiva empregada deve ser a menos onerosa para o direito restringido, quando comparada a outras alternativas); e c) "proporcionalidade em sentido estrito", isto é, o proveito obtido deve compensar os sacrifícios produzidos.

Desse modo, há quem sustente que a razoabilidade se destinaria à mitigação de excessos para otimizar a justiça no caso concreto, enquanto a proporcionalidade estaria voltada ao exame analítico entre o meio empregado e o fim almejado. Os argumentos erigidos em prol da distinção entre as duas categorias fundamentam-se em aspectos históricos, formais e estruturais, o que confirma a identidade funcional entre tais categorias. Nessa perspectiva, a associação usual entre razoabilidade e proporcionalidade *stricto sensu* parece comprovar a afinidade funcional, a demonstrar a tendência do intérprete no sentido de testar a razoabilidade como relação custo-benefício (*bilan coûts-avantages*), a partir de pressuposto lógico de que determinada norma é adequada e necessária (do contrário seria proscrita por antijuridicidade de alguma espécie). Afinal, como se viu na decisão em exame, não se pode mediar intensidade (juízo quantitativo) sem previamente avaliar a adequação e necessidade (juízo qualitativo).

Por outro lado — e o mais importante —, o acórdão assinala o reconhecimento, pelo STF, do direito fundamental à proteção de dados pessoais, como resultado, segundo ressaltou o Ministro Gilmar Mendes:

> da compreensão integrada do texto constitucional lastreada (i) no direito fundamental à dignidade da pessoa humana, (ii) na concretização do compromisso permanente de renovação da força normativa da proteção constitucional à intimidade (art. 5º, inciso X, da CF/88) diante do espraiamento de novos riscos derivados do avanço tecnológico e ainda (iii) no reconhecimento da centralidade do Habeas Data enquanto instrumento de tutela material do direito à autodeterminação informativa.

Significa dizer que a proteção de dados pessoais se constitui, em si mesma, em princípio autônomo, capaz de deflagrar o controle de constitucionalidade.

Com tal decisão, reafirma-se no direito brasileiro a urgência na entrada em vigor da Lei nº 13.709/18 (Lei Geral de Proteção de Dados), que proteja a privacidade dos indivíduos, evitando captura, compartilhamentos e transferências desproporcionais de informações por parte do Poder Público e das empresas privadas. A entrada em vigor da LGPD, que estava originariamente prevista para agosto de 2020, foi postergada, pela MP nº 959/20, para 03.05.2021, ainda pendente de confirmação pelo Congresso Nacional, e também se sujeita a novo adiamento, nos termos do art. 20 do PL nº 1.179/2020. É preciso que a comunidade jurídica se conscientize da importância de torná-la vigente e efetiva.

Na sociedade contemporânea, em que o valor da informação é precioso, a cada dia que passa esse controle social se mostra mais necessário. A pandemia não atenua os aludidos direitos fundamentais, mas os corrobora, como acentuado pelo Regulamento Sanitário da Organização Mundial de Saúde.

G.T.

ABUSO DO DIREITO POTESTATIVO[1]

A formulação teórica da noção de pretensão (*Anspruch*), atribuída a Bernard Windscheid no final do século XIX, permitiu a fragmentação conceitual de diversas situações jurídicas subjetivas. A partir daí, ao lado do direito subjetivo, dotado de pretensão de exigibilidade do dever jurídico que lhe é contraposto, outras posições jurídicas adquiriram enorme relevância, em particular o direito potestativo. Figura fundamental nas relações privadas, ao direito potestativo não se contrapõe dever ou prestação. Ao contrário da dinâmica do direito subjetivo, a satisfação do seu titular dá-se pela interferência na esfera jurídica de outro titular, que se submete, pura e simplesmente, ao seu exercício. Por esse motivo também designado de direito formativo, traduz o poder unilateral de constituição, alteração ou extinção de relação jurídica. Constituem-se exemplos de direitos potestativos a prerrogativa de resilição ou extinção contratual, a opção de compra e venda, o direito de arrependimento oferecido ao consumidor.

Com o desenvolvimento da doutrina do abuso do direito, tem-se admitido, com razão, a possibilidade de exercício abusivo não somente no caso de direitos subjetivos, mas também em hipóteses de direito potestativo. Afirma-se, nessa direção, que mesmo na atuação unilateral do titular, atribuída por lei ou por contrato a seu exclusivo alvedrio, mostra-se possível identificar cenário de abusividade. A jurisprudência, tanto em processos judiciais como arbitrais, tem registrado numerosos precedentes nesse sentido, ao argumento de que o controle de abusividade deve alcançar também o exercício unilateral daquele que, ao se

[1] Editorial – *Revista Brasileira de Direito Civil – RBDCivil*, v. 25, jul./set. 2020.

valer de prerrogativa contratual ou legal, desvirtua a sua finalidade, atuando de modo incompatível com a boa-fé objetiva ou com a função reservada pelo ordenamento ao direito que lhe foi atribuído. Há no exercício abusivo disparidade entre a atuação do seu titular e a finalidade pretendida pela ordem jurídica com a respectiva prerrogativa.

Tais argumentos, embora verdadeiros, não autorizam a hiperbolização desse controle funcional, reduzindo o direito potestativo à atuação sujeita à sindicância crescente de motivação casuística, capaz de transformar a prerrogativa contratual, legitimamente conferida, em ato necessariamente motivado e com eficácia condicionada. Uma vez estabelecida a validade e o merecimento de tutela da posição contratual, somente excepcionalmente parece possível identificar a abusividade no exercício de direito potestativo.

A primeira hipótese possível refere-se à criação na contraparte, por seu titular, de legítima expectativa quanto ao seu não exercício. Imagine-se, ilustrativamente, comportamento do titular do direito potestativo que induza a contraparte à convicção de que não seria levado a cabo o seu exercício. A legítima expectativa — é bom registrar — não decorre da impressão subjetiva, baseada em simples inércia dentro de prazo decadencial. Ao contrário, a expectativa somente poderá ser considerada hábil a conferir confiança quanto ao não exercício de direito formativo (que poderá alcançar, no limite, a *supressio*, ou seja, a renúncia da prerrogativa unilateral) quando acompanhada de atos concretos de reversão da expectativa legal ou contratual de que o direito poderia ser, a qualquer momento, livremente exercido.

A segunda hipótese frequentemente suscitada ocorre no adimplemento substancial. Considera-se substancial o oferecimento de prestação que, embora insuficiente a caracterizar o adimplemento nos termos exigidos pelo contrato, mostra-se capaz de impedir, por ter sido substancialmente cumprida, a resolução da relação obrigacional pela contraparte. Em tal cenário, seria abusiva, afirmam alguns julgados, a pretensão de resolução por parte do contratante fiel. Cuida-se também aqui de categoria frequentemente objeto de confusão conceitual, não sendo razoável fazer tábula rasa dos direitos, deveres e posições de vantagem assumidos contratualmente. Por vezes, valoração meramente quantitativa tem fundamentado decisões que, tendo em vista, por exemplo, o número de prestações já cumpridas em vendas a prazo, impedem a resolução contratualmente prevista.

Tal entendimento mostra-se impreciso por dois motivos. Em primeiro lugar, porque o percentual do pagamento não necessariamente reflete a maior ou menor satisfação do credor, associada a circunstâncias fáticas diversas e ao conjunto de cláusulas contratuais. Além disso, e mais importante, o interesse útil do credor deve ser extraído do programa contratual tal qual pactuado, cuja obrigatoriedade se mostra fundamental para preservar a segurança jurídica, especialmente diante do abrangente conceito de mora estabelecido pelo codificador brasileiro (art. 394 do Código Civil). Assim sendo, o adimplemento substancial somente pode ser admitido (e, em contrapartida, o exercício abusivo de quem se lhe opõe) quando, em razão do substancial cumprimento da prestação, torna-se possível ao credor a satisfação de seu interesse útil por meio menos gravoso que a resolução contratual. Imagine-se, a título exemplificativo, a possível execução de dívida contratual remanescente com a penhora de bem de valor bastante inferior ao objeto do negócio cuja resolução frustraria. Neste caso, e apenas neste caso, mostra-se razoável e benfazeja a conservação do contrato, prestigiando-se a um só tempo o devedor e o escopo econômico pretendido pelas partes.

Como se vê, mostra-se indispensável, em relações paritárias, em nome da unidade do sistema jurídico, prestigiar a autonomia privada e as posições de vantagem tuteladas pelo ordenamento, sob pena de se banalizar a utilização do abuso do direito e se inverter a alocação de riscos estabelecida nas relações contratuais.

G.T.

DESAFIOS DA LEI GERAL DE PROTEÇÃO DE DADOS (LGPD)[1]

A Lei nº 13.709/2018, ou Lei Geral de Proteção de Dados (LGPD), que entrou em vigor após longa tramitação legislativa, terá repercussão extraordinária em toda a sociedade. Com o estrondoso desenvolvimento eletrônico das relações humanas, amplia-se mais e mais o fornecimento de dados, cujo tratamento e circulação ameaçam a privacidade e a igualdade. Com isso, a alvissareira promulgação de lei específica a disciplinar a matéria tem o mérito de trazer a lume a urgência de impor cuidados ao tratamento dos dados pessoais. Além disso, traduz promissora política legislativa de equilíbrio entre a lógica da eficiência econômica e a preservação dos direitos fundamentais.

Tem-se afirmado que a proteção dos dados pessoais encerra aspecto fundamental de uma nova face da liberdade — a liberdade informática, na feliz expressão de Vittorio Frosini. Com isso, a privacidade não mais se limita ao *right to be let alone*, ou "direito de ser deixado em paz", forjado no final do séc. XIX por Warren e Brandeis, refletindo, ao revés, conforme argutamente afirmou o professor Stefano Rodotà, o direito ao controle das próprias informações. Alude-se, em tal perspectiva, ao princípio da autodeterminação informativa. Abandona-se a perspectiva estática em favor da compreensão dinâmica da privacidade. Tais questões demandam a previsão de instrumentos específicos de proteção que se afastem da lógica patrimonialista do direito civil clássico.

[1] Editorial – *Revista Brasileira de Direito Civil – RBDCivil*, v. 26, out./dez. 2020.

Na experiência estrangeira, dois modelos, em linhas gerais, disputam o tratamento dos dados pessoais. No sistema norte-americano, a questão encontra disciplina difusa e casuística. As empresas se apropriam dos dados que lhes são fornecidos pelos particulares, deles podendo dispor com considerável liberdade. O modelo europeu, em contrapartida, regula de forma mais analítica a proteção dos dados pessoais, considerando-se, como matriz fundamental, que os sistemas de tratamento de dados não devem ser subservientes às imposições do mercado. Nessa esteira, diretivas europeias estabelecem o padrão mínimo de proteção à divulgação de dados, contendo regras acerca da privacidade e comunicações eletrônicas, além de princípios assimilados pela legislação interna dos países-membros.

Felizmente, o Brasil adotou o modelo europeu. A LGPD representa importantíssimo instrumento para a proteção da pessoa humana. Permite o controle dos dados pelos interessados, impõe deveres e responsabilidades aos agentes de tratamento e proporciona segurança à circulação de informações. Ao privilegiar a prevenção de danos à pessoa humana e a segurança no tratamento de dados pessoais, busca-se antecipar os riscos de violação à privacidade, como também evitar tratamentos abusivos de informações e vazamentos de dados.

O primeiro instrumento legal de tutela é o *consentimento* para a revelação e coleta de qualquer dado pessoal, que importa, nos termos do art. 5º da LGPD, em "manifestação livre, informada e inequívoca além de necessariamente direcionada a uma finalidade determinada". Trata-se de ferramenta de vanguarda na tutela do titular dos dados, nesse inquietante cenário tecnológico em que se verificaram, nos últimos tempos, a coleta maciça de dados pessoais, a mercantilização desses bens e a pouca transparência no tratamento de dados corriqueiramente levado a cabo por empresas públicas e privadas. O consentimento, por tudo isso, segundo exige a nova lei, deve ser interpretado restritivamente, não podendo a autorização concedida ser estendida para outros meios, períodos futuros, finalidades, pessoas ou contextos diversos do que foi rigorosamente informado ao titular.

Mostra-se de particular importância a restrição da informação transmitida à finalidade específica da coleta, de modo a fazer prevalecer o que se tem chamado de princípio da utilização não abusiva. Daqui a recomendação de eliminação das informações desnecessárias ou transformação em dados anônimos dessas informações, desde que não sejam mais necessárias.

Por outro lado, o consentimento deverá ser temporário, válido enquanto perdurar a finalidade que o anima, podendo ser revogado a qualquer momento por manifestação expressa do titular, mediante procedimento gratuito e facilitado. Tal possibilidade de revogação incondicional do consentimento decorre do aludido princípio da autodeterminação informativa. Se quem recebeu a autorização livre, inequívoca e informada do titular sofre prejuízo com a revogação, caberá ação de perdas e danos. Também em caso de abuso na revogação da autorização anteriormente concedida, caberá a devida reparação, que será analisada no caso concreto, sendo relevante, em tal análise, o princípio da boa-fé objetiva.

Sob outro enfoque, a LGPD, em seu art. 14, dispõe de forma específica acerca do tratamento de dados pessoais de crianças e adolescentes, abrangendo o consentimento. O tratamento, nesses casos, deverá levar em conta especialmente as normas protetivas estabelecidas na Constituição Federal, no Estatuto da Criança e do Adolescente e na Convenção sobre os Direitos da Criança. Incide aqui, de modo particular, o princípio do melhor interesse da criança.

No caso das crianças, menores de até doze anos incompletos, quando a base legal for o consentimento, o tratamento dos dados pessoais deverá contar com o consentimento específico e em destaque por parte de ao menos um dos pais ou pelo responsável legal. O consentimento deverá ser livre, informado e direcionado ao tratamento de dados pessoais para finalidade determinada. Assim, o consentimento que não atenda ao requisito legal ou tenha sido manifestado pela própria criança não poderá ser admitido.

De outra parte, ao não mencionar expressamente o adolescente, menores entre doze e dezoito anos de idade, o dispositivo abriu margem a diferentes interpretações. Ao que parece, o legislador pretendeu reconhecer a validade do consentimento manifestado pelo adolescente nessas hipóteses, o que se mostra compatível com a realidade da utilização da internet e das mídias sociais, com ampla aceitação social. No caso de adolescentes entre 12 e 16 anos, dá-se instigante questão: embora incapaz, a sua manifestação de vontade mostra-se, a um só tempo, indispensável para o tratamento dos seus dados (não é possível ao titular da autoridade parental, por exemplo, por ele se manifestar) e suficiente, dispensando-se a participação do seu representante legal.

Aspecto particularmente polêmico na tutela de dados pessoais refere-se à noção de dados sensíveis. Trata-se de informações, nos termos da LGPD, relativas à origem étnica, à convicção religiosa ou política, à filiação partidária ou sindical, à orientação religiosa ou sexual, a indicadores genéticos, biométricos ou psicofísicos, entre outros. O tratamento de dados pessoais sensíveis submete-se a restrições e a cuidados específicos. É importante sublinhar, contudo, que dados que parecem inofensivos ou meramente estatísticos, uma vez transferidos, cruzados ou organizados, podem resultar em informações de caráter sensível sobre a pessoa, com riscos de violação à privacidade e à igualdade, propiciando discriminação informativa.

Há casos, por exemplo, registrados nos Estados Unidos, de negativa de concessão de crédito para pessoas em razão do bairro onde moram ou em razão de seus prenomes, estatisticamente, serem os mais recorrentes em determinadas comunidades. Assim, o simples domicílio ou o prenome, em certo contexto, torna-se dado sensível para fins de tutela da igualdade. Nessa direção, a previsão legal de dados sensíveis não deve ser considerada taxativa, somente sendo possível caracterizar certa informação pessoal como dado sensível tendo-se em conta o tratamento a ser efetuado, seu contexto e a finalidade a que se destina.

Discussão que se encontra na ordem do dia diz respeito à natureza da responsabilidade civil na LGPD, que regula, em apenas quatro artigos, do art. 42 ao art. 45, o dever de reparar dos agentes de tratamento de dados pessoais, seja o controlador e o operador, seja o encarregado pelo tratamento dos dados indicado pelo controlador. Nos termos do art. 5º, controlador é a pessoa a quem compete as decisões referentes ao tratamento de dados pessoais. Já o operador é pessoa que realiza o tratamento de dados pessoais em nome do controlador, devendo realizar o tratamento segundo instruções do controlador (art. 39).

A LGPD adotou responsabilidade subjetiva, nos termos do art. 43, II, segundo o qual "Os agentes de tratamento só não serão responsabilizados quando provarem: [...] II - que, embora tenham realizado o tratamento de dados pessoais que lhes é atribuído, não houve violação à legislação de proteção de dados". A rigor, a estrutura da LGPD confirma esse entendimento, por se encontrar pautada, toda ela, na fixação de deveres, incluindo um capítulo dedicado à "segurança e boas práticas", cujo descumprimento deflagra o dever de reparar. O legislador estabeleceu verdadeiro *standard* de conduta que deve ser seguido pelos agentes de tratamento de dados para evitar incidentes de segurança, dedicando-se na Seção II à conduta dos agentes, assim como ao cumprimento de programas, políticas internas, procedimentos, mecanismos de supervisão (internos e externos), padrões técnicos etc.

Assim, apesar de a LGPD não ser explícita em relação à natureza da responsabilidade dos agentes de tratamento de dados, como é o Código de Defesa do Consumidor ao adotar a responsabilidade objetiva, a interpretação sistemática da LGPD demonstra que o regime adotado por este diploma foi mesmo o da responsabilidade subjetiva.

Em tal perspectiva, o único dispositivo da LGPD que remetia para a responsabilidade objetiva foi retirado no trâmite legislativo, o que é um dado significativo para a interpretação da lei. Diferentemente desse primeiro texto legislativo, todas as versões subsequentes do projeto de lei, até a versão finalmente sancionada da LGPD, passaram a não mais mencionar, como regra geral, o regime de solidariedade ou de responsabilidade objetiva pelos danos decorrentes do tratamento de dados pessoais. A referência expressa à responsabilidade objetiva foi completamente eliminada do texto legal. Paralelamente a isso, ainda no período de tramitação do projeto, o *caput* do art. 42 da LGPD sofreu alteração importante: a expressão "em violação à legislação de proteção de dados pessoais" foi acrescentada, o que também evidencia a opção do legislador pela responsabilidade subjetiva. Os agentes de tratamento não responderão em toda e qualquer situação em que causarem danos a terceiros, mas apenas quando isso ocorrer em violação à legislação de proteção de dados pessoais, ou seja, quando a sua conduta não se adequar ao *standard* estabelecido pelo próprio legislador.

Ao propósito, a adoção da responsabilidade subjetiva, que tem o mérito de separar a boa prática do comportamento antijurídico, de modo algum arrefece a proteção às vítimas. Em primeiro lugar, porque, em caso de dano, há inequívoca presunção de culpa dos agentes econômicos, os quais, segundo a linguagem do acima transcrito art. 43, II, "só não serão responsabilizados quando provarem" a inexistência de violação legal. Além disso, o juiz poderá "inverter o ônus da prova a favor do titular dos dados quando for verossímil a alegação; houver hipossuficiência para a produção de prova ou quando a sua produção se revelar excessivamente onerosa".

De outra parte, o art. 45 remete ao Código de Defesa do Consumidor, e, portanto, ao regime da responsabilidade objetiva, sempre que for caracterizada relação de consumo. Nos termos do art. 45, "As hipóteses de violação do direito do titular no âmbito das relações de consumo permanecem sujeitas às regras de responsabilidade previstas na legislação pertinente". O dispositivo, por um lado, confirma a incontornável incidência do Código de Defesa do Consumidor, com todos os seus mecanismos protetivos, a favor do titular de dados, seja no que tange ao afastamento de cláusulas abusivas, seja na proteção contra vícios dos produtos e serviços, seja em relação à proteção processual. Por outro lado, corrobora a adoção pela LGPD da responsabilidade subjetiva nas relações paritárias, já que estabeleceu expressamente a deflagração da responsabilidade objetiva nas relações de consumo. O preceito, que não se justificaria se toda a lei fosse submetida ao mesmo regime de responsabilidade, retira a importância que se pretendeu atribuir ao debate acerca da natureza da responsabilidade, já que assegura ampla proteção ao consumidor, a confirmar a atenção diferenciada e coerente do legislador para o cenário de vulnerabilidade e assimetria informativa.

Como se observa, enorme é a repercussão da LGPD no dia a dia das relações sociais, consagrando direitos aos titulares e deveres e responsabilidades aos agentes de tratamento. Afinal, o desenvolvimento seguro da sociedade tecnológica, cujas fronteiras se mostram ainda desconhecidas, depende visceralmente do assenhoramento da autodeterminação informativa e da consolidação de mecanismos de controle dos dados pessoais. A sociedade como um todo deve se adaptar a essa verdadeira mudança cultural, cabendo à doutrina, ao Judiciário e à Autoridade Nacional de Proteção de Dados harmonizarem a interpretação e aplicação da lei.

G.T.

ADOÇÃO E PROTEÇÃO INTEGRAL NA FAMÍLIA: QUAL FAMÍLIA?[1]

Causou comoção recente decisão do TJMG que retirou da família adotiva uma criança de 9 anos, após 6 anos de sua completa inserção no núcleo familiar. A Corte, ao julgar a Apelação Cível nº 1.0000.20.083433-1/001, sob a relatoria da Des. Maria das Graças Albergaria Costa, deu provimento à apelação da avó biológica, concedendo-lhe a guarda da neta, em evidente primazia do vínculo biológico sobre o socioafetivo. Isto a despeito da anterior perda da guarda pelos pais biológicos por conta de ocorrências gravíssimas, e sem que houvesse qualquer vínculo emocional construído anteriormente entre a criança e a avó apelante. O Superior Tribunal de Justiça, em seguida, diante da teratológica decisão, suspendeu provisoriamente os efeitos da decisão da Corte mineira. A estabilidade familiar da criança, portanto, ainda não se encontra definitivamente assegurada.

A controvérsia, infelizmente, não é bissexta, refletindo modo de pensar incompatível com a doutrina da proteção integral, informada por princípios constitucionais e consubstanciada pela Lei nº 8.069/90, o Estatuto da Criança e do Adolescente (ECA), cujo art. 19 só pode ser lido e bem compreendido, evidentemente, a partir do melhor interesse da criança, e não como forma de favorecimento, a qualquer custo, dos genitores biológicos. É ver-se:

[1] Editorial – *Revista Brasileira de Direito Civil – RBDCivil*, v. 27, jan./mar. 2021.

> É direito da criança e do adolescente ser criado e educado no seio de sua família e, excepcionalmente, em família substituta, assegurada a convivência familiar e comunitária, em ambiente que garanta seu desenvolvimento integral. (...)
>
> §3º A manutenção ou a reintegração de criança ou adolescente à sua família terá preferência em relação a qualquer outra providência, caso em que será esta incluída em serviços e programas de proteção, apoio e promoção, nos termos do § 1º do art. 23, dos incisos I e IV do *caput* do art. 101 e dos incisos I a IV do *caput* do art. 129 desta Lei.

A referência legislativa à excepcionalidade da colocação em família substituta pretende destacar a magnitude dos deveres parentais e a gigante responsabilidade associada à paternidade e à maternidade. Uma vez, contudo, efetuada a inserção da criança ou adolescente na família adotiva, após todos os estudos e análises interdisciplinares para tanto exigidos, há de se proclamar a igualdade dos filhos e das famílias adotivas em relação às famílias biológicas, extirpando-se os vínculos anteriores do adotado.

Segundo dados divulgados pelos Sistema Nacional de Adoção e Acolhimento (SNA) do Conselho Nacional de Justiça, o Brasil tem hoje 30 mil crianças colocadas em unidades de acolhimento e 5 mil aptas para adoção. Os diversos requisitos legais e o longo procedimento a ser trilhado pelos candidatos a adotantes, destinado à sua preparação psicossocial, jurídica e emocional, costumam desestimular o processo de adoção, que, ao contrário, há de ser incentivado, como forma de proteção de centenas de crianças diariamente abandonadas. O objetivo primordial da adoção — é sempre bom lembrar — não é dar filho a quem não pode tê-lo biologicamente, mas sim inserir a criança e o adolescente em núcleo familiar compatível com a sua proteção integral. Nessa direção, movimentos sociais e entidades públicas se dedicam bravamente à inclusão de crianças e adolescentes em famílias substitutas.

Todo esse esforço, contudo, parece comprometido se não houver a adequada compreensão, por parte da sociedade, dessa mudança cultural traduzida pela passagem da família biológica para a socioafetiva. À advocacia, à magistratura e à doutrina incumbe o desafio de compreender e traduzir, para o cotidiano das famílias, a doutrina do cuidado e da proteção integral. Na complexidade dos arranjos familiares atuais, mostra-se de fato urgente a afirmação da família (não como instituição previamente imposta por laços sanguíneos, mas) como comunidade instrumental ao pleno desenvolvimento da personalidade de seus integrantes, destinada à efetiva promoção da dignidade de cada um deles.

Eis os valores subjacentes à hermenêutica exigida pelo art. 6º do ECA, para o qual paternidade e maternidade devem voltar-se à "condição peculiar da criança e do adolescente como pessoas em desenvolvimento". Em contexto de tamanhas dificuldades econômicas, sanitárias e educacionais, o processo de adoção mostra-se indispensável ao desenvolvimento social brasileiro, importando em projeto de vida cujo êxito depende do reconhecimento genuíno da família, adotiva ou biológica, como núcleo socioafetivo democrático e solidário, consentâneo com a legalidade constitucional.

G.T.

PACTA CORVINA EM VERSÃO DIGITAL?[1]

O Tribunal de Justiça de São Paulo, em decisão recente (Ap. Cível n.º 1119688-66.2019.8.26.0100, 31ª Câmara de Direito Privado, julg. 09.03.2021), manteve sentença de primeiro grau e negou provimento à apelação da autora que pretendia ter acesso à conta do perfil de sua falecida filha na plataforma do Facebook.

O Tribunal considerou prevalentes os *termos de uso* assinados pela usuária, que, ao aderir ao contrato firmado com a plataforma, aceitou a natureza personalíssima do contrato e a transformação do perfil em um chamado *memorial*, não tendo optado expressamente, no ato de adesão, pela outra possibilidade: o apagamento dos dados no caso de falecimento. No contrato em questão, consta ainda que o usuário poderia indicar um único "contato herdeiro" para, no caso de falecimento, cuidar da conta transformada em memorial.

O tema encontra-se na ordem do dia. Sem analisar pormenorizadamente o caso concreto, merece especial reflexão a abusividade de cláusulas contratuais, inseridas em contratos de adesão celebrados pela internet, que chegam a se sobrepor à liberdade de testar, atribuindo ao provedor da plataforma, e somente a ele, com a morte do usuário, o poder de controle e gestão do perfil do falecido. Tais cláusulas contratuais, que constituem contrato de adesão em relações de consumo, preveem a renúncia à transmissibilidade contratual e o destino do conteúdo do perfil após a morte do usuário, permitindo, ainda, em verdadeiro *pacta corvina* contratual, a nomeação do mencionado contato-herdeiro – sem

[1] Editorial – *Revista Brasileira de Direito Civil – RBDCivil*, v. 28, abr./jun. 2021.

considerar possível ato de última vontade em sentido contrário manifestado nos termos da lei.

Além disso, em nome da proteção da natureza personalíssima dos dados do usuário, transferem-se à plataforma o poder de cancelar o conteúdo (com dados do falecido e de terceiros) e o poder de decisão sobre o conteúdo, com a criação do *memorial*, de modo a que o tributo ao falecido possa incrementar a movimentação na rede.

Há no debate alguns sofismas que contaminam a discussão. O primeiro é que o cancelamento (com a perda de todos os dados construídos por força de contrato oneroso) tutela a privacidade do falecido. Ora, uma coisa é a exposição pública de conteúdo íntimo do usuário, outra completamente diferente é a gestão dos bens pessoais atribuída ao herdeiro legal ou testamentário (e somente a ele), ao qual cabe representar o falecido.

O segundo é que, à míngua de conteúdo patrimonial do perfil, não haveria tecnicamente herança, a justificar o prevalecimento desse sinistro *pacta corvina* digital. A propósito, vale lembrar que mesmo uma conta não monetarizada tem conteúdo patrimonial, representado pelo valor do contrato celebrado pelo usuário com a plataforma, apto a atrair contraprestação direta ou indireta, mediante maciça publicidade associada às plataformas. Em consequência, torna-se difícil imaginar a ausência de conteúdo patrimonial da relação jurídica na qual se inserem os perfis dos usuários, ainda que o perfil não seja monetarizado e que sua construção não tenha sido adquirida mediante pagamento de contraprestação pecuniária. Além disso, e mais importante, mesmo bens que incorporem importantes aspectos existenciais, como fotos e cartas íntimas, sujeitam-se ao regime da propriedade privada e são passíveis de transmissão, consubstanciando bens em sentido jurídico, ainda que diminuto seu valor pecuniário. É dizer, os bens pessoais, embora digam respeito à personalidade, não se confundem com os direitos da personalidade.

Diante de tais circunstâncias, embora seja em geral atribuída ao usuário apenas a licença de uso do serviço oferecido pela plataforma, constando nos termos de uso a intransmissibilidade do direito de acesso ao conteúdo inserido nos perfis, cabe sempre examinar se tais cláusulas decorrem do consentimento informado e livre do consumidor – no sentido de extinguir e assim renunciar ao direito de acesso à conta com seu falecimento. Quanto a esse aspecto, a interpretação milita a favor do usuário que figurou como parte vulnerável (art. 47, CDC). E ainda, por se tratar de contrato de adesão, as cláusulas que implicarem limitação de direitos "deverão ser redigidas com destaque, permitindo sua imediata e fácil compreensão" (art. 54, §4º, CDC).

Por isso, se não houve determinação expressa e válida do titular em vida, o acesso pelos herdeiros parece consequência natural do processo sucessório, não se diferenciando esses compartimentos digitais das gavetas, cofres ou diários deixados pelo falecido. A valoração quanto à expressão patrimonial do acervo e a forma de sua utilização pelo herdeiro, evidentemente, terá outros limites e desdobramentos e deve preservar, antes de tudo, a vontade e a dignidade do falecido.

G.T.

TEXTO E CONTEXTO NA TEORIA DA INTERPRETAÇÃO[1]

Há uma deliciosa passagem de Jorge Luis Borges, em seu conto *Las Ruínas Circulares*, em que o gênio da literatura argentina escreveu: *Nadie lo vio desembarcar en la unánime noche.* A expressão *unánime noche* logo se tornou o pesadelo de muitos tradutores. Segundo relata José Almino de Alencar (*Gordos, Magros e Guenzos* – Crônicas. Recife, 2017), o tradutor para o inglês interpelou o escritor para que lhe explicasse, afinal, o sentido da hermética expressão (traduzida como *encompassing night*). Ao que Borges respondeu: "para você ver, Di Giovanni, a maneira irresponsável como eu costumava escrever...". A sarcástica (ausência de) resposta revela, de modo incisivo, o equívoco de qualquer caminho interpretativo que não procure compreender, previamente, o contexto e as premissas do texto.

O episódio vem a lume no debate interpretativo em torno do direito civil constitucional, por vezes criticado — ou mesmo adotado (!) — a partir de premissas ou pré-compreensões incompatíveis com seus fundamentos metodológicos. Três exemplos eloquentes bem o demonstram, relativamente às noções de *função social, autonomia privada* e *dogmática.*

A função social, para alguns, mostra-se ameaçadora, contrária à liberdade individual. O sentido técnico da expressão, contudo, decorre da tábua axiológica constitucional, que associa visceralmente as relações patrimoniais a valores existenciais. Significa dizer que, longe de teorias comunitárias de matrizes autoritárias, que subordinaram, ao

[1] Editorial – *Revista Brasileira de Direito Civil – RBDCivil*, v. 29, jul./set. 2021.

longo da história, as liberdades individuais a interesses supraindividuais ou estatais, a função social, no ordenamento jurídico brasileiro, impõe ao exercício das relações patrimoniais deveres indispensáveis à promoção da pessoa humana. Igualdade, solidariedade e justiça distributiva, portanto, são princípios constitucionais que enaltecem a liberdade — de todos — e visam à (ainda inalcançada) redução das desigualdades regionais e sociais, à sustentabilidade e à dignidade humana. A invocação da função social, portanto, não comprime a liberdade, reduzindo-a quantitativamente, mas serve-lhe de contorno qualitativo à luz dos valores constitucionais.

Por outro lado, a justa crítica ao voluntarismo, tal qual consagrado pelas grandes codificações dos séculos XVIII e XIX, não significa o afastamento do extraordinário papel da vontade nas relações contratuais e na circulação da riqueza. Pelo contrário, o ocaso do voluntarismo coincide com as diversas fontes heterônomas que, visando a reduzir as desigualdades do ambiente contratual, enaltecem a igualdade de forças na formação da vontade declarada. Em alguns setores, como no direito do trabalho e nas relações de consumo, ampliou-se deliberadamente o dirigismo contratual sem, todavia, representar a extinção da autonomia — transferida por vezes a organizações sindicais ou sociais —, a qual, no cenário de paridade informacional e econômica, tem sido prestigiada pela legislação infraconstitucional e pela jurisprudência. Substituiu-se, assim, por força do ditado constitucional, a noção de autonomia da vontade pelos conceitos de autonomia privada e autonomia negocial, preservando-se e enaltecendo-se a vontade especialmente nos espaços de liberdade próprios das relações paritárias, como ocorre no direito societário e empresarial.

Já a crítica ao dogmatismo — que impregna tradicionalmente diversas correntes do positivismo consagrado pelo Estado Moderno — suscitou, para alguns autores, a equivocada impressão de que a metodologia civil-constitucional — ao fomentar a incidência direta dos princípios constitucionais, com plena força normativa para a solução de conflitos intersubjetivos — careceria de dogmática, a ameaçar a segurança jurídica. Alude-se, nostalgicamente, à velha e boa dogmática do direito romano. Há aqui grave confusão conceitual.

A dogmática tradicional, apegada à subsunção, à atemporalidade e à a-historicidade de institutos jurídicos, bem como à preferência das regras infraconstitucionais aos princípios constitucionais, mostra-se, a rigor, insuficiente para a captura do fenômeno jurídico em sua completude. Ameaça assim gravemente o princípio da segurança jurídica, já que reduz a atividade do intérprete à repetição acrítica do texto legal, sem deste extrair todo o conteúdo decorrente da incorporação, pela atividade hermenêutica, do conjunto de fontes normativas que, plasmadas pelos valores e princípios constitucionais, definirão (não apenas a norma, mas) o ordenamento do caso concreto. Este esforço de reconstrução da dogmática, a partir da relativização e historicização dos conceitos, torna-se bem mais desafiador, embora certamente mais frutífero e eficiente. Implica o redimensionamento do conceito de segurança jurídica, forjada não já pela seleção de regras isoladamente consideradas, abstratamente compatíveis com a hipótese fática, mas pela construção da norma do caso concreto. Esta operação hermenêutica integra, em um único momento, intepretação e aplicação do direito, e deve ser fiel à dogmática assim concebida — estabelecida por meio de categorias em constante transformação, para cada tempo e lugar —, construída mediante a incorporação dos valores, princípios e normas do sistema como um todo e cuja exteriorização exige fundamento persuasivo, que justifica a sua aplicação e se submete a permanente controle social e democrático.

Diante do Texto Constitucional, o direito civil encontra-se potencializado, não já reduzido em seus institutos ou dogmática. Liberdade e autonomia são pilares, portanto, do sistema, redimensionados pelos princípios da igualdade substancial e da solidariedade, tendo a função social como elo entre o legítimo interesse patrimonial, que anima as titularidades, e a tutela prioritária da pessoa humana. Trata-se, pois, de profícua renovação do direito civil, ancorado em nova e benfazeja dogmática jurídica, atenta aos valores existenciais e à legalidade constitucional.

G.T.

ESTAÇÕES DO DIREITO CIVIL[1]

No dia 20 de dezembro de 2021, registrou-se interessante debate virtual sobre o novo livro do professor Pietro Perlingieri, *Stagioni del diritto civile* (Napoli: Esi, 2021). O encontro, do qual tive a satisfação de participar, contou com a palavra inspiradora do próprio professor Perlingieri, e ainda dos renomados professores Pasquale Femia (Universidade de Salerno, Itália), Francesca Benatti (Universidade de Padova, Itália), Mauro Grondona (Universidade de Genova, Itália), Fabrizio Piraino (Universidade de Palermo, Itália), Gastón Fernández Cruz (Universidade Católica, Peru), Juan Espinoza Espinoza (Universidade Católica, Peru), Rómulo Morales Hervias (Universidade Católica, Peru), e Leysser León Hilario (Universidade Católica, Peru), que promoveu o evento.

Em minha intervenção, destaquei quatro noções fundamentais contidas no livro. O primeiro aspecto diz com a própria definição da teoria do direito civil constitucional, sujeita, por vezes, a confusões conceituais. Como registrado pelo professor Perlingieri:

> o intérprete deve reconhecer a preeminência dos princípios constitucionais e dos valores que exprimem, os quais são a razão primária e justificadora da relevância jurídica das relações pessoais e socioeconômicas, constituindo parte integrante do seu conteúdo normativo. Os princípios não têm apenas valor hermenêutico, mas são também normas relevantes na valoração dos comportamentos, de modo a incidir sobre o conteúdo das situações subjetivas, funcionalizando-as.[2]

---

[1] Editorial – *Revista Brasileira de Direito Civil – RBDCivil*, v. 30, out./dez. 2021.

[2] No original: "L'interprete deve riconoscere la preminenza dei princípi costituzionali e dei valori da essi espressi, i quali sono la ragione primaria e giustificatrice della rilevanza

O segundo aspecto refere-se à relevantíssima crítica à noção de interpretação *orientata costituzionalmente*, equivalente, no Brasil, à técnica da chamada interpretação conforme a Constituição. Afirma o autor, com razão, que a alusão à "hermenêutica constitucionalmente orientada" significa:

> restringir injustificadamente o papel normativo dos princípios constitucionais, excluindo implicitamente que estes possam conter normas de conduta. Ao revés, os princípios constitucionais, como normas, por si só, também para o juiz de primeiro grau, legitimam comportamentos e configuram índices vinculantes para a decisão.[3]

A terceira lição relevante é a crítica perlingeriana à teoria dos microssistemas, reafirmando-se a unidade e complexidade do ordenamento. Tal perspectiva crítica adquire crescente atualidade na medida em que, com as novas tecnologias, a inteligência artificial, as sucessivas leis de proteção do consumidor, a nossa Lei Geral de Proteção de Dados Pessoais (LGPD), entre outras, percebe-se a tentativa de dilacerar o tecido interpretativo em novas áreas especializadas, colocando-se em risco o fundamento unitário do ordenamento:

> A técnica legislativa não representa uma variável independente do quadro constitucional e não é suscetível de autolegitimar legislações setoriais, de modo a assumir, à falta de um desenho abrangente — especialmente na presença de nova codificação — o papel de direito geral de uma inteira matéria. O desenho abrangente deve ser capturado a partir do constante e tenaz trabalho do intérprete, destinado a identificar os princípios veiculados na assim chamada legislação especial, reconduzindo-os, também no plano de sua legitimidade, à unidade do sistema. O respeito aos valores e aos princípios fundamentais da

giuridica dei rapporti personali e socioeconomici, costituendo parti integrante della loro normativa. Essi non hanno soltanto valenza ermeneutica, ma sono anche norme rilevanti nella valutazione dei comportamenti, sí da incidere sul contenuto delle situazioni soggettive funzionalizzandole" (PERLINGIERI, Pietro. *Stagioni del diritto civile*. Napoli: Esi, 2021. p. 15).

3 "Discorrere di 'ermeneutica costituzionalmente orientata' significa restringere ingiustificatamente il ruolo normativo delle disposizioni costituzionali, implicitamente escludendo che queste possano contenere norme di condotta e di relazione. E, invece, i princípi costituzionali, in quanto norme, da soli, anche per il giudice comune, legittimano comportamenti e configurano indici vincolanti per la decisione" (PERLINGIERI, Pietro. *Stagioni del diritto civile*. Napoli: Esi, 2021. p. 51).

> República garantem a correta e rigorosa relação entre poder do Estado e poder dos grupos, entre a maioria e a minoria, entre o poder econômico e os direitos dos marginalizados.[4]

Essa mesma perspectiva é retomada com aguda advertência, segundo a qual o consumidor, como contratante:

> é antes de tudo pessoa e, portanto, a sua tutela não é exaurida no direito do consumidor, mas impõe a adoção de todos os instrumentos normativos úteis a garantir a sua dignidade e, portanto, os seus direitos invioláveis. Esclarecimento este que se deve ter bem presente, especialmente em um momento como o atual, em que se assiste à fragmentação do direito civil em uma série de setores especializados, com o risco de perder a unidade do sistema jurídico e a hierarquia dos valores que o caracterizam.[5]

O quarto aspecto que procurei sublinhar é a precedência da função sobre as estruturas dos atos jurídicos, e a necessidade de individuação da causa como função prático-individual que as partes atribuem em concreto ao negócio. Nesta direção, colhe-se que a "mera estrutura não concorre à qualificação do suporte fático negocial já que a mesma função pode ser realizada mediante estruturas diversas em respeito ao princípio da economia dos atos e das declarações".[6] Todavia, adverte-se em seguida:

---

[4] "La tecnica legislativa non rappresenta una variabile indipendente dal quadro costituzionale e non è suscettibile di autolegittimare legislazioni di settore tali da assumere, in difetto di disegno complessivo – per di più in presenza di nuova codificazione – il ruolo di diritto generale di un'intera materia. Il disegno complessivo va comunque colto nel costante e tenace lavoro dell'interprete volto a individuare i princípi portanti della legislazione c.d. speciale, riconducendoli, anche sul piano della loro legittimità all'unità del sistema. Il rispetto dei valori e dei princípi fondamentali della Repubblica garantisce un corretto e rigoroso rapporto tra potere dello Stato e potere dei gruppi, tra maggioranza e minoranza, tra potere economico e diritti degli emarginati" (PERLINGIERI, Pietro. *Stagioni del diritto civile*. Napoli: Esi, 2021. p. 63).

[5] "il contraente è anzitutto persona e, dunque, (...) la sua tutela non è esaurita nel diritto di consumo, ma impone di adoperare tutti gli strumenti normativi utili a garantire la sua dignità e quindi i suoi diritti inviolabili. Una precisazione, questa, da tenere ben presente, specie in un momento come quello attuale, che vive la frammentazione del diritto civile in una serie di settori specialistici, con il rischio di smarrire la unitarietà del sistema giuridico e la gerarchia dei valori che lo caratterizzano" (PERLINGIERI, Pietro. *Stagioni del diritto civile*. Napoli: Esi, 2021. p. 139).

[6] "(...) la sola struttura non concorre alla qualificazione della fattispecie negoziale giacché la medesima funzione può essere realizzata mediante strutture diverse nel rispetto del principio della economia degli atti e delle dichiarazioni" (PERLINGIERI, Pietro. *Stagioni del diritto civile*. Napoli: Esi, 2021. p. 131-132).

> mesmo identificando-se a causa com a síntese dos efeitos jurídicos diretos e essenciais do contrato, esta não poderia ser identificada com o tipo. Síntese indica a relativização dos efeitos com referência ao concreto negócio. Os efeitos são não um *prius*, mas o resultado de um processo de interpretação e qualificação.[7]

E conclui: "a causa, portanto, é o encontro do concreto interesse com os efeitos essenciais do negócio. Desse modo, anula-se a distância entre a causa como função econômico-individual e a causa como síntese dos efeitos essenciais. Ambos os aspectos se referem ao concreto interesse".[8]

Estes são apenas alguns fragmentos da obra recém-publicada. Para o jurista brasileiro, resta a certeza da pertinência temática. Superada a estação do positivismo dogmático, percebe-se, felizmente, com o apoio de significativa parcela da magistratura, cada vez mais comprometida com a unidade do sistema, que todo fato social é também jurídico, este se limitando a qualificar aquele; que o direito não é lógico, mas axiológico; e que o ingênuo orgulho em relação à autonomia das categorias do direito civil perde sentido diante da necessária e urgente compreensão da ordem jurídica na integral, complexa e abrangente legalidade constitucional.

G.T.

---

7 "(...) anche identificando la causa con la sintesi degli effetti giuridici diretti e essenziali del contratto essa non potrebbe essere identificatà con il tipo. 'Sintesi' indica la relativizzazione degli effetti con riferimento al concreto negozio. Gli effetti sono non un prius, ma la risultanza di un processo di interpretazione e qualificazione" (PERLINGIERI, Pietro. *Stagioni del diritto civile*. Napoli: Esi, 2021. p. 132-133).

8 "La causa è, quindi, l'incontro del concreto interesse con gli effetti essenziali del negozio. In tal modo, si annulla la distanza tra la causa come funzione economico-individuale e la causa come sintesi degli effetti essenziali. Entrambi gli aspetti non possono riferirsi che al concreto interesse" (PERLINGIERI, Pietro. *Stagioni del diritto civile*. Napoli: Esi, 2021. p. 133).

PROPRIEDADE: UM TERRÍVEL DIREITO?[1]

Há mais de 50 anos, o saudoso professor Stefano Rodotà reuniu contribuições seminais sobre a propriedade em volume que se tornaria clássico, *Il terribile diritto*. O título, deliberadamente instigante, evoca a histórica disputa política, econômica e ideológica em torno do domínio e do controle dos bens. Paradigma por excelência das relações patrimoniais, o direito de propriedade tornou-se, com efeito, ao longo dos séculos, o modelo de direito subjetivo para todas as relações privadas, associando-se, em sua evolução histórica, ao poder econômico, por vezes ilimitado, de seus titulares.

Dentre tantas lições extraídas dessa primorosa obra, encontra-se a insuficiência do conceito de função social como mera restrição externa, reduzida a deveres atinentes à ordem pública, para que o direito subjetivo proprietário pudesse efetivamente atender à utilidade social e às demandas existenciais da pessoa humana. Mostrava-se indispensável, em tal perspectiva, a incorporação da função social ao conteúdo interno do domínio, remodelando-o de acordo com a finalidade a ser empregada aos bens jurídicos pela autonomia privada.

Na experiência brasileira, em que o desenvolvimento econômico ostenta íntima relação com a sociedade rural e a convivência com latifúndios improdutivos, a propriedade imobiliária tornou-se o símbolo de poder social que se perpetua a despeito do declínio da relevância da propriedade imobiliária no controle e gestão de riquezas no cenário mundial.

---

1 Editorial – *Revista Brasileira de Direito Civil – RBDCivil*, v. 31, n. 1, jan./mar. 2022.

Prova disso é o preconceito suscitado contra qualquer projeto de reforma agrária fundiária ou urbana — ao longo de toda a história política brasileira — dirigido simplesmente a reduzir as diferenças sociais, ampliar a poupança popular e estabelecer maior equilíbrio no mercado de consumo. Bastaria lembrar que a gota d'água para o cruel Golpe Militar de 1964 foi a proposta de Reforma Agrária, considerada historicamente como promessa comunista, proposta pelo Presidente João Goulart.

Em livro recente, intitulado *Tempos* ásperos, Mario Vargas Llosa trata dessa trágica realidade latino-americana. O romance tem por cenário a Guatemala de 1950, em que o candidato à Presidência da República, genuinamente capitalista, defendia a Reforma Agrária — providência indispensável para o desenvolvimento econômico e social dos países europeus e dos Estados Unidos. Na trama de Vargas Llosa, a reforma legislativa propiciaria vultosas receitas ao Estado, com o pagamento de impostos pelas companhias multinacionais ali instaladas e permitiria organizar o sistema fundiário. Justamente por isso, o protagonista foi acusado de comunista e acabou assassinado, preservando-se, com o poderoso apoio do Departamento de Estado Norte-Americano, o monopólio de terras, sem pagamento de tributos e a exploração indevida dos trabalhadores.

Esse cenário cultural, tão conhecido dos brasileiros, não deve induzir em erro. Afinal, a funcionalização da propriedade, assegurada pela Constituição da República, ao contrário de ameaçar os direitos individuais, potencializa-os. Permite-se, mercê da axiologia constitucional, associar liberdade e solidariedade; autonomia privada e responsabilidade. De uma parte, a utilidade social legitima a utilização dos bens, justificando a garantia da propriedade privada como cláusula pétrea (art. 5º, XXVII, C.R.) e o valor social do trabalho e da livre iniciativa (art. 1º, IV, C.R.). Além disso, a função atribuída à titularidade proprietária define a estrutura, o conteúdo, a extensão e deveres da titularidade dominical. Admitem-se, assim, mercê dessa perspectiva funcional, direitos subjetivos inteiramente diversos, sob o modelo da propriedade, tornando desconcertantemente atual o vaticínio de Salvatore Pugliatti: não há de fato (um instituo de) *a* propriedade, mas *as* propriedades.

Diante de tal realidade normativa, deve-se considerar superado, porque obsoleto, o estigma negativo criado em torno do domínio. Afinal, o direito subjetivo que historicamente foi considerado, por muitos autores, como instrumento de poder hegemônico, torna-se modelo multifuncional, seja para a atividade econômica seja para a gestão de bens necessários à concreção de situações existenciais — mediante, por exemplo, a titularidade proprietária de dados pessoais e do conteúdo contido em aplicativos ou em redes sociais, úteis à gestão da própria imagem. Em perspectiva ainda mais ampla, alude-se ao acesso a direitos fundamentais por meio dos denominados bens comuns — como ao conhecimento, ao meio ambiente, aos recursos hídricos e à saúde.

A propriedade, portanto, como garantia patrimonial, cede espaço também à propriedade como acesso a direitos fundamentais. No caso dos bens digitais, discute-se a sua extensão, o seu conteúdo e sua transmissibilidade sucessória; no caso dos bens comuns — conhecidos pela expressão anglo-saxônica *commons* —, propõe-se a gestão coletiva de bens essenciais à vida, abdicando-se para tanto da titularidade proprietária, pública ou privada. Em outros termos, embora seja equivocado tratar a autonomia existencial sob o paradigma proprietário, a propriedade privada (como garantia e como acesso) atende tanto à liberdade econômica quanto a bens indispensáveis às necessidades vitais, quando empregada para o desenvolvimento humano na medida das aspirações existenciais.

Como se vê, se os princípios e valores incorporados à Constituição da República estabelecem a funcionalização das relações patrimoniais às existenciais, cabe ao intérprete — especialmente ao estudioso da autonomia existencial — desapegar-se de pré-compreensões quanto à suposta inflexibilidade da estrutura do terrível direito. Em uma palavra, na legalidade constitucional, o egoísmo proprietário mostra-se hábil a transformar-se, dependendo da função que o bem desempenhe, em instrumento de promoção de valores existenciais e da plena realização da pessoa humana.

G.T.

AUTONOMIA PRIVADA (ENTRE A VONTADE INDIVIDUAL E COLETIVA) NA CONVIVÊNCIA CONDOMINIAL[1]

A recente Lei nº 14.405/22 autoriza a mudança da destinação do edifício ou da unidade imobiliária pelo voto de 2/3 dos condôminos. Promove-se, com isso, significativa mudança no art. 1.351 do Código Civil, que até então exigia unanimidade para essa hipótese de deliberação. Percebe-se a preocupação do legislador em compatibilizar a liberdade proprietária com o interesse coletivo. Prestigia-se, dessa forma, na esteira de tendência legislativa e jurisprudencial, a vontade majoritária em detrimento da individual, em benefício da função social das estruturas condominiais, com vistas à celeridade de sua manutenção e desenvolvimento.

De acordo com a nova redação do art. 1.351, tanto o conteúdo da convenção quanto a modificação da destinação do edifício ou da unidade dependem da aprovação de 2/3 (dois terços) dos votos dos condôminos, facilitando-se a sua alteração, ditada pela evolução dos interesses dos condôminos. A nova regra, com enorme repercussão prática, estimula o desenvolvimento imobiliário, valendo, por exemplo, para a transformação do salão de festas em academia; do jardim em vagas de garagem; e, com maior relevo econômico, de áreas residenciais em comerciais.

A aprovação da lei se deu sob a consideração de que a exigência de unanimidade dificulta a adaptação das cidades, atuando o legislador

[1] Editorial – *Revista Brasileira de Direito Civil – RBDCivil*, v. 31, n. 2, abr./jun. 2022.

em defesa do princípio democrático, de modo a evitar que um único condômino imponha a sua vontade aos demais. Outros temas, ao longo do tempo, vêm suscitado debate na temática dos condomínios edilícios. Longa controvérsia ainda permanece quanto ao quórum necessário para a realização de alteração na fachada em decorrência de alteração promovida em uma unidade (trocas de esquadrias externas, fechamentos de varanda etc.); ou na reforma do prédio comum (troca do revestimento, acréscimo de varandas etc.). O art. 1.336, III, do Código Civil, proíbe ao condômino, *individualmente considerado*, "alterar a forma e a cor da fachada, das partes e esquadrias externas". Compreende-se a proibição levada a cabo pelo dispositivo, já que esse tipo de alteração atinge o conjunto dos condôminos. O codificador, contudo, não estabelece expressamente o quórum necessário para a aprovação dessas obras estruturais quando alcançarem a totalidade do imóvel, limitando-se a estatuir no inc. III do art. 1.336, entre os deveres do condômino, "não alterar a forma e a cor da fachada, das partes e esquadrias externas". Tradicionalmente, tem-se sustentado que, em razão da repercussão da modificação sobre a integralidade do edifício, justifica-se a adoção da unanimidade dos condôminos, extraída originariamente do art. 10, §2º da Lei nº 4.591/64, cujo fundamento, portanto, ainda restaria válido. Nesta mesma linha, pronunciou-se em 2015 a 3ª Turma do Superior Tribunal de Justiça (REsp. nº 1.483.733/RJ, j. 25.8.2015).

Em contrapartida, poder-se-ia objetar que o codificador de 2002, do ponto de vista sistemático, prestigia a autonomia coletiva do condomínio, e que a ausência de previsão específica de quórum, por isso mesmo, revelaria silêncio emblemático, autorizando-se assim a convenção, à falta de norma restritiva, a estabelecer o quórum deliberativo. Além disso, a exigência de unanimidade, em termos práticos, costuma obstaculizar a modernização dos imóveis, contribuindo, frequentemente, para a sua depreciação ou deterioração ao longo do tempo.

Em tal perspectiva, intensifica-se a compreensão da prevalência do quórum convencional, distinguindo-se, ainda, alterações remodeladoras, que dão efetivamente nova definição à fachada, daquelas intervenções de simples modernização, como pintura da fachada, troca de revestimento, previsão de nichos para condicionadores de ar, sem substancial alteração estética, para as quais, em se tratando de benfeitorias úteis, bastaria o consenso da maioria simples dos condôminos. Neste caso, se a convenção for silente, observar-se-ia o quórum de 2/3 dos condôminos, necessário para aprovar e modificar a convenção (CC, art. 1.351). Tal argumentação foi justamente desenvolvida em relevante decisão monocrática da Corte Superior (STJ, 4ª Turma, AREsp. nº 1.298.228, Rel. Min. Marco Buzzi, j. 8.8.2018).

A rigor, a prevalência do quórum deliberativo previsto na Convenção, cada vez mais, tem sido a tônica do legislador e da jurisprudência, superando-se a vontade individual do proprietário em benefício da autonomia coletiva, evitando-se verdadeiros dilemas que, no passado, objeto até mesmo de roteiro de novela televisiva, indicavam a deterioração de prédios urbanos diante da negativa de um único condômino, contra todos os demais, em projetos de transformação pretendidos pela maioria.

Por outro lado, ainda acerca da destinação do imóvel, a 4ª Turma do Superior Tribunal de Justiça decidiu, por maioria, que os condomínios, por decisão assemblear, podem vedar aos proprietários oferecer seus imóveis à hospedagem por meio de plataformas digitais, restringindo-se assim a destinação das unidades autônomas. A decisão não significou repressão à economia do compartilhamento ou a determinado aplicativo, que se limita, afinal, a fomentar o acordo locatício entre pessoas interessadas. Por esse motivo, sem impedir a celebração de contratos de locação e sem se dirigir especificamente a contratos de hospedagem celebrados por aplicativo, o STJ considerou nesse caso não violar o direito de propriedade individual a deliberação condominial que, refletindo o entendimento majoritário, proíba as locações por temporada ou os contratos de hospedagem *tout court* (STJ, 4ª Turma, Resp. nº 1.819.075-RS, j. 20.4.2021). O assunto não se encontra pacificado, sendo inegável que a exploração de hospedagem remunerada, caracterizada pela alta rotatividade e oferta de serviços, traz significativa alteração na rotina do espaço residencial e na dinâmica de segurança do condomínio, mostrando-se por vezes constrangedora incompatibilidade com as características de determinada comunidade condominial.

Há ainda muitos outros conflitos que agitam o Judiciário entre a autonomia individual e coletiva, como exemplo, a deliberação condominial de punição do condômino antissocial, impedindo-o de frequentar áreas comuns ou, até mesmo, na hipótese mais drástica, de sua expulsão. Sem que seja possível passar em revista cada uma das controvérsias, há que se aplaudir a tendência doutrinária, jurisprudencial e legislativa de compatibilizar, em última análise, a liberdade individual com a função social da propriedade condominial, refletida na convenção e nas deliberações assembleares, com vistas à preservação do interesse coletivo à vizinhança harmônica e à conservação do patrimônio imobiliário. Superado o predomínio da propriedade absoluta, torna-se imperiosa a mudança cultural necessária à proclamação do ocaso do voluntarismo proprietário e da submissão das unidades autônomas a regras democráticas e isonômicas de convivência coletiva no âmbito da vida condominial.

G.T.

VINTE ANOS DA CODIFICAÇÃO: A PERSISTENTE (E PERMANENTE) CONSTRUÇÃO INTERPRETATIVA DO CÓDIGO CIVIL NA LEGALIDADE CONSTITUCIONAL[1]

Nos dias 25 e 26.08.2022 realizou-se, na Universidade de Fortaleza (Unifor), o 8º Congresso do Instituto Brasileiro de Direito Civil (IBDCivil), reunindo juristas de várias gerações e escolas na comemoração dos 20 anos do Código Civil. Trata-se de evento já tradicional, que tem propiciado, a cada edição, debates relevantíssimos sobre os temas mais instigantes da pauta atual do direito privado. Nesse caso, tornou-se imperativo refletir sobre o impacto do Código Civil de 2002 na realidade jurídica brasileira; seus fundamentos, expectativas e as soluções interpretativas consolidadas nesses vinte anos nos diversos campos de aplicação na norma codificada.

A promulgação do Código Civil foi precedida por numerosos projetos de reforma legislativa, entrando em vigor em meio a agudas críticas e resistências, associadas principalmente ao fato de o projeto que lhe deu origem ter sido redigido nos anos setenta do século passado, antes, portanto, da abertura democrática, que possibilitou a reconstrução institucional e a promulgação da Constituição de 1988. Objetou-se, então, que a despeito da elevada cultura de seus autores, liderados pela inteligência extraordinária do Prof. Miguel Reale, revelava-se insuperável a dissonância entre o corpo legislado, especialmente em matéria

[1] Editorial – *Revista Brasileira de Direito Civil – RBDCivil*, v. 31, n.3, jul./set. 2022.

de família, sucessões e direito empresarial, concebido nos anos 70 do século passado, e a realidade social no momento de sua promulgação.

É bem verdade que se procuraram estabelecer princípios que servissem de fundamento ao corpo codificado. Miguel Reale, em tal perspectiva, anunciava a presença de três princípios cardiais do Código Civil: o *princípio da socialidade*, indicando assim o "sentido social" como uma das características mais marcantes do projeto; *o princípio da eticidade*, expresso na presença da boa-fé objetiva e da invocação da equidade, de modo a afastar "o excessivo rigorismo formal" do Código de 1916; e o *princípio da operabilidade*, a resgatar a lição de Ihering, que com razão considerava essencial ao direito a sua realizabilidade.

Esse louvável esforço da Comissão elaboradora, contudo, não arrefeceu as críticas doutrinárias, seja pela ausência de unidade do corpo codificado, objeto de numerosas emendas em sua longa tramitação no parlamento, voltadas a atualizar o projeto, seja pela ausência de segurança quanto ao substrato axiológico subjacente aos mencionados princípios da socialidade, eticidade e operatividade, que permitissem definir parâmetros para a sua incidência e controle social.

Apesar, contudo, de tais circunstâncias adversas, esses vinte anos de vigência demonstraram a enorme capacidade construtiva da doutrina e da jurisprudência brasileiras. Temia-se que parte das alterações legislativas pudessem representar mera adequação, por parte do codificador, a soluções interpretativas anteriormente alcançadas pela jurisprudência; ou, pior, verdadeiro retrocesso em relação a orientações vindas a lume na codificação anterior, alcançadas com fundamento nos princípios constitucionais ou mediante a expansão interpretativa de leis especiais, como o Código de Defesa do Consumidor.

Em tal cenário, paralelamente a essas preocupações, deflagrou-se, a partir da promulgação do Código Civil de 2002, enorme interesse pelo direito civil, estimulando-se cursos e atualizações. E a comunidade jurídica percebeu que o Código Civil não deveria representar ruptura em relação a modelos hermenêuticos estabelecidos anteriormente e que tampouco poderia ser acolhido como a norma geral de direito privado, tendo em vista a complexidade do ordenamento e a pluralidade de fontes normativas da contemporaneidade. O Código Civil, como conhecido hoje, não se traduz na letra fria de enunciados normativos, constituindo-se no resultado de trabalho interpretativo intenso e ininterrupto, levado a cabo pela doutrina e pela jurisprudência nesses vinte anos de vigência, com base nos valores e princípios da Constituição da República.

De fato, o reconhecimento da complexidade do ordenamento decorre de sua compreensão como sistema composto por arranjos legislativos que não se compadecem com a uniformidade aspirada pelas grandes codificações do passado. Tal complexidade importa na necessidade de interpretar o Código Civil a partir do conjunto de fontes normativas caraterizadoras da pluralidade própria da sociedade, resguardando, contudo, a sua unidade axiológica, para que se possa manter o conceito de ordenamento e a sua função propiciadora da paz social. O Código Civil, com seu corpo de regras e princípios gerais, não dá conta de estabelecer parâmetros hermenêuticos que, traduzindo a identidade cultural da sociedade, possam servir de substrato axiológico para a teoria da interpretação. Pluralidade de fontes, portanto, e unidade sistemática convivem lado a lado, evitando-se a fragmentação e o desvirtuamento da própria ideia de ordenamento.

Decorre daí a preocupação metodológica de que a Constituição não represente apenas o limite para o legislador ordinário, devendo ao revés incidir diretamente nas relações intersubjetivas, sendo este o norte central da atividade interpretativa. Em tal perspectiva, o Código Civil há de ser interpretado (não somente à luz da Constituição, mas) agregando o texto constitucional a cada um de seus dispositivos. A jurisprudência mostra-se cada vez mais sensível a tal perspectiva.

Por outro lado, esses vinte anos de construção hermenêutica assistiram à formação de novas gerações de civilistas, atraídas pelas transformações sociais que suscitaram verdadeiro renascimento do direito civil: o surgimento das novas tecnologias; a reconstrução dos modelos de família; a ampliação da proteção das vítimas de danos, hiperbolizados pela expansão do potencial danoso da atividade econômica; o agravamento das vulnerabilidades da pessoa humana em situações de assimetria econômica ou informacional; o agigantamento da circulação de dados pessoais; os novos desafios da tutela da personalidade decorrentes da maior exposição da pessoa humana e de suas demandas de autonomia existencial; o deslocamento do controle de riquezas de bens imóveis para ações de companhias e participações societárias. Tais transformações, como é fácil perceber, não poderiam representar apenas a necessidade de leis especiais que pontualmente regulassem fora do Código Civil matérias avulsas. Trata-se de ininterrupta construção de soluções interpretativas cuja variedade casuística deve ser reconduzida à unidade sistemática, que somente se torna possível com apoio do Texto Constitucional.

A simples leitura do conjunto de soluções jurisprudenciais e doutrinárias alcançadas nas últimas duas décadas de vigência bem demonstra a frutuosa trajetória de aplicação do Código Civil, em consonância com a evolução dos fatos sociais e plasmada pelos princípios constitucionais. Trata-se de tarefa permanente, árdua e fascinante, que torna a atividade do civilista desafiadora e essencial para a superação da fragmentação das fontes normativas e para a estabilidade do sistema jurídico, fiel à unidade do ordenamento, em sua complexidade, com vistas à construção interpretativa do Código Civil na legalidade constitucional.

G.T.

O VALOR JURÍDICO DO AFETO E A CONTRATUALIZAÇÃO DO DIREITO DE FAMÍLIA[1]

Ao analisar as profundas transformações do direito de família, o professor italiano Francesco Prosperi, nos anos oitenta do século passado, aludiu a certo *gusto del paradosso*. Sabor paradoxal caracterizado pela inclemente crítica ao vetusto paradigma matrimonial ao lado da proliferação de arranjos familiares que, em certa medida, tinham por modelo o casamento.

Mais recentemente, acordos de convivência tornaram-se frequentes, rompendo dogmas do passado e, em meio à afirmação do valor jurídico do afeto, que flexibiliza a estrutura formal dos vínculos familiares, intensifica-se, paradoxalmente, o fenômeno da contratualização. Vale dizer, regras convencionais de convivência, a cada dia mais abrangentes, procuram assegurar, mediante instrumentos escritos, a vontade de seus integrantes. Tal tendência, embora aparentemente contraditória, reflete provavelmente o fortalecimento da autonomia para a constituição de vínculos afetivos, sem padrões predefinidos. Aprofundam-se, desse modo, nas relações familiares, tanto a afetividade quanto a contratualização, como expressão da liberdade.

Em tal perspectiva, fortalece-se a dicção do art. 1.511, do Código Civil, segundo a qual o casamento "estabelece comunhão plena de vida, com base na igualdade de direitos e deveres". O desenvolvimento da autonomia na comunidade familiar, com a tutela das vulnerabilidades

---

[1] Editorial – *Revista Brasileira de Direito Civil – RBDCivil*, v. 31, n. 4, out./dez. 2022.

e assimetrias, respeitando-se a igualdade de direitos e deveres, talvez seja o maior desafio que, a um só tempo, justifica e legitima a contratualização, como instrumento de concretização da comunhão de vida. Destaca-se, em tal perspectiva, a necessidade de se assegurar a liberdade nas escolhas existenciais que, na intimidade do recesso familiar, possam propiciar o desenvolvimento pleno da personalidade de seus integrantes. Esse, de resto, é o propósito do art. 1.513 do Código Civil: "É defeso a qualquer pessoa, de direito público ou privado, interferir na comunhão de vida instituída pela família".

Na mesma esteira, especial atenção deve ser direcionada à tutela das vulnerabilidades e das assimetrias econômicas e informativas, para que a comunhão plena de vida se estabeleça em ambiente de igualdade de direitos e deveres (art. 226, §5º, da CR), com o efetivo respeito à liberdade individual. Em tal cenário, adquirem nova função os contratos nas relações de família e sucessões. O pacto antenupcial, que praticamente não era utilizado, muitas vezes por preconceitos culturais ou religiosos, torna-se útil para a garantia da autonomia de cada cônjuge ou companheiro.

Além disso, matérias não exclusivamente patrimoniais, mas também de cunho existencial, contidas nas regras de convivência, passam a ser adicionadas a tais pactuações. Tem-se admitido, nessa linha de entendimento, que até mesmo a divisão de atribuições domésticas seja previamente estabelecida. Quando relativas ao modo de vida a dois, especialmente quanto à fidelidade e à coabitação, as cláusulas hão de ser examinadas casuisticamente. Desde que não violem a dignidade das partes e o princípio da isonomia, não parece haver, *a priori*, óbice de ordem pública para a sua admissão.

Ao lado dos pactos antenupciais, contratos atípicos de união estável e de namoro passaram a ser concebidos como forma de assegurar os espaços de autonomia e os desejos de cada um de seus integrantes. No caso do contrato de namoro, que procura, em regra, ressalvar a inexistência de comunicação patrimonial e sucessória, embora não se trate de proteção definitiva, já que a força das evidências fáticas, que venham a caracterizar a formação da família, supera evidentemente a mera previsão contratual, tem-se ali relevante início de prova da intenção das partes. Nessa direção, o contrato de namoro constitui presunção relativa de inexistência de união estável, além de compromisso ético que poderá ser eficaz, do ponto de vista social e mesmo jurídico, no momento da extinção do vínculo.

Com a ampliação de modelos atípicos de afetividade, alude-se há mais de uma década à chamada poliafetividade, ou união entre mais de duas pessoas com vida em comum. Em junho de 2018, o Conselho Nacional de Justiça (CNJ) proibiu os cartórios brasileiros de registrarem escrituras declaratórias de união poliafetiva, ao argumento de que tal documento, como ato de fé pública, implica o reconhecimento do relacionamento como tipo de família, gerando repercussões jurídicas semelhantes às do casamento e da união estável. Componentes de ordem moral parecem ter influenciado tal deliberação, já que, a rigor, no âmbito da autonomia existencial, as uniões assim concebidas não ferem direitos de terceiros e muito menos a ordem pública interna. De fato, duas ou mais pessoas podem regular suas formas de vidas como lhes aprouver, desde que respeitem as escolhas individuais e a dignidade de cada integrante, mesmo sem que, necessariamente, a sociedade reconheça em tais arranjos as características e a dimensão afetiva de verdadeira e própria comunidade familiar.

Ainda na expansão da contratualização, cláusulas escalonadas de mediação e arbitragem previstas para a extinção dos vínculos e partilha patrimonial têm sido estipuladas. Tais cláusulas traduzem acordos, inseridos em pactos antenupciais e de convivência, em testamentos e em convenções específicas, nos quais a solução de conflitos deve ser submetida, necessariamente, a etapas escalonadas de negociação, de mediação e de solução extrajudicial de modo escalonado ou sequencial, mediante a combinação de meios consensuais e adjudicatórios. A cláusula escalonada deverá ser redigida em linguagem clara, para que não haja dúvida quanto ao real interesse das partes, sendo admissível, a princípio, desde que não haja desigualdade substancial entre as partes. Tal valoração há de ser efetuada seja no momento da contratação seja no momento da ruptura do vínculo. Ao lado de todos esses mecanismos, ampliam-se as previsões de planejamento sucessório, mediante sofisticados contratos que, superando a vetusta restrição imposta pelo art. 426 do Código Civil, incrementam as possibilidades da autonomia privada na sucessão hereditária.

Confirma-se, em todas essas manifestações, que o valor jurídico do afeto pode ser compatível com a contratualização nas relações de família. Afinal, para além da espontaneidade, a afetividade supõe compromisso e responsabilidade; e, no plano contratual, a vontade substancialmente declarada prevalece sobre o aspecto formal da manifestação. Tal linha evolutiva prestigia a autonomia para a definição das fronteiras entre relações patrimoniais e existenciais na vida privada e redimensiona, em matéria de família e sucessões, a aplicação do princípio da solidariedade. Este se desprende de modelos impositivos preconcebidos e se associa à liberdade individual para a definição, com igualdade e simetria informativa, do modo de vida e das configurações afetivas na legalidade constitucional.

G.T.

DANILO DONEDA, JURISTA EXEMPLAR, O AMIGO INESQUECÍVEL[1]

No dia 04.12.2022, o direito civil brasileiro perdeu, com profunda tristeza, o professor Danilo Doneda, aos 52 anos. Paranaense, egresso da conceituada Universidade Federal do Paraná, integrou-se em 1996 ao Programa de Pós-Graduação em Direito da UERJ, onde cursou e concluiu, de maneira brilhante, o mestrado e o doutorado, tornando-se um dos líderes da nossa Escola do Direito Civil-Constitucional. Ao lado do forte legado científico, a morte prematura de Danilo Doneda nos deixa enorme vazio afetivo, por sua presença sempre gentil, generosa, divertida, modesta e propositiva no âmbito da difusa rede de amigos que conseguiu reunir em sua vitoriosa trajetória.

Danilo Cesar Maganhoto Doneda era uma pessoa tímida e cerimoniosa, que não parecia disputar o enorme espaço que, naturalmente, por seus próprios méritos, foi se descortinando à sua frente na comunidade jurídica nacional e internacional. Em sua vida acadêmica, lia muito, em vários idiomas, e sabia bem mais do que dizia saber. Se demandado, todavia, impressionava a segurança com que transitava pelo direito civil, expondo suas ideias, especialmente nas áreas de sua paixão: os direitos de personalidade, a concepção dinâmica da privacidade, a proteção dos dados pessoais e as novas fronteiras suscitadas pela inteligência artificial.

Tive o privilégio de ser seu orientador, padrinho de casamento, leitor e coautor, tendo compartilhado com ele inclusive disciplina na Pós-Graduação do IDP. Consolidou-se assim longa e fraterna amizade.

---

[1] Editorial – *Revista Brasileira de Direito Civil – RBDCivil*, v. 32, n. 1, jan./mar. 2023.

No início dos anos 2000, apoiei vivamente sua decisão de se mudar para a Itália, com a sua amada Luciana, para suas pesquisas no doutorado, de modo a aprofundar os estudos sobre a proteção de dados pessoais, temática que parecia tão distante da realidade brasileira e que já se encontrava na ordem do dia na Europa. Danilo e Luciana moraram 6 anos na Itália. O professor Stefano Rodotà, um dos maiores intelectuais italianos, à época Autoridade de Proteção dos Dados Pessoais na Itália, os acolheu de braços abertos. Danilo Doneda teve, então, a rara oportunidade de conviver com o professor Rodotà, lado a lado, no palácio que, significativamente — na simbologia do poder —, era o deslumbrante prédio histórico romano localizado em frente ao Palácio Chigi, sede do Presidente do Conselho de Ministros (Primeiro-Ministro e Chefe do Governo, no parlamentarismo italiano).

Danilo, juntamente com Luciana, que fazia seu doutoramento em teoria da informação e da comunicação, recebia todos os amigos brasileiros, inclusive este editorialista, que tantas vezes abusou da hospitalidade do casal. Intensificamos, assim, as relações acadêmicas com universidades italianas, abrindo portas para futuras gerações que, sucessivamente, têm desfrutado de canais então desbravados. Dentre tantos encontros e iniciativas inesquecíveis, destaca-se a entrevista que fizemos com o professor Stefano Rodotà para *Revista Trimestral de Direito Civil* (v. 11, jun./set. 2002), cujo término se deu poucos minutos antes da final da Copa do Mundo de 2002.

Pois bem: Danilo praticamente mudou-se para a magnífica biblioteca recém-construída pelo professor Rodotà, cujo acesso ao público, no entanto, por força de um ciumento bibliotecário em final de carreira, não foi franqueado durante todo o período de sua pesquisa. Imposta a sua permanência na biblioteca, por expressa determinação do professor Rodotà, Doneda estudava sob a atenta vigilância do funcionário que, diariamente — como que fugido de um filme neorrealista italiano — lhe perguntava se já poderia recolocar na estante os livros lidos. Após meses de insana pesquisa, pilhas de livros e caótico cenário de papéis sobre sua pequena escrivaninha, o dito senhorzinho lhe disse: "Dottore Doneda, ma Lei si rende conto della Sua responsabilità in quanto monoutente della nostra biblioteca?" ("Doutor Doneda, mas o senhor está ciente da sua responsabilidade como usuário único da nossa biblioteca?").

Ao retornar ao Brasil, Doneda introduziu no debate nacional, de modo pioneiro, a discussão sobre a proteção de dados. Seu prestígio era percebido pelos convites para debates em congressos em todos os continentes, na discussão dos modelos de proteção do direito comparado e por sua participação nos trabalhos legislativos de diversos países, como no debate sobre a reforma da lei argentina, iniciada em 2022. Mais de uma vez, vindo a Brasília para eventos a convite do Governo brasileiro, o professor Stefano Rodotà, já então presidente do Grupo de Trabalho do Artigo 29 (órgão consultivo europeu composto por representantes das autoridades de proteção de dados de todos os Estados-Membros da União Europeia), telefonou para encontrá-lo e incluir a nossa UERJ na agenda, para diálogo com pesquisadores e professores.

Danilo Doneda teve papel decisivo tanto na aprovação da Lei Geral de Proteção de Dados (LGPD) como na criação da Agência Nacional de Proteção de Dados, tendo sido o principal autor do texto do projeto de lei que sedimentou a base da LGPD, quando estava à frente da Coordenadoria-Geral de Estudo e Monitoramento da Secretaria Nacional do Consumidor. Autor de centenas de artigos e importantes livros, atuou nos mais sensíveis processos submetidos ao Supremo Tribunal Federal sobre proteção de dados pessoais.

Membro do Conselho Nacional de Proteção de Dados e Privacidade (CNPD), como representante da Câmara dos Deputados, integrou a Comissão de Juristas do Senado Federal responsável por subsidiar elaboração de substitutivo sobre Inteligência Artificial no Brasil. Na Comissão, participou ativamente do grupo de redatores do texto final apresentado em dezembro de 2022 ao Presidente do Senado. Integrou, também, a Comissão de Juristas da Câmara dos Deputados para a redação de projeto de lei sobre proteção de dados nos setores de segurança pública e investigação criminal.

No plano internacional, era membro do conselho de diretores da *Internacional Association of Privacy Professionals* (a maior associação de profissionais de privacidade do mundo) e do conselho consultivo do *UN Global Pulse* (iniciativa do Secretário-Geral da Organização das Nações Unidas sobre o uso de *big data* e inteligência artificial para desenvolvimento, ações humanitárias e paz). Além disso, foi o autor das diretrizes da Unesco para atores judiciais sobre privacidade e proteção de dados (https://unesdoc.unesco.org/ark:/48223/pf0000381298), publicadas em 2022, e participou da redação do regulamento de proteção de dados da Ameripol (Comunidade de Polícias da América).

Dentre tantas mensagens de pesar recebidas, mostra-se especialmente bonito o registro publicado no *site* da Autoridade italiana de Proteção de Dados Pessoais pelo atual titular, professor Pasquale

Stanzione. Para ressaltar sua importância no debate nacional, bastaria lembrar a recente aprovação, pelo Plenário do Senado Federal, do Projeto de Lei nº 2.076, de 2022, do Senador Eduardo Gomes, que institui o "Dia Nacional da Proteção de Dados" em 17 de julho, data de aniversário do professor Danilo Doneda.

Que o exemplo, pessoal e profissional, e o esforço construtivo do nosso mestre Doneda possam se transformar em inspiração para os estudiosos do direito civil. E que sua atitude de seriedade científica aliada a insuperáveis simplicidade e humanismo nas lidas cotidianas sirva de modelo e de referência para as novas gerações de juristas.

G.T.

A PREVISIBILIDADE DOS DANOS NA RESPONSABILIDADE CIVIL[1]

Tem-se discutido se a ressarcibilidade dos danos deve se subordinar a alguma espécie de previsibilidade (*foreseeability*, na terminologia anglo-saxônica), especialmente em matéria contratual. Ou seja, indaga-se se a liquidação dos danos emergentes e lucros cessantes independe de limite em relação àquilo que poderia ser esperado como risco normal da atividade ou comportamento a que se imputa o evento danoso. O tema fora afastado do debate brasileiro com a supressão, pelo Código Civil, do dispositivo contido no parágrafo único do art. 1.059 (equivalente ao atual 402) da codificação revogada, segundo o qual o devedor só responderia pelos lucros cessantes "que foram ou podiam ser previstos na data da obrigação".

A justificativa para a exclusão, segundo anotado pela doutrina, seria o afastamento, pela nova codificação, da distinção entre os efeitos do dolo e da culpa, já que somente nesta última hipótese a previsibilidade seria considerada. Dessa forma, o legislador brasileiro confirmaria, com a reforma de 2002, a consagração do princípio da restituição integral dos danos, sem exceções, tanto na responsabilidade extracontratual, como na responsabilidade contratual, mostrando-se significativo o fato de que os citados art. 1.059, CC/16, e o atual art. 402, embora inseridos topograficamente na disciplina da responsabilidade contratual, sirvam de regra geral para a teoria da causalidade necessária, aplicável também à responsabilidade extracontratual.

[1] Editorial – *Revista Brasileira de Direito Civil – RBDCivil*, v. 32, n. 2, abr./jun. 2023.

O debate voltou à cena com a promulgação pelo Brasil, mediante o Decreto nº 8.327, de 16.10.2014, da Convenção das Nações Unidas sobre Contratos de Compra e Venda Internacional de Mercadorias de 1980, cujo art. 74, entre os critérios limitativos dos danos indenizáveis, inclui a previsibilidade:

> As perdas e danos decorrentes de violação do contrato por uma das partes consistirão no valor equivalente ao prejuízo sofrido, inclusive lucros cessantes, sofrido pela outra parte em consequência do descumprimento. *Esta indenização não pode exceder à perda que a parte inadimplente tinha ou devesse ter previsto no momento da conclusão do contrato,* levando em conta os fatos dos quais tinha ou devesse ter tido conhecimento naquele momento, como consequência possível do descumprimento do contrato. (grifos nossos)

Na esteira de tal normativa, surgiram numerosos trabalhos acadêmicos dedicados a investigar se, no Brasil, a previsibilidade seria requisito ou limite às perdas e danos, como admitido alhures, inclusive nas codificações civis da Itália, França e Uruguai.

No caso brasileiro, curiosamente, o codificador, embora tenha suprimido a menção à previsibilidade e consagrado o princípio da indenização integral no *caput* do art. 944 ("A indenização mede-se pela extensão do dano"), retirando, nesta esteira, a menção à previsibilidade, introduziu o parágrafo único no mesmo dispositivo, como norma de contenção: "Se houver excessiva desproporção entre a gravidade da culpa e o dano, poderá o juiz reduzir, equitativamente, a indenização".

Com o dispositivo, há quem tenha sustentado a reintrodução no direito brasileiro da relevância jurídica dos graus da culpa. Entretanto, mostra-se incontornável a supremacia do princípio da reparação integral e o afastamento da gradação de culpa na codificação, não havendo relevância, na liquidação de danos, na distinção entre culpa e dolo.

Assim sendo, à luz do sistema assim construído, a ressalva do parágrafo único do art. 944 somente se justifica como norma dirigida ao nexo de causalidade. É dizer: em determinadas hipóteses, dadas as circunstâncias indicadas pelo legislador, as consequências danosas extrapolam os efeitos razoavelmente (esperados e assim) imputáveis à conduta do agente. Revela-se, então, a preocupação do legislador com a reparação justa, sobrepondo ao princípio da reparação integral uma espécie de limite de causalidade que razoavelmente se admite em relação a certo evento. Só assim se autoriza o magistrado e o árbitro a, excepcionalmente, mediante juízo de equidade, subtrair do valor da indenização o quantum que transcende efeitos razoavelmente atribuíveis, na percepção social, à conta de determinado comportamento. Em outras palavras, a redução equitativa da indenização somente será realizada quando a amplitude do dano extrapolar os efeitos razoavelmente imputáveis à conduta do agente, estabelecendo, assim, o legislador, limite à causalidade legítima.

Tal limite de causalidade esperada, em certa medida, coincide com a exigência de razoabilidade e, por outro ângulo, com certa previsibilidade de danos injustos que, em determinados cenários, são produzidos. Imagine-se o mais humilde dos servidores que, por momentânea distração, deixa cair pesado objeto sobre o carro de luxo estacionado; ou o motorista do modesto furgão que, contratado para frete, desconhece a pedra preciosa introduzida na bagagem a ele confiada e involuntariamente extraviada. Trata-se, portanto, de hipóteses em que se extrapola a causalidade — ou a dimensão do dano — razoavelmente imputável aos seus causadores, não tanto pela gradação de sua conduta, senão pela ruptura de causalidade razoavelmente esperada (previsível?) para danos causados nas respectivas atividades.

De alguma maneira, portanto, não parece que a tradição codificada brasileira se distancie tanto da discussão internacional, sendo certo que a própria autorização à equidade não pode ser adotada desvinculada dos princípios e valores do sistema, subordinando a sua utilização à ponderação que, certamente, oferece subsídios consistentes para o nexo de causalidade necessária e razoavelmente esperado na legalidade constitucional.

G.T.

PERSPECTIVAS PARA O FUTURO DO DIREITO CIVIL[1]

Realizou-se, nos dias 21 e 22 de setembro de 2023, o IX Congresso Brasileiro de Direito Civil do IBDCivil (Instituto Brasileiro de Direito Civil), no belíssimo *campus* da PUC-Rio, no Rio de Janeiro. No momento em que se celebram os 20 anos de vigência do Código Civil brasileiro, e diante da iminente reforma legislativa atribuída à comissão de juristas instituída pelo presidente do Senado Federal, o tema central do congresso intitulou-se *Perspectivas para o direito civil nos próximos 20 anos*, contando com juristas de todas as regiões do Brasil.

A confirmar o sucesso das edições anteriores, o evento se destaca, na agenda do direito civil, por sua importância metodológica e doutrinária, propiciando debates riquíssimos sobre a agenda atual do direito privado. Na pauta de discussão, sobressaíram-se os conflitos decorrentes das inovações tecnológicas e da inteligência artificial, bem como as formas de contratação digital em que as tratativas e o consenso entre as partes cedem lugar a mecanismos automatizados e de difícil controle social. Percebeu-se a necessidade de ampliação das conquistas metodológicas no plano da aplicação do direito, de modo a se evitar o descasamento entre o plano teórico e a operabilidade almejada para os instrumentos jurídicos.

Na atualidade, avultam os riscos à pessoa humana suscitados pela ausência de mecanismos de regulação aptos a disciplinar as novas tecnologias. Verifica-se, por outro lado, os acintosos contrastes sociais e

[1] Editorial – *Revista Brasileira de Direito Civil – RBDCivil*, v. 32, n. 3, jul./set. 2023.

os reiterados mecanismos de discriminação estrutural, que perduram na realidade brasileira. A tal realidade fática, voltaram-se os expositores. Proclamou-se, já na instigante conferência de abertura, a necessidade de intensificação das ferramentas jurídicas, com o apoio normativo de convenções internacionais, para que a proteção da pessoa humana adquira dimensão mais ampla e universalizante, abrangendo a tutela do ecossistema e dos animais, e a superação de todas as desigualdades, especialmente de gênero e étnico-racial.

Sobre os *direitos da personalidade*, as diversas apresentações tiveram por fio condutor a superação dos chamados direitos subjetivos típicos, timidamente indicados na codificação, com a tutela integral da dignidade da pessoa humana, prevista no art. 1º, III, da Constituição. A autonomia reprodutiva, a afirmação da igualdade e a tutela da pessoa intersexo, a identidade pessoal e a regulação da mudança imotivada do nome, todos aspectos essenciais que foram enfatizados e que desaguam na necessária formulação do conceito de vulnerabilidade genuinamente estabelecido para relações existenciais. No painel dedicado às *titularidades*, deu-se ênfase à fragmentação funcional do conceito rígido de domínio, a partir da finalidade social das relações jurídicas. A economia de compartilhamento, a nova função da usucapião para a regularização urbana e fundiária e o controle de dados pessoais se inserem nesse processo evolutivo.

No debate reservado ao *consumidor no ambiente virtual*, refletiu-se sobre as novas formas de contratação e os novos riscos para os quais os instrumentos do direito civil devem se voltar. Pontuou-se que a verticalização do mercado digital provoca a ilusão do consentimento na tomada de decisão do consumidor, sendo certo que sofisticados mecanismos de contratação se tornam abusivos na cotidiana aquisição de bens digitais na internet. Nessa mesma esteira, alertou-se para a forma insidiosa pela qual a inteligência artificial se vale de algoritmos que reproduzem práticas discriminatórias e para os chamados robôs sociais, aparentemente humanizados, mediante o antropomorfismo forjado pelo mercado para suscitar empatia e captar a confiança dos usuários.

No campo do *direito das sucessões*, examinou-se a evolução hermenêutica promovida por doutrina e jurisprudência e a necessária reforma legislativa diante das novas funções do testamento e do planejamento sucessório, bem como da profunda alteração dos modos de constituição das famílias e das noções de mútua assistência e de solidariedade familiar. No painel dedicado às *relações familiares*, ressaltou-se a passagem da capacidade formal do sujeito de direito para a sua autonomia relacional, e o tênue equilíbrio entre tutela das vulnerabilidades e a autonomia existencial, com vistas à preservação dos espaços possíveis de discernimento. A liberdade existencial adquire especial importância no âmbito da multiparentalidade, desde que o estabelecimento da filiação seja subordinado à autorresponsabilidade e à corresponsabilidade, no caso de escolhas conjuntas.

As *relações privadas e novas tecnologias* foram objeto de intensa reflexão, em que se advertiu para a hiperbolização da interferência dos agentes econômicos e de suas escolhas valorativas nas vidas privadas, mesmo nos espaços mais recônditos da pessoa humana, sobrelevando-se o insubstituível papel do Estado e da regulação jurídica diante das fronteiras ilimitadas das tecnologias. Em tal contexto, vem a lume o perigo da circulação de dados pessoais e da restrição do conceito de dados sensíveis, especialmente no tratamento e na utilização dos dados. Ainda nessa seara, a propósito da exaustão de direitos autorais e a aquisição de bens digitais, salientou-se o poder transformador do direito, diante da realidade tecnológica em que, entre compartilhamentos, exclusões e inclusões digitais ditadas pelo mercado, corre-se o grave risco de perder-se o domínio sobre os bens jurídicos, transferindo-se a sua gestão a entidades abstratas, de difícil apreensão pela sociedade.

Também a *arbitragem* se tornou tema de discussão, conclamando-se a indispensável cooperação entre o Judiciário e a jurisdição arbitral e a reformulação dos currículos jurídicos para se estimular a menor litigiosidade e o aprimoramento de técnicas de negociação e de mediação. Sublinhou-se, ainda, o aprofundamento de questões de direito substantivo em conflitos arbitrais, especialmente no que tange à qualificação das relações contratuais. Em tal esteira, novos campos, como o direito das sucessões, podem se tornar objeto de disputas arbitrais, circunscritas às relações patrimoniais disponíveis. O dever de revelação do árbitro recebeu particular atenção, no sentido de se preservar a confiança das partes e o futuro da arbitragem como instância imparcial e independente. Por esse motivo, torna-se imperativo o respeito ao dever de revelação dos árbitros, cuja exigibilidade, longe de militar contra a arbitragem, destina-se a salvaguardá-la e promover a sua longevidade.

No campo da *responsabilidade civil*, discutiu-se o impacto de danos decorrentes da inteligência artificial em interesses juridicamente tutelados, bem como a necessidade de definição de critérios de incidência das imputações objetiva e subjetiva nos eventos danosos decorrentes de atividades tecnológicas. Enfatizou-se a função preventiva da responsabilidade civil para fazer frente aos desafios do momento presente.

Os *novos perfis das relações contratuais* foram alvo da última mesa redonda, na análise dos chamados *smart contracts*, e da pertinência de utilização dos princípios da teoria das obrigações diante de situações jurídicas por vezes híbridas, que conjugam interesses existenciais e patrimoniais, subjacentes aos programas contratuais. O papel e a responsabilidade dos influenciadores digitais mereceram destaque, cabendo investigar os limites e as possibilidades de mediação do direito na atuação dos agentes, que não raro reproduzem práticas discriminatórias e pouco transparentes.

Diante do quadro evolutivo assim delineado, discutiu-se, na conferência de encerramento, o papel da doutrina nas próximas duas décadas. Algumas balizas foram propostas. Em primeiro lugar, a reafirmação de novo conceito de segurança jurídica a partir da densificação de cláusulas gerais, como a boa-fé objetiva e a função social, com a ampliação de seu espectro de incidência no direito obrigacional. Superam-se, assim, a técnica da subsunção e o método silogístico, insuficientes para abranger a tensão dialética entre o fato social e a norma abstrata, notadamente diante do fortalecimento da técnica legislativa de cláusulas gerais. Para tanto, reafirma-se a incorporação dos princípios constitucionais na atividade hermenêutica, apartando os princípios e valores constitucionais da mera atuação integrativa dos princípios gerais de direito, de que trata o art. 4º da LINDB.

O desenvolvimento de instrumentos hermenêuticos capazes de romper o falacioso silogismo contido na técnica da subsunção propicia novos fundamentos para a interpretação e aplicação do direito. Nessa esteira, estabelecem-se parâmetros objetivos para a utilização da razoabilidade, com o reconhecimento de sua autonomia conceitual em relação a outros institutos e de sua íntima vinculação aos valores e princípios do ordenamento jurídico, evitando-se o apego a valorações subjetivas de pouca confiabilidade como critério hermenêutico. Ausentes tais parâmetros, a razoabilidade transforma-se em reforço argumentativo ocioso, revelador da percepção subjetiva do magistrado. Em contrapartida, afastando-se desse viés individualista, a razoabilidade adquire relevantíssimo papel balizador do exame de legitimidade dos interesses em confronto. Mediante a razoabilidade, o intérprete poderá aferir em que medida a disciplina incidente para certa hipótese se encontra consentânea com a axiologia constitucional.

Esse mesmo juízo de ponderação, que se torna permanente e não excepcional, aplica-se a hipóteses em que o legislador invoca a equidade. O juízo de equidade serve a calibrar princípios e regras para alcançar equilíbrio que não pode ser extraído de pretenso bom senso, ou de elementos externos ao sistema, como ajuste da lei imperfeita, subjetivamente efetuado pelo magistrado, que se sente autorizado, curiosamente, a corrigir o ditado normativo. Somente os princípios e valores constitucionais podem servir à fundamentação pelo intérprete no juízo de equidade, a ser, portanto, levado a cabo dentro do sistema – e não fora dele.

Coerentemente com esse entendimento, há que se evitar a fragmentação do sistema, com o surgimento de múltiplas especializações associadas ao mundo digital, ao tratamento de dados pessoais, à inteligência artificial, aos direitos reprodutivos e assim por diante. Todos esses setores (longe de constituírem microssistemas) integram o mesmo sistema jurídico e cabe à doutrina promover a unidade do ordenamento na legalidade constitucional. Desse modo, preservam-se as conquistas metodológicas alcançadas nesses últimos trinta e cinco anos de Constituição e vinte anos de Código Civil e assegura-se a instrumentalização de categorias e modelos jurídicos ao alcance do projeto de igualdade substancial e solidariedade social consagrado pela Constituição da República.

G.T.

A REFORMA DO CÓDIGO CIVIL[1]

Como amplamente divulgado, em setembro de 2023 foi constituída pela Presidência do Senado Federal a comissão de juristas, presidida pelo Ministro Luis Felipe Salomão, responsável pela revisão e atualização do Código Civil. Para além das dificuldades inerentes a tão espinhosa tarefa, foi estabelecido o prazo exíguo de 180 dias para a conclusão dos trabalhos.

A contribuição da Reforma do Código Civil, como em toda intervenção legislativa desse porte, associa-se ao atendimento de demandas emergentes na sociedade, de modo a tornar o dado normativo alinhado com a evolução das práticas sociais. Mostra-se de fato compreensível que o Código Civil, por sua enorme extensão normativa, deva ser atualizado, passados mais de 20 anos de sua vigência, particularmente na sociedade contemporânea, com transformações tão velozes e profundas. O esforço interpretativo, contudo, ao longo do tempo, aviventou a letra da lei e, a um só tempo, identificou — e procurou contornar — inevitáveis problemas decorrentes da tensão dialética entre a norma abstrata e a realidade social em constante evolução.

Como se sabe, o Código Civil traduz corpo normativo sistemático, a ser interpretado, evidentemente, à luz dos valores e princípios constitucionais e de modo coerente com o sistema em sua integralidade, em que se constitui o ordenamento jurídico brasileiro. O saudoso professor Miguel Reale, ao propósito, ao apresentar a justificativa axiológica do Projeto de Código Civil, em sua Exposição de Motivos, ressaltou os

[1] Editorial – *Revista Brasileira de Direito Civil – RBDCivil*, v. 32, n. 4, out./dez. 2023.

princípios cardeais da codificação, traduzidos no que designou como *eticidade, socialidade* e *operatividade*. Tais princípios devem ser preservados e, na perspectiva da coerência sistemática do ordenamento, hão de incorporar, em sua interpretação e aplicação, os princípios e valores inscritos na Constituição da República. Em tal cenário, torna-se indispensável evitar que a reforma legislativa venha a provocar a ruptura na unidade do corpo codificado, com interferências que pudessem esfalecer o esforço construtivo (legislativo e interpretativo) da codificação.

Por esse motivo, há de se ter prudência no impulso reformista, de modo a endereçar esforços aos aspectos que efetivamente mereçam revisão, afastando-se sugestões que fragmentem o corpo codificado ou o desvirtuem. O Código Civil, como o vemos hoje, não se limita à formulação legislativa originária, sendo expressão da trajetória interpretativa desenhada ao longo de duas décadas de vigência, informada pelos princípios e valores constitucionais. Em tal perspectiva, numerosas matérias foram reguladas, após a codificação civil, em legislação especial, atinente às novas tecnologias e à responsabilidade civil, como foi o caso do Marco Civil da internet e da Lei Geral de Proteção de Dados; ao direito contratual, como o recente Marco Legal das Garantias; ao aproveitamento dos bens e ao direito das coisas, como no caso do direito real de laje, das novas formas de usucapião e da multipropriedade imobiliária.

Por outro lado, certas matérias da parte geral carecem de melhor sistematização, como no caso dos prazos prescricionais. Do mesmo modo, o direito de família e sucessões mostra-se defasado em relação à evolução da sociedade. Nesse particular, pode-se afirmar que a disciplina codificada atendeu a demandas sociais valiosas, em favor da isonomia entre filhos, independentemente da origem da filiação, e entre os cônjuges, assegurando os direitos sucessórios do cônjuge viúvo (a ampliar, em termos práticos, o direito das mulheres). O cônjuge sobrevivente, no regime anterior — na maioria dos casos em desfavor da mulher —, não era herdeiro necessário, e o usufruto vidual, previsto de modo imperativo pelo art. 1.611, §1º, do Código Civil de 1916, era considerado, pela maioria da doutrina e jurisprudência, norma meramente dispositiva. Este editorialista foi provavelmente o primeiro autor a defender, em tese específica, a natureza imperativa desse mecanismo de tutela do cônjuge viúvo, em proteção especialmente da mulher, à época afastada do mercado de trabalho por imposição econômica e cultural. Além da ampliação dos direitos do cônjuge, o Código Civil atual reconheceu a tutela dos companheiros e ampliou o espaço da autonomia privada, no caso, por exemplo, da autorização para estabelecimento e alteração de regime de bens.

O texto do Código Civil de 2002, portanto, tem inquestionável mérito. Entretanto, tendo sido o projeto originário redigido nos anos 70 do século passado, a codificação não logrou acompanhar, em algumas matérias, a evolução social. No caso do direito de família e sucessões, em particular, a disciplina normativa, em suas linhas fundamentais, ao entrar em vigor, já se mostrava em descompassado com a transformação das famílias, e, conseguintemente, do direito sucessório. Do mesmo modo, não se mostrava frequente, na época da elaboração do Código Civil, ao menos na experiência brasileira, o planejamento sucessório, cuja difusão se percebe nas últimas décadas. Diante de tais desajustes, poder-se-ia dizer que a disciplina do direito de família e das sucessões encontrava-se adequada à realidade anterior, em que era o casamento indissolúvel e com prole única; e em que a sucessão necessária do cônjuge parecia consequência natural do princípio da solidariedade familiar. Na mesma esteira, a concorrência do cônjuge sobrevivente com filhos do falecido seria presumivelmente realizada no âmbito de entidade familiar única, sendo, por isso mesmo, pouco útil o planejamento sucessório.

Essa realidade, capturada nos anos 70 do século passado, já não mais existia quando o Código Civil entrou em vigor em 2002, daí decorrendo muitos problemas práticos. Por isso mesmo, particular atenção da reforma legislativa merece o planejamento sucessório, em respeito à autonomia privada. A hostilidade do Código Civil ao planejamento sucessório funda-se em ultrapassada compreensão de que os contratos relativos à sucessão seriam eticamente reprováveis, estimulando o desejo macabro dos herdeiros para com a antecipação da morte do autor da herança (*pacta corvina*). Por outro lado, há que se rever a compreensão ultrapassada de solidariedade familiar no âmbito das sucessões, admitindo-se, em relações conjugais em que inexista vulnerabilidades, a ausência de vocação hereditária necessária entre cônjuges e companheiros ou a possibilidade de renúncia à sucessão, que prestigie a autonomia privada e estimule o planejamento sucessório.

Como se vê, numerosos são os temas em discussão, tendo a Comissão revisora procurado apreender, no curto espaço de tempo que lhe foi conferido, mediante audiências públicas e encontros com juristas e representantes da sociedade civil, as expectativas de alterações legislativas a serem implementadas. A reforma do Código Civil, portanto, deve ser consentânea com a identidade cultural traduzida pelo sistema codificado, merecendo respeito e deferência igualmente a construção interpretativa, formulada ao longo dos anos pela doutrina, pela jurisprudência e pela advocacia, fiel à legalidade constitucional.

G.T.

O RETORNO ÀS CATEGORIAS FUNDAMENTAIS DO DIREITO PRIVADO[1]

O saudoso professor Ebert Chamoun, hostil a classificações inúteis e a falsas novidades, que poluíam, segundo ele, a doutrina do direito civil, certa vez me advertiu: "o direito civil é elementar, e o mal é que por vezes se desconhecem os elementos do direito". A lição permanece viva, especialmente em controvérsias que antepõem as diversas categorias de direitos subjetivos.

No caso dos direitos reais, por exemplo, como se sabe, a publicidade se constitui em um de seus atributos, associada à segurança pretendida pelo ordenamento para preservar a oponibilidade *erga omnes*. Justifica-se, assim, a disciplina dos modos de transferência dos direitos reais, baseada nos atos de registro público, em se tratando de bens imóveis, e na tradição, em se tratando de bens móveis.

No direito brasileiro, a aquisição de bens imóveis — diversamente do que ocorre quanto aos bens móveis, cuja transmissão se dá pela tradição — reveste-se de rigorosa solenidade. Por isso mesmo, o negócio de alienação dos bens imóveis não tem eficácia real, ou seja, não basta, só por si, para transferir o domínio. Não constitui o contrato, portanto, modo de aquisição da propriedade, produzindo para o alienante, simplesmente, a obrigação de transferi-la — daí falar-se em eficácia obrigacional. Em outras palavras, o contrato tem como finalidade precípua criar a obrigação de entrega da coisa, não sendo meio apto a transferir a propriedade, o que ocorrerá, em se tratando de coisa imóvel, somente com o seu registro no Registro de Imóveis. No contrato de

[1] Editorial – *Revista Brasileira de Direito Civil – RBDCivil*, v. ,33 n. 1, jan./mar. 2024.

compra e venda, por exemplo, para que a transferência da propriedade se verifique, faz-se mister seja levado o título de aquisição (em regra, a escritura pública, lavrada no Cartório do Registro de Notas) ao Registro Geral de Imóveis, nos termos do art. 1.245 do Código Civil.[2]

A despeito disso, não prevalece no sistema pátrio a abstração causal, de tal modo que o negócio jurídico que deu origem ao registro é indispensável para a apuração da sua validade. Pode-se dizer, portanto, que o registro firma presunção *relativa* da propriedade, admitindo-se, assim, prova contrária ao título aquisitivo, capaz de desconstituí-lo e acarretar o respectivo cancelamento do registro, mediante ação anulatória.

Em tal perspectiva, no caso de bens imóveis, tendo em vista a importância econômica e social lhes atribuída historicamente, por um lado, e a facilidade com que são materialmente individualizados, por outro, estabeleceu-se regime de registro que proporciona maior segurança e estabilidade às relações imobiliárias, a fundamentar e garantir a eficácia *erga omnes*. Não são poucas, todavia, as controvérsias decorrentes dessa distinção, no caso de negócios translativos, entre a eficácia obrigacional, que vincula as partes contratantes aos seus termos, e a eficácia real, que possui o condão de transferência do domínio.

Ao propósito, merece destaque o processo julgado pela 2ª Seção do STJ, no EREsp. nº 1.866.844/SP,[3] entendendo-se que a ausência de registro do contrato de compra e venda de imóvel com alienação fiduciária no Cartório de Registro de Imóveis, embora imprescindível à constituição da propriedade fiduciária de coisa imóvel, não afasta a validade e a eficácia do negócio entre os contratantes, incluindo a cláusula que autoriza a alienação extrajudicial do bem em caso de inadimplemento.

---

2 CC/2002, "Art. 1.245. Transfere-se entre vivos a propriedade mediante o registro do título translativo no Registro de Imóveis. §1º Enquanto não se registrar o título translativo, o alienante continua a ser havido como dono do imóvel. §2º Enquanto não se promover, por meio de ação própria, a decretação de invalidade do registro, e o respectivo cancelamento, o adquirente continua a ser havido como dono do imóvel".

3 STJ, 2ª Seção, EREsp. nº 1.866.844/SP, Rel. Min. Nancy Andrighi, Rel. p/ acórdão Min. Ricardo Villas Bôas Cueva, j. 17.9.2023. *DJe*, 9 out. 2023. Nos termos da decisão: "A ausência do registro do contrato de alienação fiduciária no competente Registro de Imóveis não lhe retira a eficácia, ao menos entre os contratantes, servindo tal providência apenas para que a avença produza efeitos perante terceiros. Ainda que o registro do contrato no competente Registro de Imóveis seja imprescindível à constituição da propriedade fiduciária de coisa imóvel, nos termos do art. 23 da Lei nº 9.514/1997, sua ausência não retira a validade e a eficácia dos termos livre e previamente ajustados entre os contratantes, inclusive da cláusula que autoriza a alienação extrajudicial do imóvel em caso de inadimplência".

O Min. Ricardo Villas Bôas Cueva, cujo voto prevaleceu no julgamento, ressaltou que o registro se mostra indispensável para se promover a alienação extrajudicial do imóvel, tendo em vista que a constituição do devedor em mora e a eventual purgação da mora se processam perante o oficial do registro imobiliário, nos moldes da Lei nº 9.514/1997. Assim, somente após a realização do registro será possível ao credor fiduciário promover a alienação do bem em leilão. Tal exigência, contudo, não confere ao devedor o direito de rescindir a avença por meio diverso daquele previsto no contrato, não importando se era do credor a obrigação de registro do título. O fiduciário pode requerer tal providência ao cartório a qualquer tempo e, em seguida, dar início à alienação extrajudicial — com a venda do bem em leilão e a devolução do saldo remanescente ao devedor, descontadas a dívida e as despesas comprovadas. Andou bem a Corte, já que os efeitos entre as partes do negócio celebrado não se confundem com o procedimento próprio da natureza real alcançada pelo registro público.

Em outra ocasião, o Tribunal Superior examinou caso em que se discutiam as implicações da ausência de registro do usufruto de bem imóvel, notadamente na relação estabelecida entre usufrutuário e nu-proprietário. O usufruto configura direito real sobre coisa alheia, tendo por elemento de validade o registro da escritura constitutiva no Cartório de Registro de Imóveis, nos moldes do que dispõe o art. 1.391 do Código Civil. Nada obstante, a relação contratual estabelecida entre usufrutuário e o nu-proprietário torna-se existente, válida e eficaz pelo simples acordo de vontade. Tal foi o entendimento professado pela 3ª Turma do STJ, no âmbito do REsp nº 1.860.313-SP,[4] sob relatoria do Min. Marco Aurélio Bellizze, para quem a publicidade é a principal função do registro na constituição do direito real — consagrando a eficácia *erga omnes* própria do direito real.

Naquela controvérsia em julgamento, a usufrutuária cobrava aluguéis decorrentes do uso exclusivo dos bens pela nua-proprietária, com base no usufruto instituído por testamento lavrado em escritura pública,

---

[4] STJ, 3ª T, REsp nº 1.860.313-SP, Rel. Min. Marco Aurélio Bellizze, j. 22.8.2023. *DJe*, 29 ago. 2023, em cuja ementa se lê: "O art. 1.391 do CC determina que a constituição do usufruto sobre imóvel depende do registro em Cartório de Registro de Imóveis. A principal função dessa determinação legal é exatamente dar publicidade ao instituto, de maneira que possa ser oponível a terceiros, pois o registro é requisito para eficácia *erga omnes* do direito real. Contudo, na discussão envolvendo apenas a usufrutuária e a nua-proprietária, não há óbice para que a parte diretamente beneficiária do ato busque a proteção do seu direito em relação à outra, independentemente do registro".

embora não registrado. Entendeu-se, então, que o negócio jurídico entre a usufrutuária e a nua-proprietária produz efeitos interpartes, ainda que desprovido da natureza de direito real, que seria alcançada pelo registro da escritura no RGI. No caso, inclusive, a nua-proprietária já vinha pagando parte dos valores dos aluguéis decorrentes do uso exclusivo dos bens. Por esse motivo, segundo a Corte, a alegação de ausência do registro para se esquivar do pagamento representaria enriquecimento sem causa e ofensa ao princípio do *venire contra factum proprium*.

Tais precedentes ilustram bem a atualidade da matéria e a necessária distinção de efeitos decorrentes dos negócios jurídicos obrigacionais e dos negócios constitutivos de direito reais. Demonstram, ainda, diante de novas operações, em uma economia cada vez mais complexa e dinâmica, que o retorno a categorias fundamentais do direito privado contribui de maneira decisiva para a solução de controvérsias aparentemente difíceis.

G.T.

O INQUIETANTE RETORNO DE DOUTRINAS MAXIMALISTAS[1]

Em 1990, assim que aprovado o Código de Defesa do Consumidor (CDC), desenvolveu-se a teoria maximalista, que pretendia ampliar a inovadora disciplina de defesa do consumidor para qualquer relação jurídica em que houvesse entrega de produtos ou prestação de serviços. De acordo com a falaciosa orientação, pessoas jurídicas poderiam ser beneficiadas pela incidência do CDC sempre que destinatárias de produtos ou serviços em suas transações comerciais ou industriais; ainda que os produtos ou serviços fossem reintroduzidos em sua atividade comercial.

A doutrina e a jurisprudência mais atentas, entretanto, logo rechaçaram esse entendimento, fazendo prevalecer a denominada doutrina finalista, segundo a qual somente com a caracterização do destinatário final de produtos ou serviços poderia ser aplicado o CDC. Esta mesma perspectiva do consumidor (não a partir de definição de mercado, mas) como pessoa humana em situação de singular vulnerabilidade, por se encontrar em relação propriamente de consumo, foi finalmente consagrada.[2] Na mesma esteira, o Superior Tribunal de Justiça desenvolveu a chamada teoria finalista aprofundada, segundo a qual a extensão da disciplina consumerista a não destinatários finais dos produtos somente poderia ser levada a cabo excepcionalmente, no caso de pequenos produtores ou empresários, com atividade econômica de subsistência.[3]

---

[1] Editorial – *Revista Brasileira de Direito Civil – RBDCivil*, v. 33, n. 2, abr./jun. 2024.

[2] Seja consentido remeter a TEPEDINO, Gustavo. Editorial. *Revista Trimestral de Direito Civil*, Rio de Janeiro, v. 22, 2005.

[3] STJ, 4ª T. REsp. nº 661.145/ES. Rel. Min. Jorge Scartezzini, julg. 22.2.2005, v.u. *DJ*, 28 mar. 2005. p. 286.

Tal orientação logrou harmonizar as diversas fontes do ordenamento (CDC, Código Civil, normas de vedação da concorrência desleal, Lei das S.A. etc.), respeitando-se os princípios constitucionais pertinentes para os diversos valores e bens jurídicos em jogo, bem como o princípio da especialidade (*ex vi* art. 2º, §§1º e 2º, LINDB).

Nos últimos anos, nova onda maximalista parece animar alguns magistrados e litigantes, agora por meio da extensão da figura do *consumidor por equiparação*, previsto em dois distintos suportes fáticos: no art. 17, CDC, no caso de acidente de consumo, e no art. 29, CDC, na hipótese de práticas comerciais abusivas a consumidores. Essa importantíssima categoria do *consumidor por equiparação* destina-se a equiparar, para fins de proteção consumerista, as vítimas não consumidoras de acidentes de consumo (art. 17, CDC) e, em situação diversa, as vítimas de práticas comerciais abusivas perpetradas a consumidores (art. 29, CDC). Trata-se de admirável instrumento previsto pelo legislador brasileiro, o qual se pretende indevidamente alargar, como exemplo, na hipótese de acidente ambiental, em que se busca estender a proteção do art. 17, CDC, às vítimas atingidas, mesmo quando inexista acidente de consumo na origem do evento danoso. Entretanto, sem a ocorrência de acidente de consumo na origem do evento danoso (acidente de consumo base), a ampliação do espectro de incidência do CDC, ainda que bem-intencionada, banaliza a defesa do consumidor, como ocorre, ilustrativamente, na hiperbolização dos danos morais e na miríade dos chamados novos danos, que acabam por reduzir a sua liquidação a valores diminutos.

Por outro lado, o CDC pretendeu considerar toda e qualquer vítima equiparada à figura do consumidor, pressupondo, evidentemente, uma relação de consumo originária, na qual surge o acidente de consumo, gerando vítimas consumidoras e não consumidoras. Cuida-se de dispositivo benfazejo e bastante amplo, o qual, todavia, não admite nova ampliação que desatenda às balizas axiológicas, hermenêuticas e sistemáticas imprescindíveis para a teoria da interpretação.

No caso de acidentes ambientais, o legislador especial e a jurisprudência mostram-se bastante rigorosos, seja no sentido de fazer incidir a responsabilidade objetiva do agente poluidor, impondo-lhe penalidades elevadas, seja ao considerar "poluidor, a pessoa física ou jurídica, de direito público ou privado, responsável, *direta ou indiretamente*, por atividade causadora de degradação ambiental" (art. 3º, IV, e art. 14, Lei nº 6.938/1981). No plano jurisprudencial, consagrou-se inclusive a imprescritibilidade dos danos ambientais ao chamado macrobem, tendo o STF e o STJ imposto aos causadores de danos o dever imprescritível de reconstrução do ecossistema e dos chamados danos transgeracionais.

Diante de tal específica proteção do legislador especial, o processo de maximização de importantes institutos consagrados no CDC, além de romper a coerência do sistema normativo, violando o critério da especialidade, estabelece ingênua busca "do melhor dispositivo possível a ser aplicável casuisticamente" em favor das pessoas vulneráveis, autorizando-se a seleção pelo intérprete dos mais convenientes dispositivos de cada diploma normativo. Invoca-se, para tanto, indevidamente, o conhecido "diálogo de fontes", expressão concebida por Erick Jayme. Referida doutrina foi construída pelo professor alemão em sentido oposto, justamente para demonstrar a importância da harmonização de fontes normativas na unidade do sistema, coibindo-se a livre utilização de normas especiais ao sabor do intérprete, sem critérios claramente definidos e em desatenção ao sistema normativo e aos valores que informam cada lei especial.

O resultado dessa maximização parece desastroso. Se a figura do consumidor por equiparação puder ser adotada sem a preexistência de um acidente de consumo, que sirva de origem ou base do evento danoso, enorme insegurança jurídica será gerada, com a ausência de critério estável de aplicação normativa. Na mesma esteira, mostra-se irresistível o argumento da *reductio ad absurdum*: considerando-se que se vive em plena sociedade de consumo, assim proclamada em todos os continentes, toda e qualquer vítima de dano seria um consumidor por equiparação, revogando-se, em matéria de responsabilidade civil, os dispositivos do Código Civil e da Política Nacional de Proteção ao Meio Ambiente.

Tais considerações demonstram como a ausência de parâmetros aplicativos se mostra inquietante. Afinal, o diálogo de fontes destina-se à compatibilização das fontes normativas, não ao monólogo autoritário de uma lei especial sobre outras, sendo certo que os critérios hermenêuticos devem respeitar a diversidade axiológica dos bens jurídicos a serem tutelados, de tal forma a se preservar a unidade do sistema na pluralidade e complexidade do ordenamento. Eis o imperativo da legalidade constitucional.

G.T.

A LEI Nº 14.905/2024: MAIS UM CAPÍTULO NA CONTROVÉRSIA NA CONTAGEM DOS JUROS MORATÓRIOS[1]

A recente Lei nº 14.905/2024 disciplinou a aplicação de atualização monetária e juros moratórios em ações de responsabilidade civil contratual e extracontratual. As mesmas regras incidem nos atrasos de pagamento do condomínio e da indenização devida ao segurado no caso de sinistro. Além disso, atribuiu-se ao Banco Central o dever de criar uma calculadora *on-line* para a simulação de taxa de juros legal.

Nos termos do novo parágrafo único do art. 389 do Código Civil,[2] desde que não haja previsão diversa em contrato ou em lei específica, a atualização monetária seguirá a variação do Índice Nacional de Preços ao Consumidor Amplo (IPCA), apurado pelo IBGE, ou o índice que o substituir. De outra parte, pela nova redação do art. 406 do Código Civil,[3] os juros moratórios serão fixados de acordo com a taxa

[1] Editorial – *Revista Brasileira de Direito Civil – RBDCivil*, v. 33, n. 3, jul./set. 2024.

[2] Eis o novo teor do dispositivo: CC/2002, "Art. 389. Não cumprida a obrigação, responde o devedor por perdas e danos, mais juros, atualização monetária e honorários de advogado. (Redação dada pela Lei nº 14.905, de 2024) Parágrafo único. Na hipótese de o índice de atualização monetária não ter sido convencionado ou não estar previsto em lei específica, será aplicada a variação do Índice Nacional de Preços ao Consumidor Amplo (IPCA), apurado e divulgado pela Fundação Instituto Brasileiro de Geografia e Estatística (IBGE), ou do índice que vier a substituí-lo. (Incluído pela Lei nº 14.905, de 2024)".

[3] CC/2002, "Art. 406. Quando não forem convencionados, ou quando o forem sem taxa estipulada, ou quando provierem de determinação da lei, os juros serão fixados de acordo com a taxa legal. (Redação dada pela Lei nº 14.905, de 2024) §1º A taxa legal corresponderá à taxa referencial do Sistema Especial de Liquidação e de Custódia (Selic), deduzido o índice de atualização monetária de que trata o parágrafo único do art. 389 deste Código. (Incluído pela Lei nº 14.905, de 2024) §2º A metodologia de cálculo da taxa legal e sua forma de aplicação serão definidas pelo Conselho Monetário Nacional e divulgadas

Selic (divulgada pelo Banco Central), deduzido o índice de atualização monetária. Caso o resultado reste negativo, este será considerado igual a zero.

Supera-se, dessa forma, antiga discussão em torno de qual seria o índice aplicável — se o do art. 161, §1º do CTN, visto que aludia às obrigações da Fazenda, ou se a taxa Selic —, optando o legislador por esta última. A origem da controvérsia devia-se à antiga redação do art. 406 do Código Civil, que mandava aplicar aos juros moratórios a "taxa que estiver em vigor para a mora do pagamento de impostos devidos à Fazenda Nacional". Ao contrário da codificação anterior, que estipulava taxa fixa para os juros de mora, de 6% (seis por cento) ao ano, o Código Civil de 2002, atento às flutuações econômicas, procurou adotar taxa variável, sem, contudo, defini-la com suficiente precisão.

Nesse contexto, parte dos estudiosos sustentava que a taxa aplicável seria a chamada taxa Selic, criada como índice de remuneração de títulos da dívida federal, e calculada pelo Banco Central do Brasil com base na média ajustada dos financiamentos diários realizados com lastro em títulos federais. O entendimento não era uníssono, havendo aqueles que entendiam que se deveria aplicar o disposto no parágrafo único do art. 161, do Código Tributário Nacional (Lei nº 5.172/1966) que, a seu turno, fixa a taxa de 1% (um por cento) ao mês para os juros de mora incidentes sobre o pagamento de tributos não pagos no seu vencimento.[4] A taxa de 1% ao mês equivale justamente aos 12% (doze por cento) ao ano, que são tradicionalmente estipulados, no ordenamento brasileiro, como taxa máxima de juros. Aliás, o próprio Código Civil de 2002, em mais de uma passagem, pareceu atento à taxa anual de 12% (doze por cento).[5]

---

pelo Banco Central do Brasil. (Incluído pela Lei nº 14.905, de 2024) §3º Caso a taxa legal apresente resultado negativo, este será considerado igual a 0 (zero) para efeito de cálculo dos juros no período de referência. (Incluído pela Lei nº 14.905, de 2024)".

4 CTN, "Art. 161. O crédito não integralmente pago no vencimento é acrescido de juros de mora, seja qual for o motivo determinante da falta, sem prejuízo da imposição das penalidades cabíveis e da aplicação de quaisquer medidas de garantia previstas nesta Lei ou em lei tributária. §1º Se a lei não dispuser de modo diverso, os juros de mora são calculados à taxa de um por cento ao mês. §2º O disposto neste artigo não se aplica na pendência de consulta formulada pelo devedor dentro do prazo legal para pagamento do crédito".

5 Em seu art. 1.187, parágrafo único, inc. II, o Código Civil estabelece, por exemplo, que "entre os valores do ativo podem figurar, desde que se proceda, anualmente, à sua amortização: (...) II – os juros pagos aos acionistas da sociedade anônima, no período antecedente ao início das operações sociais, à taxa não superior a doze por cento ao ano, fixada no estatuto". O art. 1.336 do Código Civil, no mesmo sentido, determina

Diante de tal cenário, fortaleceu-se a tendência a se considerar como taxa legal não a taxa Selic, mas a taxa de 1% ao mês prevista no art. 160 do CTN. Tal orientação afastaria os inconvenientes de se ter a aplicação de uma taxa que inclui também um componente de correção monetária, e cuja fixação se dá por ato unilateral de um conselho administrativo. Atento a esta e a outras dificuldades, o Centro de Estudos Judiciários do Conselho da Justiça Federal, na Jornada de Direito Civil realizada no Superior Tribunal de Justiça em setembro de 2002 (antes, aliás, da Emenda Constitucional nº 40), aprovou enunciado afirmando que a taxa de juros moratórios a que se refere o art. 406 seria a do art. 161, §1º, do CTN, ou seja, de 1% (um por cento) ao mês, visto que a utilização da taxa Selic geraria insegurança jurídica, ao impedir o prévio conhecimento dos juros, e porque seu uso seria inviável sempre que se calculassem somente juros ou somente correção monetária.[6]

Destaque-se, contudo, que a taxa legal fixa também pode apresentar decisivos inconvenientes caso fique muito abaixo das taxas efetivamente cobradas pelo mercado, funcionando como premiação aos devedores inadimplentes. Nesse sentido, a matéria acaba oscilando dramaticamente entre a possibilidade de abuso do credor e do devedor, de acordo com o momento econômico. Com isso, o STJ manifestou-se em 2008, por meio de sua Corte Especial, em favor da aplicação da taxa Selic como sendo a taxa a que se refere o art. 406 do Código Civil.[7]

---

que "o condômino que não pagar a sua contribuição ficará sujeito aos juros moratórios convencionados ou, não sendo previstos, os de um por cento ao mês e multa de até dois por cento sobre o débito".

[6] Confira-se o teor do enunciado: "A taxa de juros moratórios a que se refere o art. 406 é a do art. 161, §1º, do Código Tributário Nacional, ou seja, 1% (um por cento) ao mês. A utilização da taxa SELIC como índice de apuração dos juros legais não é juridicamente segura, porque impede o prévio conhecimento dos juros; não é operacional, porque seu uso será inviável sempre que se calcularem somente juros ou somente correção monetária; é incompatível com a regra do art. 591 do novo Código Civil, que permite apenas a capitalização anual dos juros, e pode ser incompatível com o art. 192, §3º, da Constituição Federal, se resultarem juros reais superiores a 12% (doze por cento) ao ano".

[7] "Civil. Juros moratórios. Taxa legal. Código Civil, art. 406. Aplicação da taxa SELIC. 1. Segundo dispõe o art. 406 do Código Civil, 'Quando os juros moratórios não forem convencionados, ou o forem sem taxa estipulada, ou quando provierem de determinação da lei, serão fixados segundo a taxa que estiver em vigor para a mora do pagamento de impostos devidos à Fazenda Nacional'. 2. Assim, atualmente, a taxa dos juros moratórios a que se refere o referido dispositivo é a taxa referencial do Sistema Especial de Liquidação e Custódia – SELIC, por ser ela a que incide como juros moratórios dos tributos federais (arts. 13 da Lei 9.065/95, 84 da Lei 8.981/95, 39, §4º, da Lei 9.250/95, 61, §3º, da Lei 9.430/96 e 30 da Lei 10.522/02). 3. Embargos de divergência a que se dá provimento" (STJ, Corte Especial, EREsp. nº 727.842/SP, Rel. Min. Teori Zavascki, julg. 8.9.2008. *DJ*, 20.11.2008).

A decisão, contudo, não pacificou a divergência à época, encontrando-se decisões nos tribunais locais, e mesmo no próprio STJ, que seguiam aplicando a taxa do CTN.

A discussão voltou à Corte Especial do STJ, por iniciativa da Quarta Turma do Tribunal, que afetou àquele órgão o julgamento do Recurso Especial nº 1.795.982, em que se discutiu precisamente a questão da interpretação do art. 406 do Código Civil. Após longo período de discussão, a Corte Especial, enfim, concluiu, em 21.08.2024, o julgamento, definindo a Selic como índice a ser aplicado na correção de dívidas civis e indenizações. Agora, após publicada lei sobre o tema, foi ratificado o resultado de março, quando se deu a análise de mérito. A votação foi acirrada, dividindo a Corte entre aqueles que defendiam a aplicação de juros de mora de 1% ao mês, opinião do relator, Min. Luis Felipe Salomão, e aqueles que defendiam a utilização da taxa Selic, com voto divergente do Min. Raul Araújo, para quem a aplicação da tese contrária conduziria a uma situação em que o credor obtém remuneração muito superior à de qualquer aplicação financeira, visto que os bancos se vinculam à Selic.

Com a promulgação, em julho de 2024, da Lei nº 14.905/24, que alterou o Código Civil e estabeleceu novas regras sobre a atualização monetária e os juros, a Corte declarou a prejudicialidade das questões de ordem em razão do advento da nova lei, ratificando-se o resultado de julgamento proclamado de março de 2024, quando, por maioria, haviam dado provimento ao recurso, nos termos do voto divergente. Pela norma, repita-se, devem ser aplicados, respectivamente, o IPCA e a Selic. E, no cálculo dos juros, deverá ser deduzido o índice de atualização monetária. Se a diferença entre esses valores for negativa, a taxa de juros deve ser considerada igual a zero para o período de referência.

O histórico passado em revista demonstra a dificuldade do tema, cuja pacificação se mostra imprescindível para o bom andamento dos processos de execução e das liquidações de sentenças. Espera-se que a aplicação da lei não suscite novas dúvidas interpretativas e que esse novo capítulo da longa controvérsia, com a intervenção legal, possa ser considerado o epílogo.

G.T.

O TERMO INICIAL DA PRESCRIÇÃO[1]

O Código Civil de 2002, para conferir segurança à disciplina da prescrição, introduziu o dispositivo do art. 189, ausente na codificação anterior, assim redigido: "Violado o direito, nasce para o titular a pretensão, a qual se extingue, pela prescrição, nos prazos a que aludem os arts. 205 e 206". Adotou-se, assim, por desenganada opção legislativa, a teoria da *actio nata*, construída por Savigny e seguida por autores clássicos nos países da família romano-germânica, pela qual a violação do direito subjetivo deflagra a pretensão (*Anspruch*), ou, na síntese de Pontes de Miranda, a posição subjetiva de poder atribuído ao titular de exigir o cumprimento de prestação positiva ou negativa. De acordo com tal doutrina, as ações (*rectius*, pretensões) ainda não nascidas não prescrevem (*actioni nondum natae non praescribitur*).

Em consequência da aludida previsão legal, o termo inicial da prescrição, que surge, em regra, na data da violação do direito (com o imediato nascimento da pretensão correspondente), será afastado tão somente em duas hipóteses: (i) quando houver disposição legal expressa que afaste a *actio nata*; e (ii) quando o dano só se manifesta ou só se torna objetivamente apto a ser conhecido pela vítima em data posterior à violação ao direito. Nesses casos, o prazo prescricional começa a contar a partir da data em que a vítima descobriu ou poderia ter descoberto objetivamente o dano: o momento em que há a manifestação do dano e, conseguintemente, o surgimento da pretensão.

Essas duas hipóteses, consideradas, portanto, excepcionais, deram margem à flexibilização, pela jurisprudência, da doutrina da *actio*

[1] Editorial – *Revista Brasileira de Direito Civil – RBDCivil*, v. 33, n. 4, out./dez. 2024.

nata, com o único intuito, vale sublinhar, de atender especialmente às circunstâncias fáticas do segundo cenário indicado, em que a pretensão somente poderia ser objetivamente conhecida em momento diferido da violação do interesse jurídico tutelado (*v.g.*, a doença provocada por certo objeto adquirido anteriormente, ou a lesão psicofísica diferida no tempo em decorrência de erro médico anterior).

Em razão de tal flexibilização, contudo, uma grande confusão conceitual aturdiu alguns autores, ora forjando-se suposta teoria da *actio nata subjetiva* — que contém, em si mesma, evidente *contraditio in terminis* —; ora restringindo-se a doutrina da *actio nata* à responsabilidade contratual; ora associando a deflagração da pretensão ao efetivo conhecimento subjetivo da vítima em relação ao dano e a todos os seus efeitos.

Tais formulações, desprovidas de base legal, teriam por fundamento o entendimento jurisprudencial que, entretanto, não lhes dá qualquer abrigo. A comprovação de tal equívoco dá-se pela análise atenta da jurisprudência do Superior Tribunal de Justiça, traduzida, por exemplo, na Edição nº 215 de sua Jurisprudência em Teses, publicada em 16.06.2023, a qual frequentemente é invocada para sustentar (equivocadamente) a defesa de uma suposta *actio nata* subjetiva, que subordinaria o termo inicial da prescrição ao efetivo conhecimento pela vítima da integralidade dos efeitos atribuídos ao fato lesivo.

A tese de nº 3 da referida Edição nº 215 encontra-se assim redigida: "O termo inicial do prazo prescricional para o ajuizamento de ação de indenização decorrente de dano ambiental se inicia quando o titular do direito subjetivo violado tem conhecimento do fato e da extensão de suas consequências, conforme a Teoria da Actio Nata". Embora a literalidade do enunciado pudesse conduzir à equivocada interpretação que associa o termo inicial da prescrição ao conhecimento pela vítima da integralidade dos efeitos atribuídos ao fato lesivo, a leitura minuciosa dos seis julgados que fundamentam a tese demonstra que, para o Superior Tribunal de Justiça, *o conhecimento do fato e a extensão de suas consequências* equivale ao evento que possibilita, objetivamente, verificar o dano em sua integral dimensão, independentemente do (des)conhecimento subjetivo do fato e de todos os seus efeitos futuros. Justifica-se por isso mesmo a referência à *actio nata*.

Assim é que, no primeiro dos julgados indicados, relativo ao rompimento da Barragem de Estreito, no Maranhão (AgInt no AREsp. nº 1.544.832/MA), o acórdão proferido à unanimidade pela 4ª Turma, da relatoria do Ministro Antonio Carlos Ferreira, considerou como termo inicial a data do represamento das águas (data do evento), momento em que o titular poderia ter tomado conhecimento do dano (de modo a surgir, assim, a pretensão). Cogitou-se também no caso de possível data da ciência associada à audiência pública promovida pela Assembleia Legislativa do Maranhão, em maio de 2011, com participação ampla da sociedade afetada. Não houve qualquer menção no julgado ao conhecimento subjetivo pelas vítimas da efetiva extensão dos efeitos danosos.

Na mesma esteira, no segundo julgado mencionado (AgInt no REsp. nº 1.740.736/MA), sendo relator o Ministro Raul Araújo, a 4ª Turma, à unanimidade, considerou como termo inicial *a data do represamento das* águas *(data do evento)*, momento em que a autora teve ciência inequívoca da morte de mais de 7 toneladas de peixes. Solução semelhante foi alcançada pela 1ª Turma da Corte Superior, sempre à unanimidade de votos, no terceiro julgado (Rel. Des. Convocado Manoel Erhardt, AgInt no REsp. nº 1.744.994/MA); e no quarto julgado, da 4ª Turma (Rel. Min. Marco Buzzi, no AgInt no REsp. nº 1.746.209/MA), relativamente ao mesmo acidente ambiental, em que se considerou, como termo inicial, *a data do represamento das* águas *(data do evento)*, momento em que a autora teve ciência inequívoca da morte de mais de 7 toneladas de peixes.

A quinta decisão citada na mesma tese (AgInt no REsp. nº 1.898.701/RO), da lavra do Ministro Mauro Campbell, confirmada pela 2ª Turma do STJ, reafirma como termo *a quo* "a data em que o titular do direito toma conhecimento inequívoco do fato e da extensão de suas consequências, nos termos do princípio da *actio nata*, podendo esse momento coincidir ou não com o do alagamento do reservatório da usina hidrelétrica". A decisão não trata do termo em concreto, atribuindo-se a valoração dos fatos a instâncias inferiores. No caso, reformou-se o acórdão do Tribunal *a quo* que havia adotado o prazo prescricional de 5 anos previsto no CDC e no art. 1º-C da Lei nº 9.494/97. O STJ aplicou, vale ressaltar, o prazo trienal do Código Civil, e não o CDC, para pretensão indenizatória por danos causados pelo impacto ambiental decorrente da construção da usina hidrelétrica.

Solução semelhante foi adotada ainda no sexto e último acórdão que compõe a aludida publicação (AgInt no AREsp. nº 1.734.250/MA), da relatoria do Min. Francisco Falcão, em que a 2ª Turma invocou o enunciado da Súmula nº 7 do STJ, afastando a análise de provas apreciadas pelo Tribunal *a quo*, para o qual o termo inicial da prescrição foi em maio de 2011, momento da ciência da grande mortandade de peixes devido ao funcionamento das turbinas da usina hidrelétrica. Em maio de 2011, houve matéria jornalística e relatório da audiência pública promovida pela Assembleia Legislativa do Maranhão em 26.5.2011.

O exame de tais julgados demonstra que, para o STJ, a definição do termo *a quo* do prazo prescricional, associada ao momento em que "o titular do direito subjetivo violado tem conhecimento do fato e da extensão de suas consequências, conforme a teoria da actio nata", tem natureza objetiva, não se alterando conceitualmente a teoria da *actio nata* e tampouco considerando a efetiva percepção subjetiva da vítima para o início do prazo prescricional. Prova definitiva de tal conclusão encontra-se no julgado amplamente citado pelo STJ, da lavra do Relator Min. Francisco Falcão (AgInt no AREsp. nº 1.644.145 – MA (2019/0383487-0)), em que se reafirma, de modo categórico:

> [...] A jurisprudência do Superior Tribunal de Justiça é firme no sentido de que o prazo prescricional trienal para propositura de ação indenizatória de cunho individual e patrimonial, por danos causados em razão da construção de usina hidrelétrica, inicia-se a partir da data em que o titular do direito toma conhecimento inequívoco do fato e da extensão de suas consequências.
>
> Nesse passo, ainda que tenha havido dano ambiental de caráter continuado e permanente com o represamento da água, este fato não pode ser considerado como pretexto para tornar imprescritível ou fazer perdurar, por anos a fio, a pretensão de indenização, repita-se, notadamente de índole individual e patrimonial.

A análise de tais teses, publicadas pelo Superior Tribunal de Justiça, demonstra a natureza objetiva do critério definidor do termo *a quo* da contagem dos prazos prescricionais. Demonstra, ainda, o equívoco de interpretações açodadas que distorcem o entendimento jurisprudencial e fazem a teoria da *actio nata* de tal modo fluida e polissêmica que a sua invocação se torna ociosa para a compreensão do marco inicial da prescrição. Percebe-se, entretanto, da análise dos julgados da Corte Superior, que as dificuldades interpretativas não podem ser atribuídas ao codificador ou à magistratura, cabendo aos manuais esclarecer, em homenagem ao princípio da segurança jurídica, o sentido exato perseguido pelo legislador e pela jurisprudência.

G.T.

ÍNDICE ALFABÉTICO-REMISSIVO

(Numeração arábica: editoriais)

A

ABUSO DE DIREITO
- Abuso de direito: 35, 74
- Abuso do direito potestativo: 74

ADMINISTRAÇÃO PÚBLICA
- Administração Pública: 29, 60
- Contratos administrativos: 18
- Orçamento público: 60
- Poder de polícia: 29
- Privatização: 29

ADOÇÃO
- Adoção: 76

ALIENAÇÃO FIDUCIÁRIA DE IMÓVEL
- Alienação fiduciária de imóvel: 56

ARBITRAGEM
- Arbitragem: 8, 38, 83, 86

ASSOCIAÇÃO
- Associação: 50

ATO ILÍCITO
- Ato ilícito: 71

AUTARQUIA
- Autarquia: 29

AUTONOMIA PRIVADA
- Autonomia privada: 28, 36, 44, 46, 69, 72, 81

B

BENS
- Bens comuns: 64, 80
- Bem de família: 33
- Bens digitais: 40, 80

- Bens extrapatrimoniais: 11
- Bens patrimoniais: 11

BIODIREITO
- Biodireito: 14, 28

BOA-FÉ OBJETIVA
- Abuso do direito: 57, 65, 74
- Boa-fé objetiva: 51, 56, 57
- Boa-fé objetiva nas relações contratuais: 7, 56
- *Venire contra factum proprium*: 88

C

CASAMENTO
- Casamento: 63, 83

COLAÇÃO
- Colação: 66, 70

CONDOMÍNIO
- Condomínio: 59, 68, 81

CONTRATOS
- Contratos de hospedagem por aplicativo: 81
- Contratos empresariais: 46, 52, 69
- Contrato no âmbito familiar: 63, 83
- Contratos preliminares: 67
- Execução específica: 67
- Integração contratual: 62
- *Smart contracts*: 86

CONSUMIDOR
- Consumidor: 5, 19, 34, 46, 52, 54, 56, 71, 75, 77, 79, 89
- Consumidor no ambiente virtual: 86
- Consumidor por equiparação: 89

CORREÇÃO MONETÁRIA
- Correção monetária: 90

CULPA
- Culpa: 21, 71, 85

D

DADOS PESSOAIS
- Dados pessoais: 39, 41, 47, 49, 73, 75, 77, 83

- Dados pessoais de crianças e adolescentes: 75
- Dados sensíveis: 39, 41, 47, 75
- Privacidade: 39

DANOS
- Danos: 71, 85, 89
- Dano injusto: 71
- Dano ambiental: 26, 89, 91
- Danos extrapatrimoniais: 43
- Danos punitivos: 9, 21
- Danos ressarcíveis: 21, 43
- Indústria de danos: 21

DEFESA DOS ANIMAIS
- Defesa dos animais: 37

DESCONSIDERAÇÃO DA PERSONALIDADE JURÍDICA
- Desconsideração da personalidade jurídica: 35

DEVER DE REPARAR
- Cláusulas limitativas: 72
- Dever de reparar: 21, 34, 35, 71

DIREITO ADQUIRIDO
- Extensão da tutela do direito adquirido: 15

DIREITO AMBIENTAL
- Responsabilidade civil ambiental: 26

DIREITO À MORADIA
- Direito à moradia: 33, 44

DIREITOS AUTORAIS
- Direitos autorais: 44, 61

DIREITOS COLETIVOS
- Direitos coletivos: 44

DIREITO COMPARADO
- Direito comparado: 18, 23

DIREITOS DA PERSONALIDADE
- Direitos da personalidade: 3, 24, 43, 58, 83, 86

DIREITOS INDIVIDUAIS SOCIAIS
- Direitos individuais sociais: 3

DIREITOS REAIS
- Direitos reais: 65, 68
- Transferência: 88
- Eficácia *erga omnes*: 88

DOAÇÃO
- Doação: 66, 70
- Doação de sangue: 58

DOGMÁTICA
- Dogmática: 4, 26, 78

DOLO
- Dolo: 72, 85
- Dolo da pessoa jurídica: 69

E

ENRIQUECIMENTO SEM CAUSA
- Enriquecimento sem causa: 21, 66

EQUILÍBRIO ECONÔMICO DO CONTRATO
- Equilíbrio econômico do contrato: 72

ESTADO
- Estado Democrático de Direito: 14
- Estado Moderno: 25
- Redefinição do papel do Estado: 8

F

FAMÍLIA
- Autoridade parental: 20
- Família socioafetiva: 76, 83
- Isonomia e solidariedade: 20, 42, 45, 48, 63
- Pluralidade de entidades familiares: 6, 7, 20, 41, 42, 48, 55, 63, 86
- Relações patrimoniais no seio familiar: 20, 83
- Autonomia existencial: 55
- Tutela das vulnerabilidades: 55, 56

FONTES
- Diálogo de fontes: 12, 54, 89
- Harmonização de fontes normativas: 11, 12, 18, 24, 36, 41, 54, 89
- Pluralidade de fontes normativas: 11, 12, 19, 24, 32, 36, 41, 46, 54, 89

FUNÇÃO SOCIAL
- Função social: 78
- Função social dos contratos: 56, 69
- Função social da propriedade: 59, 80, 81

FUNDAÇÃO
- Fundação pública de direito privado: 29
- Fundação pública de direito público: 29

G
GARANTIA
- Garantia: 56, 65

H
HERANÇA
- Herança digital: 77
- Herdeiros: 45, 63, 66, 70, 77, 87

I
INTEGRIDADE PSICOFÍSICA DO TRABALHADOR
- Integridade psicofísica do trabalhador: 30

INTELIGÊNCIA ARTIFICIAL
- Inteligência artificial: 86

INTERNET
- Internet: 39, 49, 61, 73, 75, 77, 86

INTERPRETAÇÃO
- Interpretação: 3, 11, 12, 17, 23, 24, 25, 27, 30, 31, 32, 33, 42, 44, 51, 82
- Interpretação conforme a Constituição: 11, 12, 17, 23, 24, 25, 27, 30, 31, 32, 33, 42, 44, 78, 79, 82, 87
- Interpretação restritiva: 42
- O papel do intérprete: 3, 8, 25, 27, 28, 30, 51, 53
- Complexidade do ordenamento: 5, 19, 19, 24, 32, 36, 41, 54, 89

J
JUIZADOS ESPECIAIS
- Juizados Especiais: 8

JURISPRUDÊNCIA
- Jurisprudência: 53
- Papel da jurisprudência no direito civil: 3, 51, 59, 61, 82

JUROS
- Juros moratórios: 90

L
LEI GERAL DE PROTEÇÃO DE DADOS
- Lei Geral de Proteção de Dados: 73, 75, 79, 84, 87

LIVRO
- Imunidade tributária: 40
- Livro eletrônico: 40

M

MAGISTRATURA
- Atuação da magistratura no âmbito consumerista: 5, 51
- Avanços trazidos pela magistratura: 3
- Papel da magistratura como guardiã da Ordem Pública Constitucional: 12, 53, 79, 82
- Papel criativo: 24, 25, 32, 50

MARCO CIVIL DA INTERNET
- Marco Civil da Internet: 49

MICROSSISTEMAS
- Microssistemas: 27, 32, 54, 79

MORA
- Mora: 74

MULTIPARENTALIDADE
- Multiparentalidade: 86

MULTIPROPRIEDADE
- Multipropriedade: 68

N

NEXO DE CAUSALIDADE
- Nexo de causalidade: 21, 26, 85

O

OBRIGAÇÕES
- Obrigações *propter rem*: 68
- Execução específica das obrigações: 34

ONEROSIDADE EXCESSIVA
- Onerosidade excessiva: 7

ORDEM PÚBLICA CONSTITUCIONAL
- Ordem Pública Constitucional: 1, 2, 4, 6, 7, 10, 14, 17, 24
- Papel da magistratura: 12

P

PACTO
- Pacto antenupcial: 28, 63, 83
- Pacto comissório: 65

PERÍCIA TÉCNICA
- Instrumento de auxílio aos magistrados e árbitros: 16

PESSOA JURÍDICA
- Pessoa jurídica: 35
- Desconsideração da personalidade da pessoa jurídica: 35

PESSOA HUMANA
- Pessoa humana: 2, 5, 23, 24, 26, 30, 42, 44, 48, 58
- Pessoas em situação de vulnerabilidade: 55, 56
- Dignidade da pessoa humana: 1, 2, 4, 5, 8, 10, 11, 17, 25, 27, 32, 42, 45, 48
- Direitos da personalidade: 7, 25, 86

POLUIDOR
- Poluidor: 89

PRESCRIÇÃO
- Prescrição: 34, 46, 52, 59, 87, 91
- Prescrição no Código de Defesa do Consumidor: 34
- Prescrição trienal: 34, 59

PRIVACIDADE
- Privacidade: 39, 41, 47, 49, 73, 75, 77

PROPRIEDADE
- Propriedade: 28, 47, 62, 64, 68, 80, 88
- Propriedade fiduciária: 41, 44, 56
- Propriedade intelectual: 41

R

RAZOABILIDADE
- Razoabilidade: 57

RECUPERAÇÃO JUDICIAL
- Recuperação judicial: 651

REFORMA AGRÁRIA
- Reforma agrária: 80

REGIME DE BENS
- Regime de bens: 28

REGISTRO GERAL DE IMÓVEIS
- Registro Geral de Imóveis: 88

RESERVA LEGAL
- Reserva legal: 24

RESPONSABILIDADE CIVIL
- Responsabilidade civil: 62, 71, 85
- Responsabilidade civil ambiental: 26, 89, 91
- Responsabilidade civil contratual: 34, 72, 85
- Responsabilidade civil dos influenciadores digitais: 86
- Responsabilidade civil dos provedores de aplicação ou de conteúdo: 49, 75
- Responsabilidade civil extracontratual: 34, 85
- Responsabilidade civil objetiva: 21, 26, 71
- Responsabilidade civil subjetiva: 71
- Previsibilidade de danos: 85

RETROATIVIDADE
- Retroatividade mínima: 15

S

SEGURANÇA JURÍDICA
- Segurança jurídica: 34, 59, 68, 91

SIGILO BANCÁRIO
- Tutela do sigilo bancário: 4

SOLIDARIEDADE
- Solidariedade familiar: 28, 63, 83, 86, 87
- Solidariedade social: 1, 15, 21, 23, 42, 45, 50, 54, 59, 60, 62, 64

STEFANO RODOTÀ
- Stefano Rodotà: 10, 28, 62, 64, 80, 84

STREAMING
- Execução pública: 61
- *Podcasting*: 61
- *Simulcasting*: 61
- *Streaming*: 61
- *Webcasting*: 61

SUBSUNÇÃO
- Subsunção: 23, 25, 31, 32, 33, 49, 78

SUCESSÕES
- *Pacta corvina*: 77, 87
- Sucessões: 43, 45, 63, 66, 70, 83, 86, 87
- Colação: 66, 70

SUPEREXPOSIÇÃO
- Superexposição: 21

T

TAXA SELIC
- Taxa Selic: 90

TECNOLOGIA
- Tecnologia: 16, 18, 24, 39, 40, 44, 47, 61, 62, 73, 86

TEORIA FINALISTA
- Teoria finalista: 19

TEORIAS MAXIMALISTAS
- Teoria maximalista: 19, 46, 52, 89

TIME SHARING
- *Time sharing*: 68

U

UNIÃO ESTÁVEL
- União estável: 63, 83
- Direitos dos concubinos: 3

UNIÃO HOMOAFETIVA
- União homoafetiva: 42, 48, 58, 63

UNIÃO POLIAFETIVA
- União poliafetiva: 48, 55

UNIDADE DO ORDENAMENTO JURÍDICO
- Unidade do ordenamento jurídico: 27, 29, 30, 32, 41, 46, 52, 54, 56, 79, 82, 87, 89

UNIVERSIDADE
- Universidade: 6, 41, 50, 60

USUFRUTO
- Usufruto: 88

FSC
www.fsc.org
MISTO
Papel | Apoiando uma gestão florestal responsável
FSC® C092828

2023
CARBON NEUTRAL
SAVE cerrado

Esta obra foi composta em fonte Palatino Linotype, corpo 10
e impressa em papel Offset 75g (miolo) e Supremo 250g (capa)
pela Gráfica Formato.